HISTOIRE DE FRANCE

AU SEIZIÈME SIÈCLE

—

X

PARIS. — IMP. SIMON RAÇON ET COMP., 1, RUE D'ERFURTH.

HISTOIRE DE FRANCE
AU SEIZIÈME SIÈCLE

LA LIGUE

ET

HENRI IV

PAR

J. MICHELET

PARIS
CHAMEROT, LIBRAIRE-ÉDITEUR,
RUE DU JARDINET, 15

1856

L'Auteur et l'Éditeur se réservent le droit de traduction et de reproduction à l'étranger

HISTOIRE DE FRANCE

AU SEIZIÈME SIÈCLE.

CHAPITRE PREMIER.

Le lendemain de la Saint-Barthélemy. Triomphe de Charles IX.
1573-1574.

Quoique la nouvelle sanglante produisît partout un effet d'horreur, on put croire que le sang s'écoulerait bien rapidement de la terre. Un mois après l'événement, M. de Montmorency, le chef des modérés, qui n'avait dû qu'à son absence de ne pas périr au massacre, écrivit à la reine d'Angleterre pour excuser le roi (27 septembre 1572).

Deux mois à peine étaient passés, que la reine Élisabeth accepta d'être marraine d'une fille de Charles IX, et envoya un prince du sang au baptême avec une riche cuve d'or (9 novembre).

Huit mois (presque jour pour jour après la Saint-Barthélemy) le plus grand homme du temps, Guillaume le Taciturne, dans sa défense désespérée contre le duc d'Albe, traita avec Charles IX, le reconnut pour *protecteur* de Hollande et roi de ce qu'il pourrait conquérir aux Pays-Pas. (Archives de la maison d'Orange, IV, 117, mai 1573.)

Ce n'est pas tout. Louis de Nassau, l'héroïque frère de Guillaume, travaille pour que l'Empire élise un Roi des Romains, et qu'après Maximilien Charles IX devienne Empereur!

Il appuye le duc d'Anjou pour l'élection de Pologne, et le duc d'Alençon pour le mariage d'Angleterre.

Ainsi la maison de France, couverte du sang protestant, se présente à toute l'Europe appuyée des protestants.

Je n'avais pas compris pourquoi sur son tombeau et dans tels de ses portraits, Guillaume le Taciturne a le visage d'un spectre. Je crois maintenant le savoir. C'est pour avoir subi cette fatalité exécrable de boire le sang de Coligny.

Ces étranges phénomènes s'expliquent par la terreur que l'Europe eut de l'Espagne. On crut que le coup venait de Madrid, que celui qui avait fait la Saint-Barthélemy des Flandres avait fait la nôtre; que la France, emportée si loin, allait être tout espagnole, devenir comme un poignard dans la main de Philippe II.

Hypothèse vraisemblable, très-logique, et pourtant fausse. Sans doute, une seule chose était sage au point de vue catholique, au point de vue du pape et des Guises, de la future Ligue, dont le comité existait déjà dans le clergé de Paris, c'était d'achever la Saint-Barthélemy avec l'aide de l'Espagne, qui offrait toutes ses forces, puis de faire à frais communs l'invasion d'Angleterre. Cela aurait tranché tout. La Hollande eût tombé d'effroi. L'Allemagne était à genoux, et sans doute le protestantisme exterminé de la terre.

Mais, au fond, la cour de France n'était point du tout fanatique. Elle était toute dominée par l'intérêt de famille, et partout trouvait devant elle, en Angleterre, en Pologne, en Allemagne, l'opposition de Philippe II. L'Europe favorisa la France dans ses vues les plus chimériques, et l'on eut ce spectacle étrange, que, le lendemain d'un massacre dont chacun avait horreur, le roi qui s'en disait coupable eut tout le monde pour lui. Il devint le centre de tout; on semblait de toutes parts vouloir entasser les couronnes sur la tête folle et furieuse du roi de la Saint-Barthélemy.

Nous entrons dans un pays étrange et nouveau, la *terra incognita,* comme disent les anciens géographes. Dans cette terre inconnue, ne nous étonnons pas si nous voyons surgir des monstres.

Le fait le plus imprévu, c'est que, sur ce sol rouge et détrempé d'une des plus larges saignées qu'ait faites le fanatisme religieux, la religion baisse tout à coup et n'est plus qu'en seconde ligne. Un Dieu blafard, à masque blême, trône à sa place : *Politique.*

Les huguenots, sauf quelques villes, quelques fortes positions où ils essayent de résister, vont fuir ou se convertir. Les catholiques sont malades; ils tâchent de rester furieux, mais leur cœur n'en est pas moins trouble, comme au lendemain d'un grand crime. Tout à l'heure, par un art habile, un mélange artificieux de grands seigneurs et de canaille qu'on parvient à griser ensemble, on fera l'orgie de la Ligue. Ce qui n'empêchera pas qu'après avoir cuvé son vin, ce parti ne doive rester tout aussi énervé que l'autre.

La France, bien observée, est *politique* ou *tiers-parti.*

Ce n'en est pas un léger signe que le roi, dès

le lendemain de ce fameux coup de force, soit obligé de se faire protéger près de la reine Élisabeth par le premier des *politiques*, M. de Montmorency.

L'Europe entière est *politique*. Dans l'élection de Pologne, où l'on va donner la couronne au premier conseiller de la Saint-Barthélemy, trois sortes de personnes travaillent pour lui, le pape, le Turc et les protestants d'Allemagne.

Les astrologues assurent à Catherine de Médicis que ses fils seront tous rois. Et la chose en effet devient vraisemblable. Pendant que le duc d'Anjou va être élu en Pologne, la reine mère reprend en Angleterre l'affaire du mariage d'Alençon, et continue en Allemagne la négociation pour faire Charles IX empereur; tout cela, après le massacre, sans même imaginer qu'un si petit événement puisse changer les choses. Cette bonne mère ne s'occupe que de la galante entrevue entre Alençon et Élisabeth. Elle voudrait que les amants se vissent entre les deux pays, « en pleine mer, par un beau jour. »

Le dialogue entre les reines est piquant et curieux. « Je me soucie peu de l'amiral et des siens, dit Élisabeth. Je m'étonne seulement que le roi de France veuille changer le Décalogue et que l'homicide ne soit plus péché. » A ces paroles aigres-douces, la reine mère répond placidement : que, si Élisabeth n'est pas contente de ce qu'on a tué quelques protestants, elle lui permet en revanche d'égorger tous les catholiques (7 septembre 1572).

Donc tout s'arrange à merveille pour la grandeur de la maison de France. Dieu la bénit visiblement. Par élection, mariage, appel des peuples libres, elle va régner sur l'Europe, de l'Irlande jusqu'à la Vistule.

Notre ambassadeur à Madrid écrit plein d'enthousiasme (17 juillet 1573) : « Mon maître, par force ou raisons, vous vous ferez maître du monde. »

Voilà les succès du dehors. Voyons maintenant ceux du dedans.

La Rochelle, Nîmes, Montauban, Sancerre, se mirent en défense, avec quelques pays de montagnes. Mais généralement le coup sembla, pour un moment du moins, assommer les protestants. Une trentaine de mille hommes qu'ils avaient perdus n'auraient pas dû abattre un parti qui faisait alors le cinquième de la France. Il y eut panique et vertige. Ils s'enfuirent par toutes les routes. Ceux qui restèrent dans les villes à la discrétion de leurs ennemis se laissèrent mener par troupeaux aux églises catholiques. Chose notable, qui marquait l'affaissement du parti, ils ne résistèrent guère que là où ils pouvaient combattre. On ne vit plus, comme jadis, des hommes désarmés, intrépides, demander et braver la mort. Il y eut toujours des héros, et nombreux, mais peu de martyrs.

Du reste, il ne s'agit pas des protestants seuls. Ce cruel événement eut une influence générale. La mort avait frappé la France. Elle avait fauché la tête et la fleur, atteint les entrailles.

On lui coupa la tête, je veux dire le génie. On tua la philosophie, Ramus. On tua l'art, Jean Goujon, et le grand musicien Goudimel jeté au Rhône. La jurisprudence avait péri en Dumoulin, mort d'angoisse et de persécution, peu avant le massacre. Et la loi elle-même décède peu après en Lhôpital, qui mourut de douleur.

C'est l'opération par en haut. Mais, en bas, dans les profondeurs, la France ne fut pas moins atteinte, et à l'endroit vital, la morale de la nation, sa franchise, sa sincérité.

C'est, je crois, de ce temps qu'en français *sans doute* a voulu dire *peut-être.*

Un parti immense se trouva tout à coup formé, le parti de la peur, industrieusement hypocrite. On commença à s'apercevoir qu'en effet la Réforme avait tel principe insoutenable. On fouilla, on creusa sa théorie de la Grâce, inconciliable, disait-on, avec la liberté catholique. Au nom de la liberté, on subit les jésuites et Rome, on appela l'Inquisition. L'Espagne vint bientôt pour défendre la liberté.

Les femmes épouvantées se précipitent aux églises, usent les pieds des saints de baisers, les arrosent de larmes, étreignent la Vierge protectrice. Elles maudissent ces temples vides qui ne protégent pas leurs croyants.

Donc, la France se convertissait au grand galop, et tout souriait à la cour. Et Catherine écrivait peu après : « Maintenant que nous sommes délivrés... »

Elle avait cru sage d'écrire partout que le massacre était un accident, que le roi avait été obligé de se défendre contre les protestants et de « se préserver de la cruauté de Coligny. »

Mais en même temps on assurait verbalement, surtout en Espagne, que la chose était tramée et préméditée de longtemps.

Laquelle des deux versions soutiendrait-on ? Charles IX, enivré d'éloges et des félicitations de Rome, était tenté de réclamer la gloire de cette longue préméditation. Il disait follement que, non-seulement il avait fait tuer Coligny, mais qu'il aurait voulu le poignarder de sa main. « Un jour, dit-il, je l'avais fait venir au Louvre tout exprès... Je le menais de salle en salle. Et, mordieu! c'était fait, n'était que je m'avisai de me retourner et de le regarder. Et j'aperçus ses cheveux blancs. »

Tout cela applaudi. Si véritablement ce sage roi, deux ans durant, avec tant de patience, avait dissimulé, trompant les protestants, trompant les catholiques, Rome et l'Espagne, trompant même sa mère, ses secrétaires d'État, tous ses agents diplomatiques, et leur faisant écrire et dire tout le contraire de sa pensée... Oh! si vraiment il avait fait cela, il fallait avouer que l'étonnant jeune homme avait dépassé tous les vieux, mis dans l'ombre les plus ingénieux coups d'État que l'histoire ait contés jamais!

Quelle avait donc été l'injustice des catholiques à son égard? Et combien durent-ils regretter d'avoir dit que ce bon roi perdrait son droit d'aînesse au profit de son frère? Pendant qu'on l'injuriait, immuable, dans son cœur profond, il tissait sans se déranger ce filet sans pareil qui prit les ennemis de la foi.

Aussi, point d'hymne, point d'ode qui égale l'effusion de Panigarola au lendemain de l'événement. Son cœur s'épanche à flots devant le peuple; nul mot n'y suffit. Les cris viennent et l'abondance des larmes.

Une pièce tellement soutenue, un rôle si bien joué! les Italiens juraient qu'un Français n'y eût jamais réussi, qu'on voyait bien là l'origine maternelle de Charles IX. Bon sang ne peut mentir. Et on devait même dire que les meilleures pièces italiennes en ce genre, comme les Vêpres siciliennes, les noces rouges de Piccinino, le banquet fraternel où César Borgia traita ses capitaines, étaient fort au-dessous de la Saint-Barthélemy. La seule ombre qu'on y trouvât, c'est que Charles IX n'avait tué que les protestants, au lieu qu'il eût fallu aussi tuer les catholiques, y faire passer les Guises. C'est ce qui fait que Gabriel Naudé, dans son livre au cardinal Bagni, note la Saint-Barthélemy comme un coup d'État « *incomplet.* »

Les Guises furent très-perfides pour Charles IX et très-inconsistants. Le jeune Henri de Guise, qui, désavoué par lui le dimanche, l'avait forcé le lundi à se dire auteur du massacre, dès qu'il l'eut dit, en fut jaloux; et il voulait lui ôter l'honneur de la chose, écrivant « que ce n'était qu'une colère *soudaine* que le roi avait eue de la conspiration. »

L'oncle d'Henri de Guise, le cardinal de Lorraine, disait tout le contraire à Rome. Il allait criant que c'était *le roi, le roi seul qui dès longtemps* avait tout préparé. Et il faisait écrire, en ce sens, à la gloire de Charles IX, l'ingénieux ouvrage de Capilupi.

En réalité, la Saint-Barthélemy, voulue tant de fois et par tant de gens, avait surpris tout le monde, surtout le cardinal. Il était épouvanté de son propre succès. Ce pauvre homme, aussi brave que le Panurge de Rabelais, remua ciel et terre pour bien établir que toute la responsabilité revenait à Charles IX. Il n'y eut sorte d'honneur qu'il ne lui en fît, usurpant les fonctions de l'ambassadeur de France qui ne disait mot, haranguant le pape au nom du roi, glorifiant son maître dans une belle inscription en lettres d'or, s'arrangeant pour que la cour de Rome, ivre de cet événement, le rapportât uniquement à la gloire du roi très-chrétien.

Il y eut des fêtes à Rome et une franche gaieté. Le pape chanta le *Te Deum*, et envoya à son fils Charles IX la rose d'or. Le légat, arrivé à Lyon, trouva au pont du Rhône une bande à genoux. On lui dit que c'étaient les braves qui avaient fait la grande besogne. Il sourit, et de bon cœur bénit ces pauvres assassins.

Le duc d'Albe, au contraire, loin de louer la Saint-Barthélemy, se montra insolemment ingrat pour l'événement qui le sauvait. Son maître, Philippe II, resta sombre, sournois, visiblement jaloux.

Ni l'un ni l'autre ne voulaient croire à la sagesse de Charles IX, ni lui laisser l'honneur du coup. Le duc d'Albe dit avec mépris : « Chose furieuse, légère et non pensée. » Puis l'éloge de l'amiral. Enfin il s'emporta à dire : « J'aimerais mieux avoir les deux mains coupées que de l'avoir fait. »

Notre ambassadeur à Madrid, ne pouvant vaincre l'incrédulité de Philippe II, trouva moyen de le mettre à la raison. Il lui fit venir un moine, le général des Cordeliers, qui avait été en France, et qui dit en furie au roi d'Espagne : « En vérité, je ne sais pas comment la colère de Dieu ne tombe pas sur ceux qui veulent obscurcir l'honneur que viennent de mériter Leurs Majestés très-chrétiennes. »

Philippe II, à mesure qu'il vit que la voix du sang s'élevait partout, se rangea à l'avis du moine, changea brusquement de langage, et soutint qu'en effet Charles IX avait prémédité l'épouvantable trahison. Ce qui, par un *chassé croisé* fort ridicule, amena la cour de France à nier en Espagne la préméditation.

Dans des dépêches furieuses, Charles IX accuse amèrement le roi catholique, « ingrat et peu soigneux de Dieu, qui ne veut que faire ses affaires, se tirer d'embarras, et le laisser en cette danse... » (Saint-Goard, 17 mars 1573, dans Groen, IV, app, p. 31-33.)

On voit bien qu'au premier moment les rois, et spécialement Philippe II, avaient été surpris, éblouis, humiliés de l'audace du jeune roi de France, de la vigueur du coup, qui contrastait tellement avec leurs tergiversations.

Lorsque le pape Pie V excommunia Élisabeth, le banquier Ridolfi de Londres proposait à Philippe d'exécuter la sentence par l'invasion ou l'assassinat. Marie Stuart y consentait. Mais Madrid hésita; on bavarda un an, et davantage; on consulta le duc d'Albe, qui trouva la chose difficile. Philippe n'osa point.

Élisabeth n'osa pas davantage. Voyant que Marie tramait sa mort, elle eût voulu la faire périr. Aux Anglais qui demandaient l'exécution de la reine d'Écosse, elle répondait non. Cependant, le 7 septembre, douze jours après la Saint-Barthélemy, elle parut décidée. Elle ordonna aux Écossais ses partisans de demander qu'on la leur livrât « pour la tuer quatre heures après. » Accepté, pourvu toutefois qu'on la tue « en présence des ambassadeurs d'Angleterre. » Le ministre d'Élisabeth, Cécil, disait qu'avec ces Écossais on n'en finirait pas, qu'il fallait la tuer en Angleterre même. Bref, il en fut comme en Espagne; on jasa, et rien ne se fit.

Ni à Élisabeth, ni à Philippe II, la volonté ne manquait, mais l'audace. Et, pour dire bassement la chose par un mot de Shakspeare, ils regardaient le meurtre comme le chat regarde un bon morceau, clignant les yeux, sans y risquer la patte.

Charles IX, au contraire, avait l'attitude d'un homme qui a osé ce qu'il voulait, la tête haute et dédaigneuse. Et, comme on ne savait pas qu'il avait osé malgré lui, on le prenait sur sa parole. L'horreur n'empêchait pas qu'on ne sentît le respect craintif que donne une grande audace.

On avait pris une telle opinion du fils et de la mère, que, celle-ci insistant près d'Élisabeth pour le mariage et l'entrevue, la reine d'Angleterre laissa voir quelque peur qu'elle ne vînt à Douvres. Elle dit qu'une telle dame, après une telle chose, pour peu qu'elle amenât du monde, ferait craindre que le mariage ne fût une invasion.

Ce qui est curieux, c'est que, tant folle que fût la chose, Noailles, évêque d'Acqs, l'un des sages du temps, et très-intime confident de Catherine, l'avait conseillée dès le commencement, en 1571. Il écrivait à la reine mère qu'il était à désirer que le prince français, au débarqué en Angleterre, *se saisît d'une place*, se constituant chef des catholiques qui se fussent ralliés à lui. Auquel cas, au lieu d'épouser Élisabeth, il l'eût tuée, pour épouser Marie Stuart.

CHAPITRE II.

Fin de Charles IX. 1573-1574.

« Huit jours après le massacre, il vint grande multitude de corbeaux s'appuyer sur le pavillon du Louvre. Leur bruit fit sortir pour les voir, et les dames firent part au roi de leur épouvantement.

« La même nuit, le roi, deux heures après être couché, saute en place, fait lever ceux de sa chambre, et envoie quérir son beau-frère, entre autres, pour ouïr dans l'air un bruit de grand éclat, et un concert de voix criantes, gémissantes et hurlantes, tout semblable à celui qu'on entendait les nuits des massacres. Ces sons furent si distincts, que le Roi, croyant un désordre nouveau, fit appeler des gardes pour courir en la ville et empêcher le meurtre. Mais ayant rapporté que la ville était en paix et l'air seul en trouble, lui aussi demeura troublé, principalement parce que le bruit dura sept jours, toujours à la même heure. »

Ce fait était souvent conté par Henri IV, le soir, quand les portes étaient fermées, à ses plus privés serviteurs. Une sorte de frissonnement lui restait de Charles IX. Quand il en faisait ces récits, il disait : « Voyez vous-mêmes si mes cheveux n'en dressent pas? » Et ils dressaient en effet, si nous en croyons d'Aubigné.

Pendant un an, le Béarnais était resté dans la nécessité terrible de vivre avec Charles IX et de *s'amuser* avec lui. Il lui avait fallu le suivre dans ses folles courses de nuit, dans ses parties de plaisir à la Grève, à Montfaucon. Ce tragique camarade, qui n'aimait guère qu'à frapper, forcer, briser portes et meubles, jeter tout par les fenêtres, pouvait se retourner sur lui. Il ne parlait que de tuer. On a vu qu'un jour il pensait à tuer Guise, une fois Henri d'Anjou. Une autre fois, averti qu'un La Mole dirigeait son frère Alençon dans les intrigues, il le chercha pour l'étrangler. Il finit, avec tout cela, par ne tuer que lui-même.

Le jour où on le mena au Parlement pour lui faire avouer et signer la Saint-Barthélemy, son visage, dit Petrucci, était tellement altéré, qu'il parut horrible. Il était long, maigre, voûté, pâle, les yeux jaunâtres, bilieux et menaçants, le cou un peu de travers (Castelnau). Ajoutez par moments un petit sourire convulsif où l'œil, en parfait désaccord avec une bouche crispée, prenait dans son obliquité un demi-clignement loustic. — Trait cruel que le dessin du Panthéon et le beau buste du Louvre ont osé à peine indiquer.

Le soir de ce jour maudit, il fit venir Marie Touchet, et elle conçut un enfant. Digne fruit d'un tel moment, intrigant, brouillon et pervers.

L'Europe savait parfaitement que le roi était fou. Mais elle ignorait à quel point l'était le conseil de France. Nous le savons maintenant par les lettres de Catherine et les dépêches oficielles. Ils avaient si peu conscience de l'horreur qu'ils inspiraient, qu'ils prenaient au sérieux tout ce qu'on leur proposait pour les isoler de l'Espagne. La reine mère, qui a été tellement exagérée par la manie du paradoxe, et dont la facilité, la finesse, la grâce italienne, pouvait imposer en effet, apparaît dans ses lettres follement chimérique. Elle croit qu'Élisabeth, au milieu d'un peuple qui ne parle plus de nous qu'avec exécration, peut ou veut épouser son fils. Elle croit que les princes allemands veulent vraiment pour empereur le roi de la Saint-Barthélemy. Elle suppute ridiculement que la royauté de Pologne, « que son fils va avoir pour trois millions, en rapportera vingt par an à la France, » etc. (Lettre ms., 30 mai 1573.)

Il est évident que Catherine, Gondi, Birague, l'évêque Morvilliers, enfin tout ce beau conseil, ayant anéanti en eux tout sens de moralité, jusqu'à ne pouvoir plus même la deviner chez les autres, avaient perdu entièrement la boussole de l'opinion. Ils négocient toujours, comme s'il n'y eût pas eu de Saint-Barthélemy. Ils voguent avec confiance sur la mer des affaires humaines, où leur vaisseau tout à l'heure va faire honteusement le plongeon.

Croira-t-on que le premier envoyé qu'on dépêche à l'Allemagne frémissante, c'est justement ce Gondi, ce vénéneux Italien, qui surprit au fou qui régnait son consentement au massacre?

Une seule chose, nous l'avons dit, était sage au point de vue catholique : *adhérer franchement à l'Espagne*, s'unir à elle, accabler partout le protestantisme.

Hors de là, pure vanité, pure folie, pure impuissance.

Le naufrage de la royauté était infaillible.

Nous allons la voir en vain s'aheurter à la Rochelle, qu'elle ne pourra pas prendre. Nous allons la voir dans deux ans, brisée par le tiers-parti. Quatre ans après le massacre, entre ce parti et le catholique se fera une espèce de démembrement de la France (**1576**).

Mesurons donc la profondeur où celle-ci a reçu le coup de la Saint-Barthélemy. L'événement l'a placée entre deux alternatives :

Unie et subordonnée à l'Espagne, *suicidée*.

Ou bien,

Flottant à part, divisée, impuissante, *suicidée*.

Seulement, au premier cas, le catholicisme vivait par la mort de la France.

Je l'avoue, entre ces fous graves qui nous mènent sagement au naufrage, je regarde plus volontiers le tragique fou Charles IX. Celui-ci, au moins, par son trouble annonce un pressentiment de la catastrophe imminente.

Il était profondément seul. Quelle que fût l'adresse de sa mère à le tromper là-dessus, il voyait bien que ses gens n'étaient pas à lui. Dans sa santé déclinante, il alternait de séjour entre une tombe et un désert, entre le Louvre et Fontainebleau. Fontainebleau commençait à être fort négligé; on ne le réparait plus. Les jardins étaient en désordre; le lac même et la belle source furent bientôt à demi comblés. Le Louvre, plus triste encore. Les salles, cours, fossés, jardinets, et même encore les Tuileries, racontaient la lugubre histoire. Les cadavres enlevés s'y voyaient toujours; les marbres, toujours lavés, s'obstinaient à rester rouges.

Que disaient ces noirs corbeaux dans leur bruyant concile du Louvre? On ne l'entendait que trop. Ils disaient que la Saint-Barthélemy n'était qu'un commencement, qu'ils avaient pris appétit sur les princes et sur les rois, que dis-je? sur les royaumes. Ils flairaient de près les Valois, ils odoraient de loin les carnages de la Ligue et le siége de Paris, saluaient la joyeuse époque du triomphe de la mort.

Le siége de la Rochelle montra combien profondément les deux partis étaient malades; il révéla à la fois la discorde des protestants, la dissolution des catholiques.

La pauvre petite France réformée, échappée au couteau, ne pouvant se fier à nulle promesse, nulle parole royale après l'événement de Paris, entrait les yeux fermés dans une lutte sans espoir. Elle voyait en face la royauté des massacreurs qui lui lançait tout le royaume, entraînant et Charles IX et la grande masse catholique, même les réformés convertis. Navarre, Condé eux-mêmes furent menés contre la Rochelle, avec leurs régiments des gardes, leurs cinq cents gentilshommes, et firent les braves à la tranchée.

Nul secours du dehors. Les luthériens d'Allemagne ne firent rien pour nos calvinistes. Élisabeth ne les secourut pas, pas plus qu'elle n'aidait le prince d'Orange. C'est ce qu'affirme expressément l'homme le plus instruit des affaires du temps, Du Plessis-Mornay. Le savant M. Groen établit la même chose pour les Pays-Bas (t. V, p. 332).

Pourquoi? pour trois raisons : *Élisabeth était reine* bien plus que protestante, et haïssait toute révolte. Puis *Élisabeth était pape*, et n'aimait point du tout l'Église démocratique; elle avait peur, horreur des puritains, qu'elle voyait maîtres en Écosse et qu'elle pressentait en Angleterre. Troisièmement, elle *suivait l'impulsion du commerce anglais*, qui détestait les Espagnols, mais trouvait bon de gagner avec eux. Elle avait hâte de renouer avec Philippe II, avec qui en effet elle s'allia le 1er mai 1573.

Elle négociait partout, mais elle restait close dans son île, attentive à l'Écosse, à la ruine du parti de Marie Stuart. Elle abandonna la Rochelle, fermant seulement les yeux sur une tentative de nos réfugiés qui, sous Montgommery, avec des navires loués aux Anglais, entreprirent d'y jeter des secours. Mais, à la première vue de la flotte du roi, leurs équipages anglais les emmenèrent au large. Montgommery s'obstina, approcha et faillit périr.

Tellement divisés en Europe, les protestants l'étaient même en France, et jusque dans les murs de la Rochelle. Dans les intervalles des attaques, ils disputaient entre eux. On avait fait la faute insigne de laisser entrer dans la ville le bonhomme La Noue, fort crédule, et qui ne prêchait que la paix. Un parti se forma pour lui donner le commandement militaire, qu'il accepta avec la permission du roi. Heureusement la ville avait pour maire un homme du peuple de grande énergie, un Jacques Henri, formé par l'Amiral, et qui adhéra fermement au parti *fanatique*, décidé à combattre et résister jusqu'à la mort. Les *fanatiques* sauvèrent la ville, la maintinrent libre et république; une ville vainquit la royauté.

Cette prodigieuse résistance, avec celle de la petite Sancerre, est un des plus grands faits de notre histoire. Un peuple se battit comme un seul homme. On voyait, à la marée basse, les femmes et les ministres, jusqu'aux enfants, les pieds dans l'eau, qui marchaient sous le feu, incendiant les vaisseaux qu'on coulait pour fermer le port, attaquant intrépidement les redoutes des catholiques.

Ceux-ci avaient eu tout l'hiver pour préparer le siége. Ils avaient à loisir bâti des forts et des redoutes autour du port et de la ville. Dès lors, quoi de plus simple que d'affamer une ville sans secours, de démolir toutes ses défenses avec l'énorme artillerie qu'on avait amenée? C'était l'avis de Biron, de tous les militaires. Deux choses s'y opposaient. Le siége était conduit par le duc d'Anjou; c'était un siége de prince qu'il fallait emporter par de brillants faits d'armes. Tout ce qu'il y avait de princes et de seigneurs en France, Montpensier et Nevers, surtout les Guises, étaient là, et chacun voulait se signaler. On donna coup sur coup des assauts furieux. On essaya des mines si mal conduites, qu'on s'écrasait soi-même.

On s'accusa alors. On prétendit que Navarre et Condé, Alençon, avertissaient les assiégés, s'entendaient avec eux. On n'était pas bien loin de tirer l'épée les uns contre les autres. Alençon devait, on l'assure, pendant une sortie et de concert avec les assiégés, attaquer le quartier de son frère le duc d'Anjou. Le principal obstacle fut le scrupule des ministres de la Rochelle, qui refusaient d'entrer dans ce guet-apens fratricide.

Les assiégés perdirent treize cents hommes, et les assiégeants vingt-deux mille, des princes et nombre de seigneurs, l'argent du parti catholique, bien plus, l'élan de la Saint-Barthélemy. Tout vint s'amortir, s'enterrer dans les fossés de la Rochelle.

Les assiégeants avaient la fièvre, et ils étaient tellement baissés de cœur, qu'à toute attaque ils s'enfuyaient. Les Rochelais s'amusèrent à leur lancer des goujats en chemise, armés de ferrailles rouillées.

Le duc d'Anjou fut trop heureux de voir arriver la députation polonaise qui lui apprenait son élection et devait l'emmener. On traita à la hâte. La Rochelle, Nîmes et Montauban restèrent trois républiques, se gardant et se gouvernant. Le prêche y subsistait, ainsi que chez tous les seigneurs qui n'avaient point abjuré. Partout ailleurs, liberté de conscience (6 juillet 1573).

Nous avons dit comment la cour de France avait acheté son succès de Pologne. L'ambassadeur Montluc jura que le duc d'Anjou et Charles IX n'étaient pour rien dans la Saint-Barthélemy, et promit expressément la liberté religieuse non-seulement pour la Pologne, mais *pour la France* même. La crainte universelle qu'on avait de voir la maison d'Autriche faire arriver un archiduc à cette couronne réunit tout le monde pour le duc d'Anjou. Le Turc le recommanda; le pape et les luthériens d'Allemagne agirent pour lui également. Montluc, prenant vingt masques, se montrait protestant pour gagner les riches Palatins, et il captait la petite noblesse par des discours démocratiques, des appels à la liberté. Il n'y eut jamais pareille effronterie. Le tout démenti, et l'ambassadeur désavoué, quand les Polonais eurent élu et furent arrivés à Paris.

Curieuse dérision de la fortune. Voilà cette cour, après ce long siége inutile, cet échec de cinq mois, ses forces épuisées et son impuissance constatée, la voilà qui grandit devant l'Europe, accrue d'une couronne, de ce choix glorieux, de cette lointaine royauté d'Orient.

L'imberbe duc d'Anjou trône royalement à côté de son frère entre les longues moustaches, les fourrures de ses Palatins. Les Guises séchaient de jalousie. Ils avaient fait tout ce qu'ils avaient pu pour empêcher la paix de la Rochelle; le bon cardinal de Lorraine disait paternement qu'il connaissait bien le duc d'Anjou, « *s'étant meslé de sa conscience,* et que le duc avoit juré d'exterminer tous ceux qui avoient été huguenots. » (Lettre ms. de Catherine, 20 mai 1573.)

Ces lettres de la reine mère sont bien étranges. La plus vaine, la plus folle ambition y paraît. On y voit d'une part la pauvreté extrême où l'on est et la peine qu'on a d'emprunter de l'argent; d'autre part, elle commence tout, elle a envie de tout; il lui faut tous les trônes.

En Lorraine, où elle fait la conduite au jeune roi de Pologne, nous la voyons mener de front je ne sais combien d'autres affaires plus ou moins chimériques.

Elle intrigue, chemin faisant, pour le mariage d'Alençon avec Élisabeth, fait par écrit sa cour au banquier Ridolfi, très-influent à Londres, lui fait faire des présents, et aussi à un Vellutelli, autre intrigant, qui s'occupe du mariage. Elle travaille l'Empire pour Charles IX. Elle abouche son fils Anjou avec le frère du prince d'Orange.

Qui mettra-t-elle aux Pays-Bas, Anjou ou Alençon? Elle aimerait bien mieux le premier. Anjou dit, en passant le Rhin, à Louis de Nassau, qu'il ne fait qu'un tour en Pologne, mais qu'il va revenir et lui mener toute la noblesse de France pour éreinter le duc d'Albe.

Quoi de plus fou dans les romans? Cependant il fallait savoir si, de cette folie, on ne tirerait pas avantage. Depuis deux ans, Guillaume d'Orange était prié, poussé par son frère, le bouillant Louis, pour se lier à Charles IX. Ce grand homme, esprit net et ferme, mais cruellement traîné par la fortune, n'avançait qu'avec répugnance, convaincu qu'il ne gagnerait que honte et malheur à toucher cette main sanglante. Cependant il avançait. L'épouvantable siége d'Harlem, l'effort désespéré et inutile qu'il fit pour la secourir, le brisa; il céda en disant qu'il ne céderait pas : « Non, écrit-il, nous ne vendrons pas le pays pour cent mille écus. » Cependant il le fit, nommant Charles IX *protecteur* de Hollande et maître de tout ce qu'il prendrait aux Pays-Bas (mai 1573).

Et, cette honte bue, l'argent ne vient pas. Harlem succombe (12 juillet), horrible catastrophe : deux mille Français, entre autres, passés au fil de l'épée. L'histoire n'a rien gardé de plus amer que le dernier cri de Louis de Nassau à Charles IX avant cette catastrophe. Il y confesse la honte d'avoir voulu le faire Empereur, mais il lui révèle durement la situation de la France. Cette pièce terrible de franchise biffe tous les sots mémoires du temps : « Maintenant, dit-il à Charles IX, vous touchez la ruine, votre État baye de tous côtés, lézardé comme une vieille masure qu'on raccommode tous les jours de quelque pilotis et qu'on n'empêche pas de tomber... Où sont vos noblesses? où sont vos soldats?... Ce trône est à qui veut le prendre. » (Groen, IV, Appendice, p. 81.)

Maintenant, comment en novembre trouva-t-on enfin les cent mille écus? C'est que Catherine, qui faisait alors la conduite à son bien-aimé roi de Pologne, imagina de le substituer à Alençon, qu'elle n'aimait pas, dans cette future royauté des Pays-Bas. Si la France était pauvre, la reine mère avait une fortune personnelle, et ce fut elle peut-être qui paya.

L'affaire tourna fort mal. Cet odieux argent ne servit en rien les Nassau. Avec ces trois cent mille francs et cent mille encore qu'on donna en mai, Louis se fit tuer, battre, détruire (13 avril 1574).

Guillaume le Taciturne eut cruellement à regretter d'avoir cherché appui en Charles IX, d'avoir eu foi dans ce néant.

Charles survécut un mois à Louis de Nassau. Mais, avant de mourir, il avait eu le temps de voir combien ses avertissements étaient véridiques.

La levée du siége de la Rochelle n'était qu'un commencement de la grande expiation. Charles IX, malade à Villers-Cotterets, y vit arriver une redoutable procession des protestants du Midi; le Languedoc d'abord arriva, puis le Dauphiné, la Provence. Ces grandes provinces n'entraient pas dans l'arrangement qu'une ville avait fait sans les consulter. Elles demandaient des garanties, deux places de sûreté par province, avec des juges protestants, et le culte libre par tout le royaume. Elles demandaient surtout la punition du massacre, la réhabilitation des morts de la Saint-Barthélemy.

La reine mère trouva la demande insolente. « Vous n'en demanderiez pas tant, dit-elle, si Condé était encore dans Paris avec cinquante mille hommes. » Ceux-ci avaient avec eux bien autre chose que Condé. Ils avaient l'opinion, n'étant plus la voix d'un parti, mais celle de la justice même et des catholiques modérés, qui, dès lors, étaient avec eux.

« On examinera, » dit-elle. Et cependant elle envoie Biron pour surprendre la Rochelle. Le maire (c'était encore Jacques Henri, l'homme de l'Amiral) surprit les traîtres lui-même, les fit pendre, et la cour en resta couverte de confusion.

Il était constaté que nulle paix n'était sûre. Maintenant, que fallait-il faire? J'adresse cette question non à M. Capefigue, mais aux nôtres qui, trop docilement, ont suivi cette impulsion.

Dans l'ouvrage d'un savant jeune homme que j'aimais et estimais (Démocratie de la Ligue, par Labitte, 1841), je lis ces cruelles paroles : « On a maintenant le secret de la *démocratie hypocrite du protestantisme*, c'était tout simplement une arme contre la royauté, une cuirasse pour la noblesse, » etc.

Sauf Sismondi, tous nos historiens ont traité le protestantisme avec grande sévérité.

M. de Bonald, au contraire, très-bien éclairé par sa haine, a vu que, quelques formes qu'ait pu prendre le protestantisme dans les phases diverses que lui imposait la persécution, son essence est *la liberté, la démocratie, le principe antimonarchique.*

Faut-il répéter ce que nous avons dit : que, quarante ans durant, parmi les martyrs du protestantisme, on ne découvre que trois nobles?

Les nobles y entrèrent en foule, mais sous Henri II seulement. Et même encore en 1572, où tant de nobles périrent, les listes nominales des morts témoignent qu'il périt infiniment plus de marchands, de gens de robe, d'artisans et de bourgeois.

Le besoin que nous avons de rapprochements et de comparaisons, a conduit souvent à vouloir retrouver le *fédéralisme* de 93 dans les tentatives que firent en 1573 les malheureux échappés aux poignards des assassins.

Judicieuse assimilation. Les deux faits sont exactement contraires :

La résistance protestante, *bien loin de couvrir le retour à la royauté,* qui fut la pensée secrète d'une grande partie des Girondins, fut dirigée contre le roi, en haine de la royauté, devenue le synonyme du massacre et du guet-apens.

La résistance protestante n'est pas, comme la girondine, exclusivement urbaine et la ligue des grandes villes. Elle réserve expressément les droits des électeurs du *plat pays*.

Pardonnons à ceux qui cherchèrent quelque moyen de résister. N'accablons pas des vieilles injures de la Ligue une minorité héroïque dont la lutte fut un miracle.

Toute son histoire est en ce mot : Le protestantisme, *né peuple, essentiellement industriel pendant quarante ans*, ne se montre dans les temps qui suivent que par ses hommes d'épée (les seuls qui puissent résister); mais, *au siècle de Louis XIV, son immense majorité est peuple encore, industrielle*, et la Révocation de l'édit de Nantes fut précisément l'exil de l'industrie française.

Que vois-je au seizième siècle? *Que le protestantisme seul nous donne la République*, dont la Ligue tout à l'heure fera la contrefaçon, la grotesque caricature.

Je dis qu'il donne la République, l'idée et la chose et le mot.

Le mot. C'est, sous son influence, que *république*, chose publique, mot appliqué jusque-là à tous les gouvernements, va devenir le nom propre du gouvernement collectif.

La chose. Le 16 décembre 1573, le génie du Languedoc, exercé depuis deux cents ans dans les États de ce pays, trace d'une main ferme et habile le plan d'une constitution républicaine, *non pour s'isoler de la France*, mais, au contraire, pour la gagner et l'envelopper tout entière. États provinciaux tous les trois mois, États généraux tous les six mois. Garantie pour les catholiques, qui payeront sans résistance la contribution générale de guerre.

Aux termes du premier règlement fait à Nîmes par une assemblée mixte de protestants et de catholiques, le conseil de chaque province *comptera deux bourgeois pour un noble* (Popelinière, janvier 1575). La double représentation du Tiers-état, tant discutée plus tard, en 1788, est ici accordée d'emblée. Voilà la Révolution anticipée, en fait, de trois cents ans.

Mais, à côté du fait, il faut la théorie, l'idée. C'est par leur action mutuelle que se fait la force; il y faut et l'âme et le corps.

Cette âme éclate en 1573, par un livre de génie.

Petit livre, d'érudition immense, improvisé cependant le lendemain du massacre, échappé d'un cœur ému et grandi sous les poignards, qui, dans son danger personnel, a reçu la lumière de Dieu.

Gaule et France, *Franco-Gallia,* c'est le titre de ce livre, qui, de Genève, envahit toute l'Europe, est traduit en toutes langues. Nul succès n'a été si grand jusqu'au *Contrat social.*

L'auteur, Hotman, était devenu protestant à la Grève en voyant mourir Dubourg. Protestantisme d'humanité, de raison et d'examen, qu'il appliqua d'abord contre le droit romain, cette machine de tyrannie, puis contre la tyrannie même.

Ce n'est pas que ce grand homme méconnaisse le droit romain. Loin de là, il dit lui-même qu'on peut en tirer des trésors. Mais il doute fort sagement qu'à deux mille ans de distance la loi de l'Empire convienne à un monde tellement changé.

Hotman, comme Jean-Jacques Rousseau, arrivant tard et le dernier des grands hommes de son siècle, vint merveilleusement préparé.

Pour lui, l'illustre Cujas, illuminant le droit romain, lui donnant sa valeur historique, avait fait sentir qu'il fut le droit de tel âge, de telles mœurs, et non le droit du genre humain.

Pour Hotman, le grand Dumoulin a préparé l'unité des coutumes nationales, attaqué les deux vieilles forteresses qui stérilisaient la terre de leur ombre, droit papal et droit féodal, revendiqué l'immortelle légitimité de la propriété libre contre l'usurpation du fief.

Hotman connut-il le petit livre brûlant de la Boétie, le *Contr'un*, écrit dès longtemps en 1549, mais imprimé seulement en 1578? Nul doute qu'il n'en courût des copies.

Le livre de la Boétie fut intitulé *Le Contr'un*. Celui d'Hotman aurait pu s'intituler *Le Pour tous*.

Il déclare que le droit appartient à la majorité des citoyens.

Il suit la France gauloise, germaine, carlovingienne, capétienne, et montre qu'à toute époque elle a eu (plus ou moins, mais enfin a toujours eu) un *gouvernement collectif*.

Qu'il se trompe sur tels détails, comme le dit M. Thierry, qu'il s'exagère la part de l'élection, de la délibération publique, dans ces époques obscures, il n'en a pas moins raison au total. Les chefs gaulois, mérovingiens, ont consulté leurs guerriers; les empereurs carlovingiens ont consulté leurs grands, et spécialement leurs évêques; les capétiens, leurs pairs, etc.

Il se moque avec juste raison et du petit conseil privé, et des parlements de juges, qui voudraient donner le change, et se faire prendre pour héritiers des grands parlements nationaux.

Livre profond, vrai, lumineux, qui donna l'identité de la liberté barbare avec la liberté moderne, relia les races et les temps, restitua l'unité et l'âme, la conscience historique de la France et du monde.

Du reste, comme démolition de la royauté, toutes les théories de républiques ne valaient pas Charles IX. Spectacle étrange, prodigieux, scandale pour le ciel et la terre. L'âme furieuse du fou, comme un misérable clavier frémissant au hasard, était à la première main audacieuse qui jouait dessus. Son frère Anjou l'entraîna à vouloir étrangler La Mole, le favori d'Alençon. Il l'entraîna à tout briser chez un gentilhomme qui refusait d'épouser une fille salie par Anjou. Trois rois (France, Pologne et Navarre), avec leur valetaille, firent le sac et le pillage nocturne de cette maison.

Le jour, c'étaient des chasses folles. Charles IX s'y blessa encore en janvier. S'il ne chassait, il sonnait tout le jour du cor de chasse, jusqu'à déchirer ses poumons et vomir le sang. Alors il fallait s'aliter. Tout le monde s'arrangeait en vue de sa mort prochaine.

A en croire la Vie de Catherine, compilée récemment sur les dépêches des ambassadeurs de Florence et les papiers des Médicis, la France adorait la reine mère. Si les documents français n'établissaient le contraire, le bon sens y suffirait. Sa réputation de mensonge, et l'impossibilité de traiter avec elle, sa fortune personnelle dans une telle pauvreté publique, son maquignonnage de femmes (elle en envoie une à La Noue pour le mettre en son filet), tout l'avilissait, la rendait odieuse. Son fils Alençon haï d'elle, le lui rendait à merveille. On dit qu'il avait voulu s'entendre avec Henri de Navarre pour l'étrangler de leurs mains. (V. aussi Nevers, I, 177.)

On avait horreur de voir que, par la mort de Charles IX, elle serait régente encore. Les Bourbons, les Montmorency, suivis des maréchaux et de tous les grands seigneurs, vinrent dire qu'il fallait un lieutenant général, Alençon, avec les États généraux.

Cette immonde Jézabel avait opéré un miracle, l'unanimité. Le plus austère des protestants, Mornay, jusque-là contraire aux alliances politiques, se dément et se résigne à celle des catholiques. Les plus violents catholiques, un Coconas, qui avait racheté des protestants pour les torturer, se démentent, et, pour alliés, acceptent des protestants.

Au moment de l'exécution, Alençon eut peur,

hésita, et son confident La Mole alla tout dire à Catherine.

Il faut la voir là dans son lustre. Elle avait en main la bête sauvage; elle la met en furie en faisant lui croire que c'est à sa vie qu'on en veut. Il était alors alité; elle le tire de son lit, et le fait partir la nuit de Saint-Germain pour se sauver à Paris. Enveloppé par sa mère, ne sachant rien que par elle, Charles IX disait furieux : « Ne pouvaient-ils attendre au moins quelques jours ma mort si prochaine? »

Catherine, qui, toute sa vie, avait paru comme de glace, et qui peut-être, avant la Saint-Barthélemy, n'avait pas fait d'acte féroce (sauf le meurtre de Lignerolles), étala dans cette circonstance une cruauté inattendue. Elle fit une grande tragédie de ses craintes pour son fils. On avait trouvé chez La Mole je ne sais quelle poupée de cire, destinée à une opération de nécromantie. Elle prétendit que cette image était celle du roi, qu'on devait la percer d'aiguilles, pour que son cœur, sentant les coups, languît et se desséchât. Elle fit infliger à La Mole une effroyable torture qui le fit parler dans ce sens. La torture n'était guère moindre pour le malade lui-même, qui, déjà tellement troublé, se sentait comme mourir sous d'invisibles piqûres.

Elle avait mis à la Bastille l'aîné des Montmorency. Elle n'osait le faire mourir tant que vivait son frère Damville, gouverneur du Languedoc. Pour y pourvoir, elle envoya à Damville un Sarra Martinengo, un de ses *bravi* italiens, assassins de profession. En Poitou, La Noue résistant aux femmes qu'elle avait essayées d'abord, elle lui dépêcha un homme, homme, il est vrai, trop connu, Maurevert, *le tueur du roi*.

Ces misérables tentatives, dont elle n'eut que la honte, ne l'auraient pas tirée d'affaire sans deux circonstances. Damville, qui régnait paisiblement en Languedoc, se soucia peu de compromettre cette royauté, ne bougea pas. D'autre part, le nord de la France ne s'émut pas davantage. Le *pays de sapience*, la politique Normandie, montra peu de disposition à rentrer dans la carrière aventureuse des guerres de religion. Plusieurs villes reçurent aisément les protestants, mais plus aisément encore les abandonnèrent. La seule forte résistance fut celle de Montgommery, qui tint dans Domfront. Catherine le prit par ruse, lui faisant dire par un de ses parents que, s'il capitulait, il ne serait remis qu'au roi qui le laisserait aller quelques jours après. Quand elle l'eut, elle jura qu'elle n'avait rien promis, qu'elle ne pouvait se dessaisir de l'homme qui avait tué Henri II ; elle joua l'inconsolable veuve, comme dans l'épitaphe hypocrite qu'on voit sous son urne (au Louvre). Ce mari qu'elle n'aimait point, et mort depuis tant d'années, lui redevint cher tout à coup. Elle fit montre de sa *vendetta;* le sensible cœur de cette Artémise n'eut point de soulagement qu'elle n'eût vu elle-même en Grève le supplice de Montgommery.

Catherine trouva encore secours dans la faiblesse du duc d'Alençon et du roi de Navarre, qui désavouèrent leurs partisans, et signèrent un acte craintif d'obéissance et de fidélité. Ils auraient voulu échapper, et Marguerite de Valois se chargeait d'en sauver un; mais ils se connaissaient trop bien; chacun d'eux était sûr que le premier qui serait libre, ne se soucierait plus de l'autre et le laisserait au filet. La reine mère, qui les avait avilis par leur déclaration, pour les mettre plus bas encore, les fit interroger par le président De Thou. Humiliation singulière pour la couronne de Navarre. Mais le jeune Henri, qui, après tout, sentait qu'il ne risquait guère, répondit assez fermement. Le décapiter, ou l'empoisonner, c'eût été faire plaisir aux Guises, les grandir. D'ailleurs, tout tremblait, la reine mère n'était sûre de rien; son fils bien-aimé était en Pologne, et Charles IX était mourant.

On s'en tint à couper la tête à La Mole et à Coconas, plus tard à Montgommery.

Le 1ᵉʳ mai, Catherine écrivait que son fils était guéri. Le 20 mai il était mort.

L'historien De Thou, qui était jeune alors, mais qui a été informé de plusieurs circonstances secrètes par son père, le très-servile instrument de Catherine, le président Christophe De Thou, affirme trois choses :

Premièrement, *que Charles IX voulait envoyer la reine mère en Pologne*, rejoindre le duc d'Anjou. Il comprenait qu'elle avait tout fait pour ce fils bien-aimé, surtout la Saint-Barthélemy. Il voyait très-bien que le conseiller de cet acte, Retz, son ancien gouverneur, n'était nullement sûr pour lui, et n'agissait désormais que pour son frère, le futur roi. La reine mère lui demandant une grâce nouvelle pour Retz, il répondit sèchement : « Qu'il n'était déjà que trop récompensé. » Cette défaveur fut peut-être la raison réelle qui fit partir Retz pour l'Allemagne. Quand Catherine conduisit Anjou et laissa le roi à Villers-Cotterets, elle témoigne par ses lettres qu'il était irrité contre elle, et elle travaille à l'apaiser. (Cath., Lettres mss. de nov. 73.)

Deuxièmement, De Thou affirme *que tout le monde croyait Charles IX empoisonné*. Par qui? par les Italiens, par sa mère et Retz? ou bien par les Guises? Récemment encore, il avait failli tuer Henri de Guise, qui avait tiré l'épée dans le Louvre pour une querelle, et Henri n'avait échappé qu'en demandant grâce à genoux. Plusieurs pensaient que le roi pouvait être tenté de fermer sur les Guises les portes du Louvre, et d'en faire, avec ses gardes, une seconde Saint-Barthélemy.

De Thou, en dernier lieu, assure *que les taches livides qu'on lui trouva dans le corps* firent croire à l'empoisonnement. Bien entendu que Catherine, dans une lettre ostensible, maternelle et trempée de larmes, dément expressément ce bruit.

Je crois, en réalité, que les Italiens étaient fort impatients de sa mort, qu'au milieu de tant de négociations avec la maison d'Orange et les protestants d'Allemagne, Charles IX eût pu, un matin, par un revirement subit, leur échapper, s'en aller droit à la Bastille, s'entendre avec Montmorency.

Mais je crois en même temps que Charles IX, qui prenait lui-même tout moyen possible de s'exterminer, leur épargna cette peine.

Alité souvent dans les derniers mois, les exercices violents lui manquant, il se jeta dans une autre voie de mort, dans les jouissances de femmes, les uns disent avec Marie

Touchet, les autres avec la jeune reine, qui lui avaient donné une fille, et pouvaient lui donner un fils.

Tout près de la mort, il dit cependant qu'il était charmé, pour lui, pour la France, de ne pas laisser de postérité.

Et une autre parole de sens : Qu'on ne connaissait pas son frère Anjou, qu'il ne répondrait nullement à l'attente publique, qu'on saurait, dès qu'il serait roi, quel homme c'était.

Il ne se fiait point à sa mère. Et ce ne fut pas à elle qu'il fit sa dernière prière. Il se souvint alors de la seule personne qui lui eût donné un sentiment élevé et tendre, et dit à un de ses officiers : de le recommander à mademoiselle Touchet.

Les catholiques assurèrent qu'il avait fait une très-belle fin catholique. (*Lettre ms. de Morillon à Granvelle.*) Les protestants, les politiques (Lestoile, entre autres, qui recueille les bruits de Paris), disent au contraire qu'il eut une fin très-repentante, qu'il adressa à sa nourrice protestante les regrets les plus pathétiques sur la Saint-Barthélemy.

Qui put le savoir au juste? la reine mère tenait le Louvre, et l'on n'en sut rien que par elle.

De Thou dit qu'en lui témoignant une confiance absolue, le mourant dissimula ses véritables sentiments, qu'il l'eût éloigné des affaires, mais que, dans cette fin hâtive, il n'avait qu'elle à qui il pût laisser le gouvernement et le maintien de l'ordre public.

Quelque soin qu'on prît de l'entourer, de le tromper, il avait senti sans nul doute la grande et universelle malédiction qui devait le poursuivre à jamais. Il avait, par le massacre, dispersé par toute la terre des missionnaires de haine éternelle. Sa folle vanterie de préméditation avait été prise au sérieux et des protestants et des catholiques. Rome dans ses éloges exaltés, Genève dans ses furieuses satires, étaient d'accord là-dessus. Un cri unanime, lui vivant, commençait déjà contre sa mémoire, cri horriblement strident, aigre, aigu à son oreille.

Cri de haine, mais cri de risée. Il avait servi Philippe II. Pour lui le profit, pour Charles la honte. Le duc d'Albe en parlait avec le dernier mépris. Le duc de l'Infantado avait dit naïvement : « Mais pourriez-vous bien me dire si ces gens-là qu'on a tués n'étaient pourtant pas des chrétiens ? »

Les redoutables paroles de Louis de Nassau, d'un mourant à un mourant, qui lui furent portées à Paris par le martyr Chastelier, et qui lui furent certainement articulées mot pour mot par ce héros fanatique, durent lui traverser le cœur d'une lame fine et pénétrante, plus qu'aucun stylet d'Italie.

Il lui dénonçait la ruine de la royauté, du royaume : « *La France est à qui veut la prendre.* »

Seulement, il était sensible que la vieille qui succédait (sous l'homme-femme Henri III) épuiserait tous les degrés de l'opprobre, que par eux la France boirait la honte comme l'eau.

Nous voyons dans ses lettres cette grande reine politique tout occupée d'acheter pour son fils un collier de femme, par accommodement toutefois, devant prendre les perles une à une à mesure qu'il viendra de l'argent.

Cet argent vient si peu, qu'en mai elle implore Rouen pour en tirer un petit don de quarante mille francs. En juin, elle implore Venise pour obtenir un emprunt des marchands ; mais, comme ils ne veulent prêter, elle prie le duc de Ferrare de l'appuyer de son crédit, celui de la France ne suffisant pas.

A l'arrivée d'Henri III, quand elle alla le recevoir, toute la cour était si pauvre, que les seigneurs, en plein hiver, mirent leurs manteaux en gage à Lyon, et, sans un prêt de cinq mille francs que lui fit un domestique, la reine mère et ses filles y auraient engagé leurs jupes.

CHAPITRE III.

Des sciences avant la Saint-Barthélemy.

Que l'histoire est pesante! Et comment le grand souffle du seizième siècle, qui naguère me donna mon élan de la Renaissance, m'a-t-il brusquement délaissé? Comment, chaque matin, en me rasseyant à ma table, me trouvé-je si peu d'haleine, si peu d'envie de poursuivre cette œuvre?

C'est justement parce que j'ai suivi fidèlement le grand courant de ce siècle terrible. J'ai déjà trop agi, trop combattu dans ces derniers volumes; la lutte atroce m'a fait tout oublier; je me suis enfoncé trop loin dans ce carnage. J'y étais établi et ne vivais plus que de sang.

Mais, une fois tombé dans la fosse de la Saint-Barthélemy, ce n'est plus l'horreur seulement qui envahit l'histoire. C'est la bassesse en toutes choses, la misère et la platitude. Tout pâlit, tout se rapetisse. Et il ne faut pas s'étonner si le cœur manque à l'historien.

Que ferai-je? Je retournerai un moment en arrière, et je reprendrai force aux grandes sources de vie généreuse que j'avais laissées derrière moi.

Car, pendant qu'à l'aveugle je m'acharnais à l'histoire du combat, enfermé dans la mort et ne voyant plus qu'elle, la vie sous terre a coulé par torrents.

Même en ce moment exécrable de la Saint-Barthélemy, j'ai parlé de Paris, du Louvre, des Tuileries, du palais de la reine mère, où la veille se tint le conseil du massacre. Mais, dans le jardin même de ce palais tragique, un inventeur, un simple, un saint, Palissy, a inauguré les sciences de la nature.

Je viendrai à lui tout à l'heure. Auparavant, un mot sur l'histoire des génies sauveurs qui, à travers les destructions, ont réparé, consolé et guéri.

Spectacle touchant, mais bizarre. En dessus, la politique et la théologie roulent leur char d'airain, admirées et bénies de l'humanité qu'elles écrasent. En dessous, la science suit leur course, le baume à la main, ramasse les victimes et rapproche les lambeaux sanglants.

C'est une histoire immense et difficile que je n'ai nullement la prétention de raconter. Je veux me donner le bonheur de l'indiquer seulement, non pour servir aux autres qui la liront bien mieux ailleurs, mais pour me servir à moi-même. Entrant dans les temps de bassesse, de mensonge, qu'il me faut passer, je m'arrêterai ici, je m'y assoirai un moment; j'y boirai un long trait d'humanité, de vérité.

Qu'on sache donc qu'au seuil de ce siècle sanglant commencèrent deux grandes écoles des ennemis du sang, des réparateurs de la pauvre vie humaine, si barbarement prodiguée.

Au moment où Copernik donne au monde la révélation de la terre, ceux-ci semblent lui dire : « Vous n'avez trouvé que le monde; nous trouverons davantage; nous découvrirons l'homme. »

L'homme et son organisme intérieur, dont Vésale est le Christophe Colomb, — l'homme et la circulation de la vie, dont le Copernik fut Servet.

Son mariage enfin avec la Nature, leurs profondes amours, et leur identité. C'est la révélation de Paracelse.

Parlons de celui-ci d'abord.

Pour entrer dans cette voie neuve, il était nécessaire d'en arracher d'abord l'épouvantable amas de ronces qu'on y avait mis depuis deux mille ans. Il fallait que cet amant impatient de la Nature, avant d'aller à elle, la délivrât par un grand coup.

Paracelse était homme de langue allemande et né, dit-on, dans les montagnes de Suisse. On ne sait guère quelle avait été sa vie. Il fit son coup d'État à trente-quatre ans. Ce fut à Bâle, en 1527, au point solennel de l'Europe où le Rhin tourne entre trois nations, que ce Luther de la science mit sur un même bûcher tous les papes de la médecine, les Grecs et les Arabes, les Galien et les Avicenne. Il jura qu'il ne lirait plus, et se donna à la Nature.

Chercheur sauvage des mines et des forêts, ce gnome ou cet esprit fouille la terre, interroge les sources, converse avec les plantes, intime ami des Alpes, confident des Carpathes, amant des vallées du Tyrol. L'humanité malade le suit; il peuple les déserts.

Il eut cela de commun avec Copernik, qu'observateur pénétrant entre tous, il domina l'observation, lui donna la raison pour guide et pour maîtresse.

Ayant brisé l'autorité des livres, il en brisa

une autre dont on se défait difficilement, celle des sens et de l'apparence. Il hasarda, d'un instinct prophétique, le mot de la chimie moderne, le mot de Lavoisier : L'homme est une vapeur condensée, qui retourne en vapeur.

Dès ce moment, quelle facilité d'amalgame ! La barrière est rompue entre l'homme et la nature. L'un et l'autre est chimie. La médecine est chimie, comme la vie elle-même dont elle est la réparation.

Adieu tous les miracles et les interventions surnaturelles. L'homme peut tout, mais par la Nature. Nul miracle que de Dieu le Père. Un malade disant qu'il s'est muni du corps du Christ, Paracelse prend son chapeau : « Puisque vous avez déjà un autre médecin, je n'ai rien à vous dire. »

Il disait, non sans cause, que sa réforme était bien autre chose que celle de Luther. La Grâce qu'enseigne Paracelse, c'est celle de la Nature, son hymen avec l'homme. Il les croit tous deux d'une pièce, assimile leurs lois, y voit l'identité de génération et d'amour. Vues fécondes qui menèrent bientôt Gessner à classer les plantes par la génération, Césalpin à assimiler les semences végétales à l'œuf des animaux, à professer le rapport des deux règnes.

M. Cuvier et d'autres ont enfin avoué, proclamé, le génie, tant contesté, de Paracelse. Eh !

qui en douterait, en ouvrant au hasard son livre surprenant, mais touchant et sacré, sur les maladies de la femme? Personne encore (ô temps barbares!) n'avait compris nos mères, nos femmes, chère moitié de l'espèce humaine. Ce grand homme dit le premier : « La femme est toute autre que l'homme; elle est un être à part; ses maladies sont spéciales. Elle est sous l'influence souveraine d'un seul organe. Elle est un monde, pour contenir un monde. » Haute révélation physique, première explication profonde et sérieuse du *Fons viventium* (la source des vivants, la fontaine sacrée d'où court le torrent de la vie).

L'Allemagne s'est prise à la nature, qu'elle pénètre par la chimie. La France à l'homme, qu'elle révèle, explique par l'anatomie. Pourquoi, de toutes parts, les grands anatomistes viennent-ils étudier à Paris? On l'a vu de nos jours encore. L'anatomie, la chirurgie, les arts hardis du fer, sont ici, non ailleurs : ici un scalpel acéré d'analyse, et dans la main et dans l'esprit.

Quel spectacle plus grand que cette école de Paris, de 1531 à 1534, quand, devant la chaire de Guuther, deux héros furent en face, le Belge et l'Espagnol, le grand Vésale, le pénétrant Servet?

Je dis *héros*. Il fallait l'être pour triompher de tant d'obstacles. Jusqu'en 1555, ce fut un hasard ou un crime de disséquer. Heureusement, un homme de vingt ans, que rien n'épouvantait, Vésale, dès 1534, est à lui seul le pourvoyeur de l'école de Paris.

Rien n'était plus hardi. Où prendre des cadavres? aux Innocents, dans la population serrée du quartier marchand de Paris? C'étaient des corps malades, et dangereux dans les épidémies fréquentes de l'époque. Sur cette terre pestiférée du grand cimetière des Innocents, la nuit erraient des filles, logeant près des Charniers et faisant l'amour sur les tombes.

Montfaucon valait mieux. Mais quoi? c'était la justice du roi et les pendus du roi. Les descendre d'un gibet de trente pieds, souvent observé des archers, c'était chose hasardeuse. Les parents y veillaient souvent, le peuple aussi, avec sa haine et ses terreurs, ses contes d'enfants tués par les juifs, de corps ouverts vivants par les médecins. Le hardi disséqueur eût pu périr disséqué sous les ongles.

Mais plus le péril était grand, plus grand fut l'amour de la science.

Ce cadavre pour lequel il venait de hasarder sa vie, de quel œil perçant il le regardait! de quelle ardeur d'étude, avide, insatiable! Le fer, la plume, le crayon à la main, il disséquait, dessinait, décrivait.

Il ne quitta Paris que pour un autre laboratoire, meilleur encore, l'armée de Charles-Quint. Il y fut justement à la terrible époque où cette armée fut décimée, détruite, où les vieilles bandes de Pavie furent exterminées par leur maître (1538-1539). Les corps ne manquèrent pas. Vésale, d'une expérience infinie à vingt-huit ans, avait vu l'homme le premier. Il enseigna à Padoue, il imprima à Bâle (1543). Cette ville, libre entre toutes, permit et divulgua la grande impiété. Le corps humain, ce mystérieux chef-d'œuvre, que, pendant tant de siècles, on enterrait sans le comprendre, éclata dans la science par la description de Vésale et les planches du Titien.

Au moment même, un Français, Charles Estienne, fils et successeur du grand imprimeur, avait fait imprimer une complète description de l'homme, mais elle ne parut que plus tard. Celles d'Estienne et de Vésale furent très-probablement l'œuvre collective, le résumé des travaux communs de l'école de Paris.

Une pensée possédait cette école, une recherche qui remplit tout le siècle; recherche parallèle à celle du mouvement des cieux; c'est celle du mouvement intérieur de l'homme, la gravitation de la vie et la circulation du sang.

Le sang solide, c'est la chair; la chair fluide, c'est le sang. Ce n'eût été rien de savoir les formes arrêtées de l'organisme, si on ne l'avait poursuivi dans sa fluidité qui fait son renouvellement.

Dès le commencement du siècle, l'inquiétude commence sur cette question. On dispute sur la saignée. Où vaut-il mieux saigner? Au mal, ou loin du mal, pour en distraire le sang et l'attirer ailleurs? Cela mène à chercher comment circule le sang. Cent ans durant, on poursuit ce mystère.

A Paris Sylvius, à Padoue Acquapendente, décriront les valvules qui, baissées, relevées tour à tour, admettent et ferment le courant. Les maîtres de la science, même Vésale et Fallope, niaient l'existence de ces portes et méconnaissaient le mystère, quand déjà il était trouvé, décrit et imprimé.

L'Aragonais Servet, élève de Toulouse et de Paris, dans son orageuse carrière où il ne sembla occupé que de ramener le christianisme à la prose et à la raison, aperçut sur sa route ce secret capital de la circulation du sang. Il l'a longuement, nettement, doctement expliqué dans un livre de théologie où on ne serait guère tenté de le chercher. Ce livre, hélas! brûlé avec l'auteur sur un bûcher de Genève où on mit toute l'édition, ce livre survécut par miracle en deux exemplaires seulement, qui tombèrent du bûcher, jaunis par le feu et roussis. Il en existe un heureusement à notre grande bibliothèque. Le secrétaire de l'Académie des sciences vient de réimprimer les pages de la découverte.

La fonction première fut connue, celle qui ne peut comme les autres se suspendre ni s'ajourner, celle qui inexorablement, minute par minute, doit s'exercer sous peine de mort. Condition suprême de la vie, qui semble la vie même.

Servet n'avait pas dit la route par où il arriva. Il fallut pour la retrouver un demi-siècle encore et le génie d'Harvey. Mais le fait fut connu. L'humanité put voir avec admiration le charmant phénomène de délicatesse inouïe, le croisement de cet arbre de vie « où la masse du sang, dit Servet, traverse les poumons, reçoit dans ce passage le bienfait de l'épuration, et, libre des humeurs grossières, est rappelé par l'attraction du cœur. »

Une larme du genre humain est tombée sur cette page. Un transport de reconnaissance, un ravissement religieux, une horreur sacrée saisit l'homme en surprenant Dieu sur le fait dans sa création incessante du miracle intérieur qui dépasse l'harmonie des cieux.

Qu'est-ce que le XVIe siècle en son fait dominant? La découverte de l'arbre de vie, du grand mystère humain. Il ouvre par Servet, qui trouve la circulation pulmonaire, et il ferme par Harvey, qui démontrera la circulation générale. Il enferme Vésale, Fallope, etc., fondateurs de l'anatomie descriptive ; Ambroise Paré, créateur de la chirurgie.

Ainsi monte sur ses trois assises la tour colossale de la Renaissance, — astronomique, chimique, anatomique, — par Copernik, Paracelse et Servet.

Comment s'étonner de la joie immense de celui qui vit le premier la grandeur du mouvement ? Un vrai cri de Titan, devant cette audace de l'homme, échappe à Rabelais dans son Pantagruel : « Les dieux ont peur ! »

Mais, si prodigieuse que fut cette tour, il y manquait le dôme, la lanterne ou la flèche hardie, qui fermerait les voûtes. On se rappelle ce moment décisif où sur l'effrayant exhaussement de Santa Maria del Fiore, sur cette menace architecturale qu'on ne regarde qu'en tremblant, Brunelleschi, le fort calculateur, ose, avec un sourire, jeter le poids de la lanterne énorme, et dit : « La voûte en tiendra mieux ! »

Telle fut l'impression du monde, quand par-dessus ces constructions colossales, quand par-dessus Colomb et Copernik, par-dessus Vésale et Servet, Luther et Paracelse, un homme, armé du rire des Dieux, de ce rire créateur qui fait les mondes, posa le couronnement, *l'éducation humaine de la science et de la nature.*

Le bon et grand Rabelais, à ces génies tragiques, aux foudroyants théologiens, aux chimistes fougueux, aux furieux anatomistes (Fallope obtint des corps vivants), à ces effrayants médecins de l'âme et du corps, Rabelais ne dit qu'un mot, en souriant : « Grâce pour l'homme. »

Nourri dans la campagne, avec les plantes, à Montpellier ensuite, la ville des parfums et des fleurs, il avait pris leur âme et le sourire de la nature, la haine de l'anti-physis (anti-nature), la peur que la science nouvelle ne refît une scolastique.

Ces côtés de Rabelais n'ont été, je l'ai dit, mis en pleine lumière que par un paysan, un solitaire, ami des plantes, comme fut le bon docteur de Montpellier; le compatissant médecin de l'hôpital de Lyon. Tous s'étaient arrêtés au seuil du livre, rebutés et découragés, ne voyant pas qu'à l'homme malade, nourri, comme la bête, de l'herbe du vieux monde, il fallait d'abord donner la *Fête de l'âne*, pour pouvoir dire ensuite avec la belle *prose :*

> Assez mangé d'herbe et de foin !
> Laisse les vieilles choses... Et va !

Le procédé de Rabelais est justement celui

de Paracelse. Pour guérir le peuple, il s'adresse au peuple, lui demande ses recettes; pas un remède de berger, de juif, de sorcier, de nourrice, que Paracelse ait dédaigné. Rabelais a de même recueilli la sagesse au courant populaire des vieux patois, des dictons, des proverbes, des farces d'étudiants, dans la bouche des simples et des fous.

Et, à travers ces folies, apparaissent dans leur grandeur et le génie du siècle et sa force prophétique. Où il ne trouve encore, il entrevoit, il promet, il dirige. Dans la forêt des songes, on voit sous chaque feuille des fruits que cueillera l'avenir. Tout ce livre est le rameau d'or.

Le prophète joyeux qui semble aller flottant comme un homme ivre, marche très-droit; qu'on y regarde bien. Dans sa course fortuite en apparence, il touche justement et saisit les traits essentiels qui dominent tout :

L'exaltation de la vie, l'impatience de l'homme pour se donner l'ivresse d'un moment et l'infini des rêves, est signalée par le bizarre éloge du Pantagruélion. Dans l'amortissement des temps énervés qui vont suivre, un grand et sombre phénomène doit commencer bientôt, l'invasion des spiritueux.

Dans la science, le fait supérieur qui les résume tous relie les découvertes, et constitue l'ensemble comme tout harmonieux, la *circulation de la vie*, la solidarité de l'être, l'infatigable échange qu'il fait de ses formes diverses, les emprunts mutuels dont s'alimentent les forces vivantes, tout cela est dit au passage capital du Pantagruel, dans une magnifique ironie. Mes dettes! dit Panurge, on me reproche mes dettes! Mais la Nature ne fait rien autre chose; elle s'emprunte sans cesse, se paye pour s'emprunter encore, etc.

L'ouvrage, comme on sait, est un pèlerinage vers l'oracle de la Lumière. Deux énigmes poursuivent les pèlerins sur tout le chemin; elles reviennent partout en vives satires : l'une, c'est la *justice*, la mauvaise justice du temps, stigmatisée de cent façons; l'autre, c'est le mariage, la *femme*, ce nœud essentiel des mœurs et de la vie.

La Loi, la Grâce, la justice et l'amour, c'est bien là en effet la double énigme qui contient tout le reste, le problème profond de ce monde. Le grand rieur le pose. Nul génie ne l'eût résolu. Le temps seul, de ce livre obscur, permet à chaque siècle d'épeler une ligne.

Le seizième siècle est admirable ici. Il sent que tout tient à la femme. *Non pars, sed totum*. L'éducation de la femme occupe le grand

Luther, et ses maladies Paracelse. Sa satire, son éloge, remplissent la littérature, les livres d'Agrippa, de Vivès. Elle domine ce temps, le civilise, le mûrit, le corrompt.

Rabelais voit en elle le sphinx de l'époque qui seul, en bien, en mal, en sait le mot. En face des Catherine et des Marie Stuart, de divines figures apparaissent pour venger leur sexe. Nommons-en deux, l'admirable Louise, la femme du grand Dumoulin, qui le délivra de captivité, qui vécut et mourut pour lui. Nommons celle qui continua le martyre de Coligny dans les cachots, madame l'Amirale, « la perle des dames du monde. »

CHAPITRE IV.

La décadence du siècle. Le triomphe de la mort.

Au temps sauvage de la Saint-Barthélemy, nous avons vu cette vive étincelle, la *Gaule et France* d'Hotman. L'idée marche, quoi qu'il advienne; elle avance toujours, ou par la mort, ou par la vie. Ici, seulement, sur quoi va-t-elle projeter sa lumière? Sur un monde détruit, ce semble, où a passé la mer de sang.

Hotman dédie son livre à l'Allemagne, mais il n'y a plus d'Allemagne. Luther est au tombeau. Hotman écrit à Genève. Mais Genève est malade, malade de la mort de Calvin, malade du bûcher de Servet.

Rome, nous l'avons dit, dès Charles-Quint, est un désert. Et elle vit maintenant sous l'ombre mortelle de Philippe II. Le galvanisme des Jésuites, l'ingénieuse fabrication des grandes machines de meurtre (la Ligue et la Guerre de trente ans), ces miracles du diable, sont féconds, mais pour la mort seule.

De sorte que toute vie semble ajournée pour quelque temps. Et le pouls ne bat plus. Les grands hommes sont morts. Moins un, le prince d'Orange, tous sont ensevelis, et c'en est fait de la forte génération qui commença le siècle. On n'entend plus de bruit; il semble qu'il n'y ait plus personne. Des hommes tout petits remplissent la scène, vont et viennent, l'occupent de leur ridicule importance. Les Mémoires, secs et pauvres dans l'âge si riche que nous avons passé, abondent maintenant et surabondent. L'histoire ne sait à qui entendre. Assez, assez, bonnes gens, vous vous gonflez en vain, et vous croyez crier. Toutes vos voix ensemble ne font pas la voix d'un vivant : c'est l'aigu petit cri des vaines ombres : Resonabant triste et acutum.

J'aperçois bien là-bas quelqu'un qui vit encore, ce malade égoïste, clos dans son château de Montaigne. Je vois ici, caché dans les fossés des Tuileries, ce bon potier de terre, Palissy, qui enseigne avec si peu de bruit, quoi? Les arts de la terre, la science qui dans son sein cherche le filet des eaux vives. Mais tout cela si humble, tellement à voix basse, que l'on entend à peine. A toute voix vivante, il semble qu'on ait mis la sourdine.

Non-seulement la nature a baissé, la taille humaine est plus petite. Mais l'homme se déforme. Un pauvre art, triste et laid, commencera tout à l'heure. Je ne sais comment cela se fait, mais du jour où ce bon Ignace accoucha de son ordre bâtard, mêlé du monde et du collége, du Janus à double grimace, l'art et les lettres ont grimacé. Une époque grotesque et coquettement vieille s'ouvre pour nous; une invincible pente nous y porte; c'est fait, nous glissons.

Les forts en seront indignés, mais ils glisseront comme les autres. On ne résiste pas aisément à son temps. Hélas! faut-il le dire? l'architecture de Michel-Ange, dans son capitole et ailleurs, est déjà pauvre, impuissante et sénile.

Il nous revient bien tard, cet indestructible Titan. Il vit encore en 1564, si près de la Saint-Barthélemy, en plein âge de décadence. Il y entre, il le sent, et il en est plein de fureur. Il laisse pour adieu un dessin choquant et barbare, une espèce d'arc de triomphe qu'il élève, ce semble, au dieu nouveau, la Mort. Représentez-vous un ossuaire immense, au haut duquel des génies acharnés, avec une joie sauvage, éteignent, foulent, écrasent la torche fumante de la vie. Le reste n'est qu'os et squelettes. Ils paradent avec un *rictus* d'une hilarité diabolique, et vous croyez les entendre qui font sonner en castagnettes leurs mâchoires vides, leurs dents ébréchées.

Voici bien pis, la mort galante. L'ardent, le coquet, l'acharné ciseau de Germain Pilon, qui fouille si âprement la vie, à force de la dégrossir, aboutit au cadavre. Regardons bien au Louvre le romanesque et passionné monument de sa Valentine. En voici l'histoire en deux mots.

Le Milanais Birague, homme de sang et de meurtre, sous sa robe de président, voulait, pour récompense du conseil de la Saint-Barthélemy, se coiffer du chapeau rouge, devenir cardinal et chancelier de France. Mais il était marié; sa femme, Valentina Balbiani, ne l'arrêta pas longtemps; elle mourut après le massacre, et sa tombe en porte la funèbre date.

Pour faire taire les mauvaises langues, et constater sa profonde douleur, le bon mari demanda à Germain Pilon un somptueux tombeau. Il lui recommanda d'y bien montrer ses larmes et son inconsolable amour. C'est la partie grotesque. L'artiste a traduit ce mensonge par ces deux Amours hypocrites qui font mine de vouloir pleurer, et feraient plutôt rire s'ils n'étaient l'ouverture de l'art désolant, grimacier, qui viendra.

Tout autre est le sépulcre, admirable, vraiment pathétique. Ce fiévreux génie y mit six années de sa vie, un travail terrible et son âme. Sculpture de volonté immense, sombre roman de marbre, où l'on sent que l'auteur a vécu et vieilli, plein des soucis du temps, sans consolation idéale; pas un trait d'immortalité.

La dame, au long nez milanais, aux longues mains à doigts effilés, d'une grande élégance italienne, porte une riche robe de brocart, d'un fort tissu qui se soutient, pas assez pourtant pour cacher que ses bras amaigris ne la remplissent pas; les manches flottent vides et tristement dégingandées. Quelque chose, on le sent, a creusé lentement; elle a dû souffrir longtemps, se plaindre peu. En main, elle a un petit livre. Non la Bible, à coup sûr, gardez-vous de l'en soupçonner. La Bible serait un aliment. Ce volume imperceptible doit être un petit livret de prières qui, sans cesse répétées, ne disent plus rien à l'esprit, qu'on mâche et remâche à vide.

La grande dame a devant elle un objet à la mode, un de ces petits chiens de manchon dont on raffolait alors. Échantillon des vanités galantes et des futilités du temps. Le pauvre petit animal a pourtant l'air de comprendre ; il voit bien qu'elle n'y est plus et que ses yeux nagent ; il lève inquiètement la patte pour la réveiller... En vain ; elle tient le livre ouvert, mais ne tournera plus le feuillet de toute l'éternité.

Il semble que l'artiste ne pouvait quitter cette pierre. Après avoir sculpté la femme, il s'est acharné à la robe, y a comme usé son ciseau. Mais, cette robe achevée, surachevée dans l'infini détail, après qu'il y eut mis de plus les fatales fleurs de lis de chancelier, tout cela fait, Pilon ne put pas la lâcher encore.

Il se remit à sculpter jusqu'à ce qu'elle fût en quelque sorte exterminée par le ciseau. Et il fallut pour cela qu'elle ne fût plus une femme. Il fit en bas-relief le corps comme il pouvait être un mois peut-être après la mort, cadavre demi-masculin, tristement austère et sans sexe, quoique le sein rappelle désagréablement ce que fut cet objet lugubre.

Ce n'était pas assez encore. Sous la femme, le corps mort, les vers... Dessous, quoi ? le néant.
— Un petit vase, urne mesquine (qu'on a eu tort de supprimer au Louvre), offrait la traduction dernière de la vie, et disait que de la belle dame, de la grande dame, de la pauvre Italienne, il ne restait qu'un peu de cendre.

Œuvre savante, ardente, mais choquante, pénible, de laideur volontaire, d'outrage calculé à la nature... Assez, cruel artiste! assez, épargne-la! grâce pour la femme et la beauté!... Non, il est implacable... La femme, reine fatale du seizième siècle, qui l'a tant mûri, tant gâté, endurera cette expiation. Règne la Mort, et qu'elle soit perçue par tous les sens! Femme ou cadavre, il la poursuit dans l'humiliation dernière, la livre à la nausée, — ayant mis dans l'odieuse pierre l'odeur fade de la tombe humide et le dégoût anticipé du temps pourri qui va venir.

CHAPITRE V.

Henri III. 1574-1576.

Henri III n'eut pas plutôt appris qu'il était roi de France, qu'il s'enfuit de Cracovie. Il emportait aux Polonais les diamants de la couronne. En revanche, il leur laissait un autre trésor, les Jésuites, que le nonce avait fait venir, et qui devaient faire la ruine du pays. Organisant la persécution chez ce peuple, jusque-là si tolérant, ils amèneront à la longue la défection des Cosaques au profit de la Russie. C'est le premier démembrement.

En vain quelques serviteurs avaient dit au roi que, dans le danger du pays, alors menacé de la guerre, son départ avait l'effet d'une fuite devant l'ennemi, que ses lauriers de Jarnac, son prestige de roi élu par cette chevalerie d'Orient qui gardait la chrétienté, tout cela allait disparaître, et qu'il arriverait en France abaissé, découronné. Il partit. Tous les Polonais, dans leur simplicité héroïque, courent après et se précipitent. Le grand chambellan l'atteint, prie, supplie; pour prouver sa fidélité, à leur vieille mode, il tire son poignard, s'ouvre la veine, boit son sang. Mais tout cela inutile. Henri proteste que la France est envahie, et qu'il lui faut se hâter.

Cependant il prend le plus long, par l'Autriche et par l'Italie. Au grand étonnement de l'Europe, il reste deux mois en Italie. Il avait toujours, disait-il, désiré de voir Venise. On l'y reçut avec des honneurs, des fêtes, un triomphe inimaginable, sous les arcs de Palladio, comme si le roi fuyard eût rapporté les dépouilles des Sélim et des Soliman. Venise voulait l'acquérir, le gagner, se l'assurer contre Philippe II. On prodigua pour lui les miracles ingénieux de la plus charmante hospitalité. En lui montrant l'Arsenal, on lui fit cette surprise de construire une galère pendant sa visite. Au conseil, le doge le fit asseoir au-dessus de lui, lui donna une boule dorée et le fit voter, comme citoyen de Venise. Le conseil, d'un coup de baguette, décoré et changé en bal, est tendu de tapis turcs. A la place des vieux sénateurs, deux cents jeunes dames de Venise, ravissante apparition, s'emparent de la salle et dansent, toutes vêtues de taffetas blanc, avec un doux éclat de perles.

Bref, le roi fut trop bien reçu et comme étouffé dans les roses. Il traîna en Italie, si bien et tant qu'il y resta. Je veux dire qu'il y laissa le peu qu'il avait de viril; ce qu'il rapporta en France ne valait guère qu'on en parlât.

On put en juger dès Turin, où le duc de Savoie tira de lui sans difficulté l'abandon de Pignerol. S'il eût, comme on l'en avait prié à Venise, voulu la paix en France pour se fortifier contre Philippe II, il eût gardé soigneusement Pignerol, cette porte de l'Italie, cette prise sur le Piémont, sur le duc de Savoie, qui était l'homme de l'Espagne.

Mais déjà ce triste roi, énervé, fini, était dans la main de sa mère; elle le suivait dans le voyage par un homme à elle, Cheverny. Toute l'affaire de Catherine, c'était de garder l'influence; or, comme la petite cour française qui revenait de Pologne avec Henri III lui conseillait d'assoupir la guerre religieuse en France, Catherine n'espérait supplanter ces favoris qu'en se déclarant pour la guerre. Elle était donc très-belliqueuse, mais quoi? sans armes ni force, sans argent. Cette attitude menaçante ne pouvait manquer de décider l'alliance des *politiques* et des protestants, c'est-à-dire de brusquer la crise, qui montrerait la radicale impuissance de la royauté.

Les *politiques* hésitaient encore, Montmorency, leur chef, étant à la Bastille, Navarre, Alençon prisonniers. Damville, échappé, sentit qu'il n'y avait de sûreté que dans les armes et l'alliance de Condé, *protecteur* des églises protestantes, qui ne demandait que liberté pour tous, avec les États généraux.

Voilà Henri III en France sous sa mère, qui lui fait prendre cette folle initiative de recommencer la guerre. Le spectacle fut curieux. Le vieux Montluc, qui était la guerre incarnée, balafré, borgne, débris de soixante ans de combats, vint leur dire qu'ils se perdaient, qu'il fallait la paix à tout prix. Mais la reine mère fut plus guerrière que Montluc; elle opposa son *veto* à toute négociation. Et cela, au moment où toutes ressources étaient épuisées, où la cour savait à peine si elle aurait à dîner, où la reine fut trop heureuse d'emprunter cinq mille francs à un de ses domestiques.

Le caractère original de ce gouvernement de femme, c'était de prodiguer l'encre et le papier. On écrivait lettre sur lettre, ordre sur ordre de poser les armes. On y gagnait des réponses sèches, durement ironiques. Tout le monde riait du roi, et les Guises qui le voyaient agir pour eux, et les protestants qui n'avaient rien à gagner aux ménagements. Un seigneur catholique écrivait : « Si vous ne vous arrangez, vous serez bientôt aussi petits compagnons que moi. » Et Montbrun, en Dauphiné, chef des bandes calvinistes : « Comment! le roi m'écrit comme roi!... Cela est bon en temps de paix. Mais en guerre, le bras armé, le cul sur la selle, tout le monde est compagnon. »

De sa personne, le roi tuait tout respect de la royauté. Il avait produit, au retour, l'effet le plus inattendu. Il vivait enfermé, comme une jeune dame d'Italie, craignait l'air et le soleil. Sa toilette, plus que féminine, laissait douter s'il était homme, malgré un peu de barbe rare qui pointait à son menton. Il n'allait ni à pied ni à cheval, à peine en carrosse; on l'avait porté en litière vitrée à travers la Savoie. Pour voiture, il préférait un joli petit bateau peint, réminiscence des chères gondoles vénitiennes, dont il regrettait le mystère. Couché tout le jour chez lui, il se levait pour se coucher sur cette barque, bien enveloppé de rideaux et mollement porté sur la Saône.

La seule chose qui l'intéressât, c'étaient les farces italiennes en tout genre, farces de bouffons, ou processions tragi-comiques. A ces processions, on le vit tout couvert des pieds à la tête, et jusqu'aux rubans des souliers, de petites têtes de mort; souvenir galant et lugubre de la jeune princesse de Condé, dont il s'était dit chevalier, et dont il avait par toute l'Europe porté le portrait au cou. C'était la facile guerre qu'il faisait au mari, pendant que celui-ci en Allemagne levait une armée protestante et ramassait contre lui une épouvantable tempête.

Lyon, trop sérieux, l'ennuyait. Il se fit, au cours du Rhône, reporter vers le Midi, en terre papale, à Avignon. Terre classique des processions, où il fut régalé à grand spectacle des courses de flagellants. Ces comédies indécentes, propres à stimuler la chair bien plus qu'à la réprimer, étaient, pour la belle jeunesse qui suivait partout Henri III, une luxurieuse exhibition de sensualités réelles et de fausses pénitences. La France y gagna du moins la mort du cardinal de Lorraine. Ce dignitaire de l'Église, qui, à cinquante ans, gardait la peau délicate de sa nièce Marie Stuart (comme on le voit dans les portraits), voulut faire aussi le jeune homme, prit froid, et n'en releva point. On en rit fort; une tempête qui éclata à sa mort fit dire à tous que les diables fêtaient l'âme du cardinal.

Ces bons pénitents, qui faisaient risée de leurs flagellations, furent sérieusement étrillés. Damville vint, sous le nez du roi, lui prendre Saint-Gilles, et consomma à Nîmes l'alliance des catholiques modérés avec les protestants, se déclarant, lui catholique, lieutenant du prince de Condé. Ceci le 12 janvier (1575). Le 10, Henri III avait reçu devant la petite ville de Livron une humiliation sanglante, reçu en propre personne. Passant près de cette ville, il saisit l'occasion de faire briller ses favoris, et les envoya à l'assaut. Mais les rustres qui gardaient leurs murs, sans considérer que c'était la plus belle jeunesse de France, leur firent un cruel accueil. Les femmes même s'en mêlèrent avec une animosité fort originale, accueillant les bruits faux ou vrais qu'on commençait à faire courir sur les amitiés d'Henri III.

Il reçut l'affront, le garda. Il licencia l'armée, ne sachant comment la payer; il laissa tout le Midi devenir ce qu'il pourrait.

Il s'en allait vers le Nord, peu accompagné. Les seigneurs, las de ne le voir qu'à grand'-peine à travers ses favoris, avaient tous pris leur parti, et rentré chez eux. Sa cour était un désert. Table vide et pauvre. Le peu d'argent qui venait était lestement ramassé par les jeunes amis du roi. Henri III était si bon, qu'il ne pouvait rien refuser. Ordre aux secrétaires d'*acquitter* les dons du roi sans faire les observations qu'ils se permettaient jusque-là; ordre de signer sans lire. Voilà le commencement de ces fameux *acquits au comptant* qui, dès lors, ont signalé la générosité royale, d'Henri III à Louis XV, des Mignons au Parc-aux-Cerfs.

Puisque ce mot de mignons est arrivé sous ma plume, je dois dire pourtant que je ne crois ni certain ni vraisemblable le sens que tous les partis, acharnés contre Henri III, s'accordèrent à lui donner. Le pauvre homme, à qui l'on suppose des goûts d'empereur romain, était revenu d'Italie dans une grande misère physique, ce semble, usé jusqu'à la corde et tari jusqu'à la lie. Les poules en vieillissant deviennent coqs et prennent le chant, et les femmes prennent la barbe. Lui, déjà vieux à vingt-trois ans, il avait subi la métamorphose contraire; il était devenu femme jusqu'au bout des ongles. Il aimait les parures de femme, les parfums, les petits chiens; il prit les pendants d'oreille. Il en avait les manières, les grâces, et, comme elles, il aimait les jeunes gens hardis et duellistes, les bonnes lames, qu'il supposait plus capables de le protéger.

Plusieurs des prétendus mignons furent les premières épées de France; tels étaient d'Épernon, Joyeuse. Le frère du roi, Alençon, avait pris aussi pour mignon Bussy d'Amboise, homme d'une force, d'une adresse extraordinaires, connu par des duels innombrables et toujours heureux.

Entre les mignons et sa mère, il oscilla toujours. Il est facile de juger la vaine politique de celle-ci. Davila, son panégyriste, et les documents de famille qu'a extraits M. Alberi, sont bien obligés de se taire en présence des propres lettres de Catherine, qui démontrent son imprudence, son étourderie, et sa pitoyable attitude quand elle se trouva au fond du filet qu'elle avait ourdi elle-même.

Nous l'avons dit, au retour d'Henri III, pour se maintenir au pouvoir et ruiner les pacifiques qui entouraient le nouveau roi, elle se déclara pour la guerre, contre l'avis des Vénitiens, contre celui de Montluc et de tous les militaires.

Il est vrai qu'elle couvrait sa responsabilité en recommandant à son fils « de se faire fort, » d'arriver armé et terrible. Conseil difficile à suivre dans un tel épuisement, quand la guerre de la Rochelle avait pris neuf cent mille écus d'or rien qu'en gratifications, et la paix sept cent mille écus (De Thou). Elle couvrait cette folie d'une assurance extraordinaire, d'une hardiesse qu'on admirait, d'un grand mépris de la haine publique. « Je ne m'en soucie, disait-elle, qui le trouve bon ou mauvais. » (Fontanieu, 338, *Revue rétrospective*, XIV, 256; Giov. Michel, éd. Tomaseo, 244.)

Sage conduite qui serra le nœud des protestants et des politiques. Les premiers, vainqueurs d'avance, crurent pouvoir dicter leur traité.

En avril 1575, ils pétrifièrent Henri III de leurs demandes, plus fortes que n'en fit jamais Coligny.

Comment se tirer de là? Catherine, fort embarrassée, fit encore bonne mine en disant que l'on pouvait d'un seul coup abattre les politiques. Montmorency-Damville, le roi du Languedoc, était malade, allait mourir; on pouvait sans hésiter empoisonner son aîné, qui était à la Bastille. Eux morts, c'était fait du parti. L'ordre fut donné, dit De Thou, et déjà on avait ôté au prisonnier ses serviteurs, lorsqu'on apprit que son frère, loin de mourir, était rétabli, en état de le venger.

Des gens qui n'avaient de salut qu'en de tels expédients n'étaient pas bien forts. Henri III savait lui-même que, si son frère lui échappait et rejoignait Damville, c'était fait de la royauté. Malade, après son sacre, du même mal d'oreille qui tua François II, il se croyait empoisonné par Alençon. Il fit venir le roi de Navarre (qui depuis a conté le fait); il lui dit : « Ce méchant va donc hériter du royaume ! » Et il le pria instamment de le tuer, lui assurant qu'il y serait aidé par le duc de Guise. Le roi de Navarre refusa, et Alençon s'enfuit six mois après (15 septembre 1575; Nevers, I, 80).

Ce fut un coup de foudre pour la mère et le fils. Catherine, dans le dernier effroi, écrit au duc de Nevers de rassembler des troupes en hâte; *son fils Alençon s'est sauvé* (lettre ms. du 18); toute la cour court après lui, et demain toute la France. Voilà l'héritier du trône à la tête des *politiques*.

Avec sa goutte et sa colique, Catherine se met en route pour tâcher d'apaiser son fils, de le tromper, de diviser, s'il se peut, la nouvelle ligue, de faire la paix à tout prix. Mais elle laisse près d'Henri III des conseillers qui soutiennent que, s'il traite, il n'est plus roi. Dans une lettre très-vive et très-forte (28 septembre 1575), elle lui dit : « Il faut céder... Sans la paix, je vous tiens perdu, vous et le royaume. » Elle craint surtout qu'Henri III, dans son désespoir, n'aille au-devant de la mort.

En quoi elle le juge bien mal. Ses velléités guerrières tenaient uniquement aux incitations de son favori Du Guast. Du Guast jetait feu et flamme; il embarrassait son maître, devenu le meilleur homme du monde. Henri III, pour ne pas l'entendre, s'en allait avec sa femme aux reposoirs (ou *petits paradis*) qu'on avait faits dans la ville et où l'on priait pour la paix; il y chantait des litanies. Si même on en croyait L'Estoile, dans cette grande crise publique, il s'était avisé de rapprendre la grammaire et s'amusait à décliner.

Cette lettre du 28 septembre paraît avoir été écrite le soir du jour où elle vit son fils Alençon à Chambord. Il ne l'écouta même pas, disant qu'avant toute parole il lui fallait la délivrance de l'aîné des Montmorency. Ce qu'elle fit à l'instant, espérant trouver dans son prisonnier délivré un médiateur.

Le médiateur réel était l'hiver imminent. La grande armée allemande qu'amenait Condé hésitait à se mettre en route. Un détachement de deux mille hommes entra, conduit par Thoré, l'un des Montmorency. C'était offrir aux catholiques une trop facile victoire. Ces deux mille furent enveloppés par dix mille, par Guise et Strozzi. Deux armées, fort superflues, l'une du fond du Languedoc, l'autre du Poitou, vinrent encore accabler Thoré. Immense effort, non du roi, mais du parti catholique, qui voulait et décourager les Allemands, et grandir son duc de Guise, en lui arrangeant ainsi une victoire à coup sûr (Dormans, 10 octobre 1575). Guise y fut blessé au visage, bonne chance pour sa fortune, qui enivra ses partisans et lui valut le surnom populaire de *Balafré*.

Catherine regrettait ce succès, qui fortifiait près d'Henri III les partisans de la guerre, surtout le favori Du Guast; revenu de la bataille, il relevait le cœur du roi, le refaisait brave et homme un peu malgré lui. Du Guast mourut fort à point.

De Thou rapporte sa mort uniquement à la vengeance de la petite reine Margot, qui le détestait. Mais cette mort, dans un tel moment, importait à Catherine autant et plus qu'à sa fille.

Marguerite, dans ses jolis Mémoires, confits en dévotion, en modestie, en sagesse, n'en confirme pas moins partout par ses aveux indiscrets ce qui se disait alors de ses amants innombrables, et très-spécialement de ses frères Henri III et Alençon. Henri III, qui se survivait, n'en était pas moins jaloux, plus mari que le mari, le spirituel et patient roi de Navarre. Celui-ci avait fort à faire pour couvrir les faiblesses de son aventureuse moitié. Henri III s'emporta une fois jusqu'à vouloir jeter à l'eau une demoiselle de sa sœur, trop serviable et trop complaisante.

L'amant de Marguerite était alors le fameux duelliste Bussy d'Amboise; son délateur et son railleur était le favori Du Guast. Marguerite, le 30 octobre, prit un parti violent, et se montra la vraie sœur du roi de la Saint-Barthélemy. Elle chercha un assassin. Dans le couvent des Augustins, se tenait à moitié caché un certain baron de Viteaux qui avait tué, entre autres personnes, un serviteur d'Henri III. Sans Du Guast qui s'y opposait, le roi, qui oubliait vite, eût fort aisément pardonné. Viteaux détestait Du Guast.

La princesse n'hésita pas à aller trouver cet homme de sang au cloître, ou plus probablement dans la vaste et ténébreuse église. C'était justement la veille du jour des Morts. Époque favorable. Toutes les cloches allaient être en branle, et les Parisiens, passant la journée à courir les églises et visiter les tombeaux, seraient rentrés de bonne heure. Elle fit valoir ces circonstances qui facilitaient le coup. Palpitante et frémissante, elle lui demanda de faire pour elle ce que lui-même désirait et tôt ou tard eût fait pour lui. Notre homme pourtant se fit prier, ne voulut pas agir gratis, si l'on croit la tradition. Elle promit. Il voulut tenir. C'était la nuit, et tous les morts de cette église pleine de tombes, attendant leur fête annuelle, n'en étaient pas moins fort paisibles et sans souci des vivants. La petite femme, intrépide, paya comptant. Lui fut loyal. Du Guast fut tué le lendemain.

Catherine, délivrée par sa fille, ne tarda guère à arranger la trêve tant désirée (22 novembre). Les conditions furent ignobles. Le roi devait solder l'ennemi. On ne se fiait point à lui, et on voulait qu'il se fiât, qu'il livrât d'abord à son frère des places de garantie. Il hésite. Mais sa mère insiste pour qu'il en soit ainsi. Les étrangers vont entrer, et non-seulement les huguenots, mais *les catholiques* (apparemment les Espagnols). « Sans la paix, jamais royaume ne fut si près d'une grande ruine. » (Lettre ms. du 21 novembre 1575.)

Paris refusa nettement de payer un sou. Les gouverneurs refusèrent de livrer les villes. Les Allemands de Condé refusèrent de s'arrêter, et entrèrent en France. Trois armées ensemble mangeaient le pays; les reîtres en Bourgogne, Alençon en Poitou, Damville en Languedoc. Henri III semblait perdu.

Le jeune roi de Navarre n'avait pas suivi son cher ami Alençon, espérant (assure De Thou) qu'on lui confierait une armée contre lui. Mais on l'avait donnée à Guise. Un matin, il prit son parti, quitta le roi, que tous quittaient.

Il arrivait fort à propos. Les protestants étaient déjà en grande défiance d'Alençon. Ce garçon, double, intrigant, s'était adressé à la fois à Rome et à la Rochelle. Il faisait savoir au pape qu'il ne voulait en tout cela que « *se servir des huguenots.* » En même temps, par une proposition insidieuse faite aux Rochelois, il avait cru tout d'abord pouvoir se saisir de la ville. Il ne les attrapa point, et se fit connaître. Les protestants aimèrent mieux l'ennemi qu'un tel ami.

Au printemps, Catherine, étant venue sur la Loire au-devant de son cher fils, obtint de lui la paix. Rien ne fut plus gai. Son galant cortége de filles, qu'elle menait en toute occasion, négociait à sa manière, mêlant les caresses aux paroles; c'était comme l'appoint des traités (6 mai 1576).

L'article 1ᵉʳ n'était pas moins que *le démembrement de la France.* On refaisait Charles le Téméraire. Alençon recevait tout le centre du royaume en apanage (Anjou, Touraine, Berry, Alençon, etc.). Navarre avait la Guyenne, et Condé la Picardie. On était dès lors bien sûr que les catholiques en voudraient autant pour les Guises.

Et, en effet, *ils vont avoir cinq gouvernements*. Des treize que comptait le royaume, trois peut-être resteront au roi.

L'article 2 *constituait les protestants en une sorte de république*, ayant non-seulement le culte libre partout, non-seulement des places fortes dans six provinces, mais se gouvernant par leurs assemblées. Plus, un solennel désaveu de la Saint-Barthélemy, faite « au grand déplaisir du roi. » Restitution des biens confisqués aux familles des victimes.

Le roi se chargeait de payer les Allemands, et remerciait tous ceux qui l'avaient soulagé de sa royauté.

Enfin, tant de choses accordées, il octroyait par-dessus *les États généraux*, qui devaient emporter le reste.

La reine mère revint triomphante d'avoir obtenu ce traité. Tout le monde admira son adresse. (Alberi, d'après Alamanni, Archives Médicis.)

CHAPITRE VI.

La Ligue. 1576.

Dans la forêt des mensonges où j'entre armé de critique et, j'ose dire, d'un sérieux amour de la vérité, je rétablirai la lumière, spécialement au profit du grand parti catholique, trompé misérablement et jouet de ses meneurs. Si je le démontre aveugle, j'innocente sa bonne foi.

Un très-bon observateur, absent quarante ans de l'Europe, qui partit vers 1780 et revint vers 1818, dit : « Ce n'est plus le même peuple. L'ancienne France avait beaucoup du caractère *savoyard*. » J'ajoute *irlandais, polonais*. Ces vieilles races catholiques nous aident à deviner ce que fut le caractère tout instinctif de nos pères, charmant, brillant, dénué de sérieux, de réflexion.

Cette nation, fort légère, n'en était que plus routinière; tout effort pour améliorer veut du sérieux et de la suite. Elle tenait infiniment à rester ce qu'elle était, dans une aimable négligence, peu ordonnée, peu rangée. Rien ne fit plus tort au parti protestant que l'austérité de sa tenue. Ces cols roides, ces fraises empesées (propreté fort économique), furent regardés de travers, comme une prétention d'aristocratie. Un petit greffier, un libraire, mis ainsi, était jalousé. Un abbé de ces abbayes qui étaient des principautés n'eût eu qu'à marcher en sandales, afficher la saleté, pour être adoré des foules : celui-là n'était pas fier; on écoutait volontiers tout ce que disait *le bon moine*.

On a vu de quelle faveur jouissait sur le pavé de Paris la vermine des capets. Cette démocratie reçut un renfort de crasse espagnole quand Tolède envoya ici Loyola *étudier*. Encore plus populaires brillèrent sur les tréteaux de Paris les furieux farceurs italiens, comme ce Panigarola que le pape envoie la veille de la Saint-Barthélemy, aussi pour *étudier*.

Un certain mélange baroque de grossièreté cynique et de coquetterie pédantesque amusait les populations. Le premier homme en ce genre fut Auger, qui, de bateleur devenu marmiton des jésuites, fut pêché des casseroles par Loyola, le pêcheur d'hommes. De cuisinier il le fit cuistre, souffla sur lui, le lança. Ses succès furent incroyables; on croyait tout ce qu'il disait. Un de ses sermons à Bordeaux ravit les chaperons rouges, leur fit faire la Saint-Barthélemy; un autre sermon, à Issoire, convertit quinze cents Auvergnats. Henri III, qui voulait plaire, dit qu'il n'aurait pas d'autre confesseur, et lui remit la charge laborieuse de nettoyer sa conscience. C'est le premier de cette royale dynastie de confesseurs jésuites, des Coton, Tellier, la Chaise.

Il fit croire tout ce qu'il disait, cela c'est la puissance même.

On a vu que, le 24 août 1572, *on fit croire* que Montmorency, avec force cavalerie, allait arriver sur Paris, donner la main à Coligny, tuer tout... Ce mensonge habile décida la Saint-Barthélemy.

Le 25 août, *on fit croire* que l'épine refleurie indiquait la joie du ciel et sa haute approbation du carnage de la veille. Toutes les cloches, mises en branle en même temps, sonnèrent le miracle, et décidèrent le renouvellement, l'extension du massacre.

On fit croire, à la fin de 1575, que Montmorency-Damville venait du fond du Midi avec une grande armée pour brûler tout à vingt lieues autour de Paris, et qu'il exigeait du roi un châtiment terrible des Parisiens (Morillon à Granvelle, lettre ms., 18 septembre 1575).

Cette ingénieuse fiction, dont aucun historien n'avait parlé jusqu'ici, explique la facilité avec laquelle on fit signer aux badauds épouvantés l'acte de la Ligue.

Le véritable tour de force et le grand miracle était de leur faire croire que la Ligue, qui existait sous leurs yeux, qu'ils voyaient et subissaient depuis quinze ou vingt années, commençait, cette année-là, en 1576.

Reprenons les origines vénérables de la Ligue.

De fort bonne heure, le clergé avait senti que notre royauté française, violente, mais capricieuse, n'aurait pas la tenue terrible, la suite dans la persécution, qu'eut la royauté espagnole. La tourbe ecclésiastique disait dès le 5 mars 1559, quand elle trouva un obstacle dans la police royale : « S'il le faut, on tuera le roi. » C'est le premier mot de la Ligue.

Le parlement, comme la royauté, avait ses variations, des alternatives de douceur et de cruauté, quelques magistrats humains, comme furent les Séguier, les Harlay, vers 1558. La robe était très-flottante. On a vu, au grand massacre, ce procureur capitaine qui ne tuait pas, « n'étant pas encore parvenu à se mettre assez en colère. »

La noblesse catholique n'était pas solide non plus. Vigor, le grand précurseur du massacre, s'en plaignait : « Nostre noblesse ne veut frapper... Dieu permettra que cette bâtarde noblesse soit accablée par la commune. »

Donc le clergé crut plus sûr de faire ses affaires lui-même.

Au premier mot que dit le roi en 1561 pour avoir un état des biens ecclésiastiques, ce mot, qui sentait la vente, poussa le clergé de Paris, assemblé à Notre-Dame, à l'acte le plus décisif; son premier pas fut le dernier, l'appel à la guerre civile et à la guerre étrangère. D'une part, il se remet à la protection du roi d'Espagne. D'autre part, il s'adresse à Guise. Le capitaine souverain du parti dont parle l'acte de 1576 apparaît quinze ans plus tôt. *Premier acte de la Ligue*, en mai 1561.

La mort de François de Guise entrava. On n'y perdit rien; tout fut arrangé à loisir. D'une part, on prépara le futur *capitaine* Henri en concentrant chez les Guises une monstrueuse force d'argent, les revenus de quinze évêchés, et plus tard cinq gouvernements du royaume. Facilité de nourrir une grosse maison armée, d'acheter des bravi, des reîtres. *Voilà le premier trésor de la Ligue.*

C'était peu de chose en campagne, mais beaucoup dans une grande ville. Paris fut travaillé de main de maître. Les confréries y donnaient prise. Mais, pour les mettre en mouvement, il ne suffisait pas des moines, troupes légères, d'action variable. Il fallait l'action fixe de l'évêché et des cures si puissantes de Paris.

Il suffit de regarder le formidable édifice de Notre-Dame et d'en savoir les origines pour comprendre ce qui se fit. Albigeois, juifs et templiers, jetés dans ses fondements, annoncent, dès le moyen âge, ce qu'en doit au seizième siècle attendre le protestantisme.

On éleva à l'épiscopat Gondi, propre frère du comte de Retz, le principal conseiller de la Saint-Barthélemy. On choisit pour toutes les cures un personnel admirable des plus véhéments prêcheurs. La violence, de génération en génération, monta, et de curé en curé. Le furieux Vigor, curé de Saint-Paul, était un agneau en comparaison de ses élèves. Prévôt de Saint-Séverin forma à l'invective l'incomparable Boucher, curé de Saint-Benoît. Et, de ces modèles illustres, partit le Gascon Guincestre, le curé de Saint-Gervais, qui, joignant les actes aux paroles, enleva la foule enivrée en poignardant sur l'autel une poupée d'Henri III.

A droite de la Seine, les chaires de Saint-Paul, Saint-Gervais, Saint-Leu, Saint-Nicolas, Saint-Jacques-la-Boucherie et Saint-Germain-l'Auxerrois éclatent, tonnent et foudroient. A gauche, rugissent Saint-Benoît, Saint-Séverin, Saint-Côme, Saint-André-des-Arcs. *C'est la publicité de la Ligue.*

On en parle vingt ans trop tard. Elle commence bien avant la Saint-Barthélemy, avec moins d'ensemble sans doute. Déjà sifflent les petits serpents, jusqu'à ce que la mort d'Henri de Guise, d'Henri III, le martyre de Jacques Clément, fasse éclater tout à la fois le plein paquet de vipères.

On suppose que l'objet capital de cette publicité était la satire du roi. C'était vrai en général. Poncet, l'amusant curé de Saint-Pierre-des-Arcis et autres en faisaient des bouffonneries qui amusaient fort le peuple. Mais on voit bien que des choses plus profondes et plus politiques étaient habilement mêlées à ces fureurs tragi-comiques. On disait, on redisait ces choses essentielles au parti : Que la Saint-Barthélemy avait été une *revanche* des excès des protestants, que la Ligue catholique était aussi une *revanche*, une imitation des ligues des protestants. On le dit tant, qu'aujourd'hui plus d'un le redit encore. Un mensonge bien cultivé, répété longtemps en chœur par un demi-million d'hommes, devient comme une vérité.

La Ligue n'est nullement une imitation. Elle a son mérite propre, original. Marquons bien les différences :

1° Les unions protestantes sont les actes *défensifs* d'une minorité massacrée qui se serre pour ne plus l'être. Et la Ligue est l'acte *offensif* d'une majorité massacrante qui s'indigne de ce qu'on veut lui retirer le couteau.

2° Un signe tout particulier à la Ligue, absolument étranger aux unions protestantes qu'on lui assimile, c'est la menace, l'intimidation, la persécution dénoncée aux neutres et aux pacifiques. Qui n'entre pas dans la Ligue est traité en ennemi; qui la quitte est traité en traître, puni dans son corps et ses biens.

3° Le capitaine de la Ligue n'est pas un chef militaire seulement, comme furent Condé et Coligny, qui ne prirent point le pouvoir judiciaire, laissèrent juger les ministres et l'armée. Ce capitaine catholique, aux termes de l'acte primitif, est une espèce de *grand juge* pour poursuivre ceux qui sont coupables de ne pas entrer dans la Ligue, pour punir ceux des ligueurs qui auraient querelle entre eux.

4° *Les franchises des provinces leur seront restituées par la Ligue, telles qu'elles furent du temps de Clovis.* Appel direct à l'indépendance locale, que les protestants (tant accusés de fédéralisme) ne formulèrent jamais. Leur isolement, leur exigence de places de garantie, fut une mesure de défense. Ils se murèrent tant qu'ils purent. Pourquoi? Parce qu'ils voulaient vivre.

Au contraire, la restauration des priviléges locaux promis au nom d'une immense majorité catholique qu'aucune nécessité, aucun danger, ne contraignait, qu'était-ce? Une destruction de l'unité nationale, l'appel à la dissolution.

Voyons les ligueurs à l'œuvre. Un bon marchand de Paris, le parfumeur La Bruyère, et son fils Matthieu, honorable conseiller au Châtelet, s'en vont discrètement par la ville, disant tout bas : « Que la Picardie, donnée à Condé par le traité, forme une association *pour le roi*, pour maintenir son autorité, mais *sous la réserve* du serment qu'il fit à son sacre (serment d'exterminer l'hérésie). Paris, menacé d'horribles vengeances par les protestants, a bien plus sujet que la Picardie de s'associer, de créer, pour sa défense, un capitaine. »

« Les protestants se liguent bien. Nous pouvons nous liguer aussi, » c'était le grand argument. « Mesurons les huguenots à l'aulne où ils mesurent autruy. Suivons leurs conseils, conformons-nous au chemin qu'ils tiennent. Il les faut fouetter aux verges qu'ils ont cueillies. »

A ceux qui disaient que les Allemands n'étaient pas bien loin, pouvaient revenir, les ligueurs répliquaient : « Nous n'avons pas peur. Nous avons les Espagnols qui ont bien battu les Turcs. Don Juan d'Autriche va venir pour expédier les hérétiques. »

Du Nord, la Ligue passa d'abord au Midi, en Poitou, où l'accueillirent les La Trémouille. Et de là partout.

Le succès faisait le succès. Les ligueurs, mystérieusement, disaient partout à l'oreille qu'ils avaient, pour commencer, une armée de trente mille hommes.

Sous ce grand nom de catholiques, ils se donnaient hardiment pour la *majorité* du royaume, pour la *presque totalité*. Il s'en fallait terriblement. La France était fort *politique*. Si les choses eussent été libres, un vingtième des catholiques tout au plus eût été ligueur. Mais, par la peur et toute espèce d'influences de corruption, ils devenaient ce qu'ils disaient. Ils faisaient, de leur mensonge, une vérité, à force d'audace.

Le président de Thou fut bien étonné quand on lui parla de la Ligue. Le roi, sa mère, quand ils l'apprirent, avec leur finasserie qui si souvent les rendait dupes, n'y virent qu'un très-utile épouvantail pour contenir les protestants et se dispenser de tenir la parole qu'on leur avait donnée.

Henri III était d'ailleurs préoccupé d'une nouveauté bien autrement importante. Il négociait en Italie pour faire venir les *Gelosi*, excellents bouffes italiens qui jouaient les pièces scabreuses de Machiavel et autres; enhardis par le masque, ils en improvisaient d'analogues et plus ordurières. La reine mère, malgré sa goutte, en était fort ragaillardie. C'est par eux que le roi ouvrit les États généraux de Blois. Ils jouèrent dans la salle même où s'agitait le destin de la France.

Mais un bien meilleur acteur, plus amusant, c'était le roi, qui, ce jour, fit le saut complet, et parut décidément femme, portant le collet renversé des dames d'alors. Un collier de perles, qu'on voyait par son pourpoint ouvert sur sa peau blanche et très-fine, s'harmonisait à ravir avec une gorge naissante que toute dame eût enviée.

CHAPITRE VII.

La Ligue échoue aux États de Blois. 1576-1577.

Ce que Davila admire le plus dans son héros, Henri III, c'est son extraordinaire prudence. Chaque soir, il se faisait lire Machiavel et surtout le *Prince*. Il lisait et il profitait. Plus d'un écrivain remarque sa dextérité à escamoter aux ligueurs le succès des États de Blois.

Grande chose, certainement, si la Ligue eût été vraiment ce qu'elle disait, tout le parti catholique. Mais cela n'était guère exact. Les ligueurs qui firent ces États par force et terreur, qui n'y mirent que des catholiques, y virent non sans étonnement qu'ils étaient dans ce parti même une simple minorité.

Le duc de Nevers, dans ses mémoires, nous

met à même de saisir la réalité des choses.

On y voit d'abord que ce jeune roi, gracieux et spirituel, mais fini, usé, était dans un singulier affaiblissement cérébral. Son médecin Miron disait qu'il mourrait bientôt fou. Il avait des singularités tout au moins étranges. Par exemple, à Cracovie, à son sacre de Pologne, où l'usage voulait qu'on mît devant le roi des monnaies à son effigie dans de riches vases d'or, il lui prit un désir subit d'en faire largesse, de donner et de jeter. L'office était long; cette *envie*, comme on dirait pour une femme, alla croissant, et à la fin il n'en pouvait plus; il était trempé de sueur; il dut changer de chemise.

Un si bon maître appartenait de droit aux sangsues, aux vers, aux rongeurs de toute espèce. Son gouverneur Villequier, qui avait les côtés sales de la domesticité, ses *bravi*, ses mignons, tous rongeaient, suçaient. Le déficit allait croissant. Onze millions par an de dépense au delà du revenu. Plus de moyen d'emprunter. On était trop bien connu des marchands, des princes. Les Barbaresques seuls pouvaient encore s'y laisser prendre. La reine mère, sachant que le roi de Fez avait un trésor de vingt-cinq millions, lui envoya un abbé pour lui en emprunter deux.

Les mignons n'allaient pas si loin; ils croyaient avoir leurs mines d'or toutes trouvées, leur Pérou, leurs Indes, dans l'imbécillité des États. Loin que ce mot redouté d'États généraux leur inspirât la moindre crainte, ils y plaçaient leur espérance, n'y voyaient qu'une dupe nouvelle qu'il s'agissait d'exploiter. La Ligue voulait la guerre. Eh bien, on lui vendra la guerre; quinze millions, pas un sou de moins, à partager en famille. Les catholiques attrapés, on rira, et l'on tâchera d'attraper les protestants.

C'était une farce de pages, une scène des *Gelosi* qu'on voulait jouer aux États, sauf à recevoir un appoint de nazardes et de coups de pied.

Jeu chanceux. La reine mère en sentait mieux la portée. Elle favorisait la Ligue, parce qu'elle croyait que, son fils mort, elle s'en servirait pour donner la France *à ses parents* de Lorraine. C'étaient les Lorrains régnants qu'elle désignait ainsi, et point les cadets, les Guises. Elle voulait que la Ligue agît, mais agît tout doucement. Son fils, pour la première fois, ne suivait point ses avis. Il s'était mis pour la première fois à *ouvrir les paquets* lui-même. De quoi la bonne femme pleurait dans son cabinet.

Bien stylé par ses domestiques, le roi jouait à ravir *son petit rôlet*, beaucoup plus ligueur que la Ligue, faisant venir et haranguant les députés un à un, jurant *qu'il ne voulait plus qu'une religion* dans le royaume, qu'il ferait voir qu'il était roi, qu'il y contraindrait tout le monde, qu'il saurait bien amener sa mère à vouloir aussi, comme lui, qu'il n'y eût qu'une religion. S'il avait accordé le dernier traité, c'est qu'on avait abusé de sa jeunesse. Mais, enfin, cette année même, il avait ses vingt-cinq ans; il était majeur et saurait se faire obéir.

Paroles habiles sans doute pour pêcher les quinze millions. La Ligue le craignait fort; elle crut devoir agir, hasarder un coup hardi qui emportât le pouvoir, la royauté même.

Ses vues secrètes avaient été démasquées à l'improviste. Un certain avocat sans cause, très-mal famé à Paris, s'en était allé à Rome avec un mémoire qui posait à cru la folle prétention des Guises. Descendus de Charlemagne, héritiers de l'antique bénédiction du saint-siége, ils devaient reprendre leur trône, usurpé par les Capets. Ceux-ci étaient frappés de Dieu, fous, malades ou hérétiques. M. de Guise, chef de la Ligue, devait achever l'extermination du protestantisme, traiter le duc d'Alençon comme l'avait été don Carlos, tondre le roi, et régner en soumettant la France à Rome.

Henri III fut un peu surpris quand il vit cette pièce étrange lui venir de plusieurs côtés, et des huguenots d'abord, et de son propre ambassadeur à Madrid, l'acte ayant été pris au sérieux par le pape et transmis à Philippe II.

La Ligue mit vite les fers au feu. Le président du clergé *trouve* un matin sur son bureau une proposition anonyme. C'était simplement la demande *que le roi admît comme lois* tout ce qu'une commission des États, unie au conseil, aurait décidé, sans même qu'il fût nécessaire d'y mettre la sanction royale. Le clergé et la noblesse trouvaient cela raisonnable. Ce n'était rien autre chose que l'abolition de la monarchie.

Le Tiers état sauva le roi. Il essaya d'abord de changer la chose en faisant de ces trente-six un simple comité *consultatif*. Puis il stipula qu'aux articles où l'un des trois États aurait intérêt, les *deux autres ensemble n'auraient qu'une voix*. La proposition étant si peu appuyée du Tiers, le roi s'affermit, et dit froidement qu'il n'avait pas envie d'abdiquer au profit des États.

Premier échec de la Ligue.

N'ayant pu s'emparer de la royauté, les ligueurs voulurent l'étrangler, l'acculer dans un détroit où on la forcerait à la guerre sans lui rien donner pour la faire.

La reine mère entrevoyait bien le péril de la situation. Elle luttait tout doucement, disant qu'elle était bonne catholique, qu'elle avait exposé sa vie pour la vraie religion, *pour quoi elle était bien sûre d'aller en paradis;* mais qu'enfin on n'avait pu résister à Condé, que, bien loin de pouvoir faire la guerre, on ne pouvait pas même vivre. Cependant, quand elle vit que les choses marcheraient sans elle, elle se fit le secrétaire de la Ligue, lui prêta sa plume, rédigea elle-même la demande qu'on voulait faire par l'orateur de la noblesse (*qu'il n'y eût plus qu'une religion*).

Les ligueurs du Tiers état devancèrent la noblesse. Ils avaient amené leur ordre à grand'peine à voter pour eux. Le député Bodin, suivi en cela de cinq gouvernements, voulait qu'on spécifiât que l'union se fît *sans guerre.* Sept autres gouvernements mirent seulement *par les meilleures voies, les plus saintes,* mot plus vague, qui cependant indiquait assez clairement des intentions pacifiques.

Petite victoire pour la Ligue. Les États n'avaient nullement des dispositions belliqueuses. La reine mère se moquait du fervent catholique Nevers, qui partout prêchait la *croisade.*

« Eh! mon cousin, disait-elle, voulez-vous donc nous mener à Constantinople? »

Cependant la guerre avait éclaté. Les protestants alarmés avaient refusé de reconnaître une assemblée élue sous la main de la Ligue, assemblée bizarre, informe, où l'on avait mis cinq provinces (Maine, Anjou, Touraine, Anjou, et l'immensité du Poitou) sous un seul gouvernement, avec un seul vote, celui de l'Orléanais!

L'assemblée fut mortifiée d'apprendre qu'elle avait la guerre, que plusieurs places étaient surprises. Au roi qui sollicitait des moyens de la soutenir, elle accorda, pour tout secours, une députation pacifique qui irait demander aux huguenots « pourquoi ils n'étaient pas aux États-généraux. »

La noblesse veut bien combattre, et encore, si on la solde. Le clergé refuse l'argent, vote des troupes (qu'eût commandées Guise). Le Tiers état n'a de pouvoir pour rien faire, ni rien voter.

Pas un sou. Le roi furieux! L'attrapeur était attrapé. « Quoi! dit-il, n'ai-je pas brigué les trois États, qui d'abord paraissaient si lents pour les pousser à demander qu'il n'y eût qu'une religion?... Voilà la guerre!... Et nul moyen!... »
Il signa pourtant la Ligue et la fit signer à son frère, dans l'espoir qu'on lui permettrait de se

faire chef du mouvement. Mais déjà il était trop clair que la Ligue ne voudrait d'autres généraux que les Guises.

Il sollicita du moins l'autorisation de vendre du domaine. Refusé. « Voilà, dit-il, une énorme cruauté ; ils ne me veulent aider du leur, ni me laisser aider du mien. » Alors, il se mit à pleurer.

Le clergé disait à cela : « Nous avons demandé l'abolition de l'hérésie, non la guerre. » Plaisanterie un peu forte. Au fond, c'était la même chose.

Qui avait vaincu? La Ligue? Point du tout. Les deux grands ordres essayèrent en vain de remettre sur l'eau la proposition des trente-six, qui rédigeraient les cahiers et seraient les tuteurs du roi. Le Tiers n'y consentit point.

La Ligue s'était trouvée faible. Mais les huguenots n'étaient guère forts. Navarre et Condé ne s'entendaient pas. Condé était en pleine brouille avec la Rochelle, à qui il surprit le port de Brouage. Les Guises, avançant au midi, avec les armées de la Ligue dont le frère du roi avait le commandement nominal, eurent des succès très-faciles. Damville se laissa gagner par les promesses qu'on lui fit. Divisés, abandonnés, les protestants semblaient périr, lorsque Henri III vint à Poitiers tout exprès pour les sauver.

Il était épouvanté du succès des Guises. Il trahit la Ligue. Sa peur était entièrement reportée de ce côté. Au grand saisissement des ligueurs, il leur asséna ce coup : *la suppression des deux Ligues*, protestante et catholique (Bergerac, 17 sept. 1577).

Partout, liberté de conscience. Le culte dans les châteaux et dans les villes qui l'ont. Ailleurs, permis d'ouvrir hors des villes une église par bailliage. A chaque parlement une chambre protestante. Pour garantie, les huit places promises seront gardées pendant six ans.

Traité sage dont Henri fut très-fier. Restait à savoir si les deux Ligues supprimées par un roi sans argent ni force se tiendraient pour supprimées.

CHAPITRE VIII.

Le vieux parti échoue dans l'intrigue de Dom Juan. 1577-1578.

Le grand Guise, qui, dans les dépêches d'Espagne, est appelé *Herculès*, s'était fait tout petit aux États de Blois. Il avait dit au conseil, doucement, hypocritement, « qu'il n'était qu'un jeune soldat; mais que, si l'on voulait son avis, il conseillait au roi de ne pas mettre en défiance ses sujets protestants. »

Ce personnage prudent voulait que la Ligue mûrît, et refusait de rien entreprendre sans avoir ses sûretés. Il était tout Italien, sous un masque d'Allemand de Lorraine; il affectait la lenteur, la simplicité militaire. Les ardents le trouvaient très-froid, « pesant, grossier, sentant son Allemand » (ms. de Lézeau; Capefigue, IV, 264).

La fureur de son parti, après le traité, l'obligea de chercher des moyens d'agir. Il tâta le Palatin pour acheter quelques reîtres (Mornay, I, 484). Au défaut, il regarda vers l'Espagne, attendit Philippe II.

Mais Philippe II était très-froid. C'était l'époque où il voulait démentir le duc d'Albe, et se montrait pacifique. Ses finances le lui conseillaient. Une relation italienne de 1577 montre la cour d'Espagne « fort réduite; Sa Majesté vit à la campagne ou dans la retraite, se laissant peu voir, *donnant peu et tard.* »

Il venait de faire en 1575 une splendide banqueroute où ses créanciers ne perdirent pas moins de 58 pour 100.

Dans la lumineuse histoire que M. Ranke nous a faite des finances de Philippe II, on voit l'unité de ce règne. Il part de la banqueroute et il y retourne. Charles-Quint, dit un grand d'Espagne, abdiqua précisément parce qu'il ne pouvait payer. Il avait rançonné l'Allemagne, usé, dévoré l'Italie. Philippe II, Castillan tant qu'il put et adoré des Castillans, extermina la Castille, d'abord, en frappant ses laines, puis en saisissant les lingots qui lui arrivaient des Indes, enfin en mettant des droits sur les objets manufacturés qu'elle fournissait à l'Amérique. Tout cela, poussé à mort, au moment de la grande crise du duc d'Albe et de Lépante. Là, défaillit son système. Il devint tout à coup doux et modéré. Pourquoi? il n'avait rien en caisse, ne payait pas un réal à ses troupes, ni à ses créanciers. S'il lui venait quelque chose, il le gardait pour *ses pensionnaires,* c'est-à-dire pour un monde d'espions qu'il avait dans toutes les cours, valets, confidents, maîtresses des princes. C'est là ce qui le dévorait. Dans sa pauvreté extrême, il étendait constamment cette partie de ses dépenses. Le reste allait comme il pouvait. Un an après sa banqueroute, il lui fallut acheter ceux qui menaient le duc d'Alençon, qui se lançait alors dans l'affaire des Pays-Bas.

Ce grand homme de police était insatiable de voir et savoir. Il n'aimait pas à agir. D'abord l'argent lui manquait. Puis, la volonté lui manquait. Quand une affaire arrivait, elle se débattait longuement par écrit et de vive voix entre les violents et les modérés, entre les Albe et les Gomez; si longuement, que la fortune perdait patience, et les dispensait de conclure, en changeant la face des choses.

Les ardents étaient infiniment mécontents de Philippe II. Ils le trouvaient plus que tiède, presque aussi froid qu'Henri III. Froid, et cependant fort dur. Ce maître de l'inquisition agissait avec l'Église sans façon, usant de ses biens, traitant avec ses ennemis (avec le Navarrais même, à qui il offrit sa fille!), sans pitié pour le clergé dès que l'intérêt politique lui commandait de sévir. Par exemple, en Portugal, où il fit mourir deux mille moines qui se déclaraient contre l'invasion espagnole.

On a vu comme, en 1558, il garrotta respectueusement le vieux pape Caraffe. L'Espagne pesait sur Rome. Le vrai président du concile de Trente fut l'ambassadeur espagnol qui mena tout de concert avec *les prêtres espagnols* (on appelait ainsi les jésuites). Combien plus dans l'ordre temporel, Rome fut-elle dépendante! Chaque fois qu'elle agissait seule, l'Espagne lui donnait sur les doigts, par exemple quand elle écouta Antoine de Bourbon en 1561 (Granvelle).

Sauf le moment de Pie V, la papauté n'eut jamais la grande initiative, pas plus que Philippe II. Elle reçut l'impulsion du dehors, une impulsion anonyme.

Trait particulier de l'époque, *la personnalité périt*. Il faut chercher le mystère de l'action dans l'infiniment petit, dans un monde ténébreux d'insectes qui fermentent, remuent, travaillent en dessous.

Cette force élémentaire n'en était que plus terrible pour la décomposition. Il est vrai qu'elle ne valait pas grand'chose pour la création. Elle veut créer deux puissances, et elle y échoue. 1° Malgré Philippe II, elle pousse son frère Dom Juan aux Pays-Bas et en Angleterre (1578). 2° Elle essaye encore, au moyen de Philippe II et contre ses intérêts, d'établir Guise en Angleterre, sauf à chasser l'Espagnol, quand on s'en sera servi (1583).

Voilà les actes étranges, du moins les projets, par lesquels se caractérise cette force mystérieuse. Où en est le premier moteur. Partout, nulle part. J'ai peine à le préciser.

Dirai-je au *Jésù* de Rome? Mais l'action principale est bien autant à Paris.

Dirai-je à la rue Saint-Jacques, au collége des jésuites? La plupart des bons pères que je vois là dans leur classe, avec leur férule et leur rudiment, ont l'air de pauvres pédants bien loin des affaires humaines, occupés de faire conjuguer ou fouetter les petits enfants. Cependant par les enfants ils tiennent les mères aussi.

Descendrai-je rue Saint-Antoine, aux jésuites profès que le cardinal de Bourbon va installer tout à l'heure? Ceux-ci, au centre du beau monde, ces doux confesseurs de femmes, seraient-ils les meneurs atroces des guerres civiles qui vont venir?

Leur rapporter tout serait un point de vue

trop exclusif. Les furieux curés de Paris dont nous avons fait l'énumération, auraient droit de réclamer. Leurs conseils, tenus tantôt chez le trésorier de l'Évêché, tantôt à l'hôtel de Guise, ont été certainement l'un des grands foyers de la Ligue.

En tenant compte d'une action si multiple et si variée, nous n'en persistons pas moins à rapporter aux jésuites la part principale. Nous l'avons dit, les anciens ordres ne conservèrent l'influence, et les nouveaux ne l'acquirent, qu'en prenant l'esprit des jésuites et les copiant. Tous diffèrent extérieurement, d'habits, de paroles. Les honorables théatins, les populaciers capucins, les carmes austères de stricte observance, semblent sans analogie. Oui, mais prenez-les au cœur, au point délicat et tendre, dans la passion, l'intrigue, au profond mystère, je veux dire comme confesseurs, directeurs, ce sont des jésuites.

A une époque fort gâtée, fort sensuelle, folle de galanteries, de romans, la direction espagnole de Loyola recommande comme *exercices spirituels* d'interroger les cinq sens. Elle inflige à l'âme pénitente la chose la plus agréable, de s'occuper toujours d'elle, et d'en occuper un autre. Qu'elle s'accuse cette âme, se blâme, se conspue, qu'elle décrive son mal et sa plaie, qu'elle touche sans cesse cette plaie, c'est justement ce qu'elle veut. Et le propre de ce mal est que, médiciné ainsi, manié et remanié, il en devient plus vivace, en sorte que le péché passé devient le péché présent et le péché à venir. Le roman pleuré d'hier sera le roman de demain. Et si douce la pénitence, qu'on dirait que c'est le péché.

Quand Henri III, de retour, entendit à Lyon le jésuite Auger, et quand Auger vit Henri III, ils se chérirent tout d'abord, chacun d'eux sentant que l'autre était l'homme qu'il lui fallait. Auger jura qu'il n'avait jamais vu de meilleur pénitent, et le mena en Avignon, à leur grande maison des Jésuites. La reine mère fut étonnée de la prise qu'ils eurent sur lui (Nevers), jusqu'à lui faire préférer les *flagellants* aux comédies.

La seconde puissance par laquelle ils agirent, et que le clergé fut encore obligé d'emprunter d'eux, c'est ce que j'appellais ailleurs *la vaccine de la vérité*.

Voilà par exemple que Copernik se répand dans l'Europe, et le clergé s'épouvante. Essayera-t-il de le proscrire, et faudra-t-il donc en venir à brûler les mathématiques? Les jésuites font mieux. A Cologne, leur Koster enseignera Copernik *d'une manière également instructive et agréable*. Ainsi rien ne les embarrasse. Tellement ils sentent en eux la puissance de mort, et la faculté du faux, que la vérité, s'ils l'enseignent, n'a plus ni force ni sens. Un Copernik *agréable* ajournera Galilée.

Partout où la science percerait, elle les trouvera, et avec eux, un sourire fade qui n'exclut pas le bâillement. On ne s'en prend pas à eux; on s'en prend à la science. A Rome, le savant Manuce ne peut plus trouver personne qui veuille écouter Platon ; aux heures des cours, il se promène en vain pour recruter un écolier.

Au contraire, les colléges de jésuites ne suffisent plus à recevoir les enfants. Leur enseignement automatique, leur industrieuse mécanisation des *humanités* qui les rend si peu vitales, a des résultats subits. Nombre d'hommes de mérite, médiocres, mais laborieux, qui se trouvent parmi eux, appliquent cette méthode avec bonne foi, sérieux, avec un zèle extraordinaire. Les succès sont tels, que les protestants eux-mêmes leur confient souvent leurs enfants. En moins de rien, vous verrez leurs écoliers, Cicérons improvisés, faire la stupeur de leurs parents; ils jasent, ils latinisent, ils scandent, docteurs à quinze ans, et sots à jamais.

La machine d'éducation s'organisa sur l'Europe dans des proportions immenses. En Allemagne, de 1550 à 1570. On eût cru qu'après

Ferdinand, qui fonda leur premier collége, ils iraient plus lentement. Son fils les favorisa peu. Mais les filles de ce fils, en revanche, leur appartinrent, et répandirent les Jésuites au fond même du Tyrol et dans toute l'Allemagne du Midi. Ils purent, cinquante ans d'avance, jeter les bases profondes de leur œuvre capitale, la Guerre de trente ans.

En France, plus contestés, mal vus par les parlements, attaqués par les gallicans, ils eurent cependant une action plus directe encore, et par l'intrigue, et par l'enseignement.

Indépendamment de leur collége de Clermont et autres, qui, en dix ans, élevèrent dans un bigotisme étroit, meurtrier, la fatale génération qui va reprendre la Ligue, ils dirigent, ou ils inspirent, les séminaires de prêtres anglais, qui à Rome, Douai, Saint-Omer et Reims, forment les dévots renards qu'on jettera en Angleterre.

Vers l'année 1577, les Jésuites, par cette double force de la direction et de l'enseignement, se trouvaient la tête réelle du monde catholique. Ils devinrent hommes d'État et directement acteurs dans les affaires humaines. Leur Père Possevin agit en Pologne et dans le Nord, y mena toute l'intrigue diplomatique. De leurs séminaires de France sortirent les auteurs réels des conspirations d'Angleterre.

Tout cela, en apparence, de concert avec l'Espagne, mais, comme on va voir, souvent dans une voie fort indépendante et suspecte à Philippe II.

Un caractère de ce parti, si fin et si informé, c'était d'être cependant extrêmement chimérique. Il est visible qu'il avait bâti tout un roman sur Dom Juan d'Autriche, le bâtard de Charles-Quint. Roman qui péchait par la base. On voulait employer Philippe à fonder et élever cette dangereuse création qui aurait tourné contre lui. Et on le supposait si simple, qu'il irait les yeux fermés, sans être éclairé au moins par la jalousie !

On gagna d'abord sur Philippe de ne pas faire le bâtard prêtre, comme l'avait recommandé Charles-Quint dans son testament. On gagna encore sur lui de lui faire donner un commandement, de l'employer à la guerre des Mauresques, guerre intérieure et facile, qui lui assurait des succès. Dom Juan, doux et adroit, se montra si dévoué dans l'affaire de Dom Carlos (où la mort du fils, il est vrai, était toute à son profit), que Philippe n'hésita pas à investir ce jeune homme modeste du plus brillant commandement, celui de la flotte chrétienne qui battit les Turcs à Lépante (**1571**). Dom Juan vainquit par les Vénitiens (cf. Hammer, Charrière, etc.), comme Guise à Dormans vainquit par Strozzi, dont personne ne parla.

Voilà le héros catholique. Jeune, vainqueur, agréable à tous, rayonnant dans ses cheveux blonds, parmi les fêtes enivrantes que lui donna l'Italie, il commence à se découvrir. Il dit des mots qui font penser : « Qui n'avance pas recule. » Et encore : « Si quelqu'un aime plus la gloire, je me jette par la fenêtre. » Les Guises (du moins le cardinal) étaient alors en Italie. Le lien se forme, lien d'amitié, qui sera plus tard alliance.

A ce héros il faut un trône. Les uns disaient à Philippe que, comme époux de Marie Stuart, il vaudrait mieux que Norfolk. D'autres, quand Dom Juan s'empare de Tunis, font écrire par le pape au roi qu'il devrait créer pour son frère cette royauté de Barbarie.

Philippe commence à comprendre. Il répond qu'il veut démolir Tunis. Il éloigne de son frère un confident dangereux, met près de lui un espion, un certain Escovedo. Mais celui-ci tourne, se donne à Dom Juan, travaille pour lui à Rome, devient la cheville ouvrière du grand projet de la royauté.

En 1574, on revient à la charge près de Philippe pour l'affaire d'Angleterre, et encore en 1577. L'homme influent près le roi était alors le jeune secrétaire Perez. On tâche de le gagner aux intérêts de Dom Juan, qui veut aller aux Pays-Bas. Perez révèle tout au roi. Philippe est bien étonné, effrayé même, quand il voit arriver Dom Juan, à qui il a défendu de venir. Cependant, soit obsession, soit plutôt dans la pensée qu'il le perdrait plus sûrement dans une aventure impossible, il l'envoie aux Pays-Bas.

Dom Juan traverse la France, déguisé, ne s'arrête que chez les Guises. C'est probablement alors qu'il fit avec Henri de Guise cette secrète alliance (que l'ambassadeur d'Espagne dénonça bientôt à son maître) *pour la conservation* des deux couronnes. L'un eût *conservé* Philippe, comme l'autre *conservait* Henri III.

Philippe avait gardé près de lui le suspect Escovedo pour lui donner, disait-il, les fonds nécessaires. Mais ces fonds ne vinrent jamais. Le roi fit exactement ce qu'aurait fait un ami d'Orange ou d'Élisabeth. Il s'arrangea de manière que le héros ne pût rien faire, se désespérât et mourût de faim.

Il arrivait juste au moment où les Belges imitaient la Hollande et rompaient avec l'Espagne. Les Espagnols révoltés avaient saccagé Anvers sans que le gouvernement, maître de la citadelle, fît rien pour les en empêcher (Morillon à Granvelle, novembre 1576). Cet événement horrible, dont frémit toute l'Europe, avait donné une force imprévue au prince d'Orange; Dom Juan trouvait la situation presque désespérée. Ce qui étonne et ce qui peint l'audace vraiment absurde du parti qui le poussait, c'est qu'à ce moment où l'Espagne défaillait devant la révolution des Pays-Bas tellement agrandie, on faisait écrire le pape à Philippe II pour qu'il fît faire par Dom Juan l'expédition d'Angleterre. Marie Stuart, pour le décider, déshérita son fils, et légua l'Écosse au roi d'Espagne pour lui ou *autre des siens*. Il ne bougea pas.

Il voyait parfaitement que son frère eût agi, comme général du pape, plutôt que comme Espagnol. Les Jésuites avaient nettement précisé la chose, disant aux États de Belgique que, *Dom Juan étant l'homme de Sa Sainteté, leur serment d'obéissance à Rome ne leur permettait pas de rester sous tout autre prince,* même catholique (De Thou). Ils se laissèrent plutôt chasser de Malines et d'Anvers.

Dom Juan eût probablement tenté l'invasion de l'Angleterre, sans l'aveu de Philippe II, s'il eût obtenu des Belges d'équiper une flotte et d'emmener ses Espagnols *par mer*. Mais ils dirent toujours *par terre*, et Philippe II fut pour eux, contre l'avis de Dom Juan.

Qui sait, une fois en mer avec ses brigands espagnols, les premiers soldats du monde, ce qu'eût fait le jeune aventurier?

Où aurait-il abordé? En Angleterre? ou en Espagne?

Que pensa le roi quand il sut que le dangereux intrigant qui menait son frère, Escovedo, prétendait que, maître de Santander et de la Peña, on pouvait le devenir aisément de la Castille, quand Escovedo lui-même lui demanda d'être nommé commandant de la Peña? Il fit tuer Escovedo. (31 mars 1578.) Dom Juan mourut le 1er octobre.

En mai, précisément un mois après la mort d'Escovedo, Dom Juan tomba malade au siége de Philippeville, *de fatigue*, dit-on, *et de désespoir*.

Il était désespéré et de la mort d'Escovedo, et de la publication de sa correspondance qui le démasquait, peut-être aussi de son triste succès à Namur, qu'il avait surpris aux Belges pendant qu'il traitait avec eux. Il était connu, et percé à jour, jugé traître des deux côtés.

Plusieurs le crurent empoisonné, et dirent qu'il l'avait été, sur l'ordre de Philippe, par l'abbé de Sainte-Gertrude.

« Mais Dom Juan était son frère? » Faible raison pour un homme qui avait fait mourir son fils, Dom Carlos, si peu dangereux.

Dom Juan l'était extrêmement en ce moment. Il laissait là, dit-on, son roman d'invasion anglaise pour un projet plus raisonnable. Il écoutait le prince d'Orange, et pensait à se proposer pour épouser Élisabeth en admettant toute liberté religieuse aux Pays-Bas. Élisabeth était femme; Dom Juan, fort agréable, paré du souvenir de Lépante, eût bien aisément éclipsé le duc d'Anjou, qui était laid, hideux de petite vérole, et qui semblait avoir deux nez (V. Strada, Van Reydt, la vie de Mornay et autres auteurs rapprochés par Groen, VI, 452).

Le deuil de Guise à la mort de Dom Juan prouve assez leur alliance secrète, si vraisemblable d'ailleurs, et dont on a voulu douter sans aucune raison sérieuse.

CHAPITRE IX.

Le Jésù. — Premier assassinat du prince d'Orange. 1579-1582.

Les Jésuites, subordonnés par les papes dominicains, comme avait été Pie V, régnèrent à Rome sous Grégoire XIII (Buoncompagno), qui était un juriste de Bologne, longtemps laïque et fort mondain, étranger à l'esprit des anciens ordres religieux. Ils le prirent par deux passions, l'une bonne et l'autre mauvaise, par son désir de relever l'enseignement catholique et par sa faiblesse paternelle pour un bâtard qu'on lui mit dans la tête de faire roi d'Irlande (1579).

Il acheta et abattit un quartier de Rome pour établir le *Jesù* dans des proportions immenses, avec vingt salles d'enseignement et des cellules aussi nombreuses qu'il y a de jours dans l'année. A l'ouverture, on prononça vingt-cinq discours en vingt-cinq langues, et on appela le nouvel établissement le *séminaire de toutes les nations*.

De ce centre, l'influence des Jésuites rayonnait non-seulement sur les colléges de leur ordre, mais tout autant sur divers établissements qui n'en portaient pas l'enseigne, comme le séminaire anglais de Douai, foyer redoutable des conspirations d'Angleterre. A la prière d'Élisabeth, Philippe II l'éloigna de Douai en 1574; mais il fut recueilli à Reims par le cardinal de Lorraine et les Guises, qui l'y maintinrent malgré Élisabeth et Henri III. Il fournit vers 1579 une centaine de missionnaires qui, dirigés par les Jésuites, inondèrent l'Angleterre, pendant qu'une armée du pape envahissait et soulevait l'Irlande.

Au défaut de Dom Juan, on avait espéré mettre le jeune roi de Portugal, Dom Sébastien, à la tête de la croisade d'Irlande et d'Angleterre. Philippe II parvint à le détourner vers la croisade d'Afrique, qui le débarrassa de Sébastien, et lui ouvrit bientôt la succession portugaise. Il appela les Jésuites en première ligne au conseil de conscience, par qui il fit examiner son droit sur le Portugal. Mais il les aida fort peu dans leur grande affaire contre Élisabeth. Il donna à peine quelques hommes pour l'expédition irlandaise, qui traîna deux années dans les forêts et les marais de l'île, et finit misérablement.

Les Jésuites, ordre espagnol, étaient peu sûrs pour l'Espagne. Ils cheminaient sous terre à part. Ils préféraient des hommes de fortune ou d'aventure, Dom Juan, Dom Sébastien, les Guises. Ceux-ci, en 1583, sous la direction des Jésuites, firent aux catholiques anglais l'offre d'envahir avec les Espagnols, mais de chasser les Espagnols dès qu'on s'en serait servi.

Chose plus curieuse encore, nous verrons les Jésuites, vers 1584, agir sans l'aveu du pape et contre ses vues. C'était pourtant leur Grégoire XIII. Mais, comme prince italien, il était épouvanté de la grandeur que la Ligue préparait à Philippe II. Le pape, qui suivit, Sixte-Quint, beaucoup plus prince que pape, abominait la révolte, détestait la Ligue. Les Jésuites l'amenèrent à grand'peine à l'approuver.

Il ne faut pas les regarder comme de simples instruments. Il faut les prendre en eux-mêmes. Chose difficile, possible cependant. Ils ont unité parfaite sous un masque varié.

Ils ont des esprits fins et doux comme leur diplomate Possevin, aimable, savant, laborieux, le maître de saint François de Sales, et qui n'en obtient pas moins de la Savoie la persécution des Vaudois. Ils ont des esprits violents pour l'action révolutionnaire, des docteurs en assassinat, comme la plupart de ceux qui firent les missions contre Élisabeth.

De même que, dans leurs missions, ils employaient tous les costumes (surtout celui d'hommes d'épée), ils paraissent aussi en justice avec toutes sortes de doctrines et d'affirmations diverses. Les tribunaux ne savent comment prendre ces esprits fuyants dans leurs démentis éternels. Généralement ils nient d'abord, puis, convaincus, ils avouent, et à l'échafaud ils nient. Forts du principe d'Ignace (obéissez jusqu'au péché mortel inclusivement), ils mentent hardiment dans la mort, sûrs d'être justifiés par le devoir d'obéissance.

Sur toute chose, oui et non. Cependant, lorsqu'on connaît leur unité stricte, lorsqu'on sait que chaque livre publié par un des leurs est examiné, discuté, approuvé par la censure très-attentive de l'ordre, on comprend que leurs divergences, leurs contradictions apparentes, leurs reculades d'un moment sur tel ou tel point, sont préméditées et voulues.

Ainsi, quand ils virent que leur ami Sanders, l'auteur de la *Monarchie visible de l'É-*

glise, qui avilit les évêques, scandalisait beaucoup de catholiques anglais, ils démentirent un moment cette doctrine, sauf à la reprendre. De même, tels de ces catholiques digérant difficilement le principe du *tyrannicide*, quelques confesseurs jésuites le désapprouvèrent, tandis que la masse de l'ordre continuait à l'enseigner, et en faisait, contre Orange, contre Élisabeth et contre Henri IV, un persévérant usage.

Cette doctrine du *tyrannicide* se forma dans leurs séminaires par un éclectisme baroque qui mêlait grossièrement deux esprits peu associables. D'une part, tout prince *excommunié* n'est plus prince, n'est plus homme; il est hors la loi; il perd l'eau, le feu, l'air, en un mot le droit de vivre; si l'Église ne le tue pas, sa vie est à qui veut la prendre. D'autre part, hommes de collége, les Jésuites ne manquaient pas de fourrer dans ce droit papal les citations latines des meurtres républicains des *tyrans* de l'antiquité; ils les trouvaient toutes trouvées dans le fatras du cordelier Jean Petit pour justifier en 1409 la mort du *tyran* d'alors.

Voici comment Harmodius, Aristogiton, Brutus, devinrent amis de Loyola.

Ces actes audacieux d'hommes isolés qui, de leur bras, aux dépens de leur propre vie, attaquèrent la toute-puissance, furent cités pour autoriser les assassinats payés par le puissant des puissants, le maître de l'Espagne et des Indes. Le Brutus de l'Escurial put commodément poignarder, pour son argent, le tyran Guillaume d'Orange et le tyran Henri IV.

Spectacle neuf. Seulement il fallait bien s'entendre sur un point : quel est le tyran? Les Portugais, les Hollandais, disaient que c'était Philippe. Son général, Farnèse, le prince de Parme, fort imbu de ces doctrines, et qui lui-même endoctrinait spécialement les assassins, fait donner l'explication nécessaire par un homme à lui, le docteur en droit Ayala, qui écrit en 1582, imprime en 1587 : « Le tyran qu'il faut tuer, c'est le tyran *illégitime.* » En Espagne, le casuiste Toledo reproduit la distinction. Toute la matière enfin est splendidement élucidée par le Jésuite Mariana, dont le livre peut s'appeler un manuel du régicide, dédié au roi futur, le jeune infant (Philippe III).

Là on voit avec étonnement la platitude et la sottise, la puérilité de cet enseignement qui avait tant d'influence. Jugeons-en par ce distinguo : défendu d'empoisonner le tyran dans une coupe; permis de l'empoisonner par la selle de son cheval. Pourquoi? Parce que, prenant la coupe, ce serait lui qui se tuerait, et la mort serait *active;* on lui ferait commettre le péché de se tuer. Mais, en empoisonnant la selle, la mort ne sera que *passive*, etc.

Certes, si ces docteurs n'avaient agi sur leurs disciples que par ces sottises, ils n'eussent pas produit grand effet. Ils avaient en main des moyens tout autrement efficaces. Ce n'est pas par la scolastique qu'ils agirent, c'est par le roman. Nés du roman (comme on a vu), des *Exercitia* d'Ignace, manuel pour faire des romans, ils en trouvèrent un tout fait dans l'aventureuse destinée des Guises, dans leur charmante et coupable nièce, Marie Stuart, dans la belle princesse captive qu'il s'agissait de délivrer. Les Anglais eurent la sottise de donner, vingt ans durant, aux Jésuites, cette épouvantable force d'une émouvante légende. Dieu sait comme ils s'en servirent, comme ils maintinrent leur Marie toujours belle et toujours jeune. Mieux on la tenait invisible, et plus elle restait adorable. Elle vieillit, elle prit perruque, et l'effet resta le même. Tout ce qu'il y avait de jeunes catholiques, de jeunes prêtres de Rome à Paris, de Reims à Madrid, de Vienne à Anvers, se mouraient d'amour pour elle, de fureur contre Élisabeth, contre les amis d'Élisabeth, Henri IV ou le prince d'Orange, contre tous les protestants.

C'est ainsi qu'avec la pitié on fait, tant qu'on veut, de la rage, et que l'amour peut devenir l'aiguillon de l'assassinat.

Les années 1579 et 1580 sont extrêmement importantes. C'est alors qu'on voit se former de toutes parts l'orage contre Élisabeth. A côté de l'invasion tentée en Irlande, nous voyons entrer en Écosse un agent des Guises qui, en dix-huit mois, parviendra à faire périr le régent Morton, chef des protestants. En Angleterre, entrent diverses missions de Jésuites, la mission officielle de Persons et Campian, envoyée de Rome; la mission officieuse de Ballard, envoyée de Reims, qui, sous l'habit d'homme d'épée, et se faisant appeler le capitaine Fortescue, parcourra cinq ans l'Angleterre et préparera le grand complot de 1586.

Pourquoi tant d'efforts à la fois? C'est que les Jésuites, arrivés à leur apogée sous Grégoire XIII, observaient avec fureur qu'au total la vieille cause, en réalité, perdait.

La Saint-Barthélemy n'avait servi qu'à créer le grand parti des modérés. Les États de Blois n'avaient réussi qu'à montrer, dans une assemblée créée par la Ligue, la Ligue impuissante. La banqueroute de Philippe II et la paralysie des Guises ajournant l'affaire de France, on avait essayé, manqué l'intrigue de Dom Juan. Les

Pays-Bas catholiques, il est vrai, revenaient à l'Espagne, mais ruinés, secs et taris, à ne s'en servir jamais. Les ruines d'Anvers exhaussaient Londres et tout à l'heure Amsterdam. La petite, indestructible Hollande, la grande Angleterre de Shakspeare, de Drake, de Raleigh et de Bacon, dressaient leur jeune pavillon, désormais l'espoir du monde.

Donc il fallait hâter les choses. Elles se gâtaient trop en tardant. On voulait agir brusquement par le poignard ou le poison, parce qu'avec un roi d'Espagne ruiné, hésitant, une grande guerre semblait impossible.

Élisabeth était le but. En 1579, on tira du pape un ordre précis pour détruire Élisabeth par tous les moyens, sans délai. Ce qui le prouve, c'est que, le 15 avril 1580, les agents de l'exécution demandèrent au pape un répit, trouvant pour le moment la chose dangereuse et impossible (De Thou, lib. 74). Le pape répondit que les catholiques anglais pouvaient ajourner la prise d'armes, mais que rien ne pouvait ajourner l'exécution d'Élisabeth.

Telle était la pensée de Rome, mais il faut connaître aussi la cour de Philippe II.

Le duc d'Albe et les violents étaient alors disgraciés. Si le modéré Gomez était mort, un homme analogue, le jeune Antonio Perez, avait beaucoup d'influence. Par son travail agréable, par la veuve de Gomez, la princesse d'Éboli (ex-maîtresse de Philippe II, dont Perez faisait la sienne), il semblait fort auprès du roi.

Modéré de sa nature, il n'en avait pas moins subi la nécessité cruelle de tuer le traître Escovedo. Cet acte, loin de l'affermir, le rendait moins agréable, et le confesseur du roi travaillait à le renverser. On n'osait encore proposer au roi de rappeler le duc d'Albe. On lui insinua, au contraire, d'appeler le modéré Granvelle, qui, depuis longues années, languissait en Italie. On savait parfaitement que Granvelle, las de l'exil, ferait tout ce qu'on voudrait.

En effet, le 28 juillet 1579, jour où l'on arrêta Perez et la princesse d'Éboli, Granvelle arriva à Madrid. L'une des premières mesures de cet ancien modéré fut de proposer au roi de proscrire le prince d'Orange. Le 13 novembre, il écrit : « Comme Orange est pusillanime, il pourra bien en mourir; ou bien, en publiant cela en Italie et en France, on trouvera quelque désespéré qui fera l'affaire. « Philippe II répond en marge : « Cela me paraît très-bien. » (Groen, VII, 166.)

Je crois que Granvelle paya de cette complaisance ceux qui avaient obtenu du roi son retour. La lettre du 30 novembre, écrite au nom du roi, donna l'ordre au prince de Parme. Lettre ostensible où l'on spécifie les motifs de la proscription : Orange est un assassin qui a voulu faire tuer le duc d'Albe et Dom Juan d'Autriche. Orange est un voleur qui veut ruiner le clergé, les nobles, ceux qui ont substance; il fait son profit des troubles; il transporte les deniers où il lui plaît pour après s'en servir. Orange s'attribue le nom de bon patriote, et *il est le tyran du peuple.*

Ce dernier mot équivaut à une signature. La doctrine que les Jésuites enseignaient alors dans leurs séminaires, c'est *le meurtre des tyrans.*

C'est à cette époque que, dans les dépêches, Guise, leur homme, n'est plus nommé *Hercules*, mais *Mucius*, étant appelé alors à d'autres vertus civiques, à devenir un Mucius Scévola, un tueur de Tarquins.

La lettre n'est point de Granvelle. Il écrivait le français à merveille, avec une netteté singulière. Et cette lettre est un brouillis, un gâchis, un pêle-mêle, où la construction ténébreuse, la phrase serpentine, allongée et tortillée, à force de replis, se dénonce et devient claire, comme œuvre de Loyola.

Ce qui désigne mieux encore les Jésuites, c'est cette prodigieuse assurance et cette intrépidité dans le mensonge, qui qualifiait comme voleur celui *qui jamais ne voulut manier les fonds publics*, et comme assassin le *chef du parti de l'humanité*.

Je n'hésite pas à déférer ce dernier titre au glorieux prince d'Orange. Qu'il emporte cette couronne. Les amis de la tolérance, de la douceur, les ennemis de l'effusion du sang, ce grand peuple, vraiment moderne, qui partout commence alors, il en est le chef alors. A leur tête, l'histoire le salue, et le voit marcher, auguste, vénérable, dans l'avenir.

Ce caractère fut tel en lui, et poussé si loin, que son renom d'habileté en fut compromis. Il fut habituellement l'avocat des catholiques, et il aurait voulu (chose certainement imprudente) qu'on les reçût en Hollande. Leurs tentatives pour le tuer ne l'en corrigèrent pas. Il reste de lui des lettres où il prie les magistrats pour ses assassins, et demande que, si l'on ne peut leur donner la vie, on leur épargne la douleur, qu'on s'abstienne des supplices atroces qui étaient alors en usage.

Mais revenons à la France. C'est du séminaire de Reims, fondé par les Guises, que partent en 1579 les conspirateurs d'Angleterre. Et c'est de l'hôtel de Guise, de l'intimité et de la clientèle de cette maison que, la même année, part pour l'Écosse, ainsi que nous avons dit, un Stuart, M. d'Aubigny, gracieux jeune homme qui captera le jeune roi, et fera périr le régent Morton, allié d'Élisabeth. Roman bizarre, improbable, chimérique, qui se vérifia pourtant à la lettre, dans une rapidité terrible. Aubigny aborda en septembre 1579, réussit, plut et charma, fut maître; en moins de dix-huit mois, ce doux et charmant Aubigny put décapiter Morton. Élisabeth avait perdu toute influence sur l'Écosse, et les Guises, par leur Aubigny, tenaient le trône de l'Écosse.

Ils n'allaient pas si vite en France. On voit qu'une force énorme d'inertie les arrêtait, celle du parti *politique*, qui, sans même remuer, les entravait, les paralysait, les usait à ne rien faire.

Une entrée royale qu'ils firent à Paris, un grand duel arrangé où ils tuèrent les mignons du roi Maugiron, Caylus (ajoutez encore Saint-Mesgrin, assassiné aux portes du Louvre), ce n'était pas, en conscience, de quoi occuper le public dans un intervalle de sept ans.

Le clergé aussi fit tort au parti par une insigne imprudence. Il se brouilla avec Paris. En 1579, en concile provincial, il décida que désormais il ne remplirait plus l'engagement qu'il avait pris en 1561 de payer les rentes de l'Hôtel de Ville. Les Parisiens, indignés, objectaient que, si la ville était chargée de ces rentes, c'était à la prière même du clergé, qui voulait qu'on empruntât pour faire la guerre aux hérétiques. Cette suspension des rentes allait arrêter tout commerce, affamer un nombre infini de petits rentiers, qui étaient des pauvres, des orphelins, des veuves. Une redoutable émeute allait éclater. Déjà on fermait les boutiques. Le peuple courait les rues, comme si l'ennemi eût été aux portes. Quelques-uns voulaient que l'on prît les armes. Le prévôt des marchands alla demander secours au Parlement. Ce corps eut la hardiesse d'ordonner l'arrestation des pères du concile, du moins de leur défendre de sortir de Paris. Le roi les fit venir, irrités, mais effrayés, et obtint d'eux qu'ils payeraient au moins dix années encore.

Le parti, moins sûr de Paris, vit le Louvre se fortifier. Les mignons ressuscitèrent, beaucoup plus redoutables. Le roi, cette fois, prit pour favoris deux hommes jeunes, mais fort importants, fort braves, en état de tenir le pavé contre la maison de Lorraine. L'un, Joyeuse, était un très-grand seigneur, dont la maison avait eu des alliances avec la maison royale. L'autre, d'Épernon, intrigant, habile, intrépide, descendait du fameux Gascon Nogaret, qui souffleta Boniface VIII. Par d'Épernon, le roi croyait rallier les politiques; par Joyeuse, les catholiques; il l'envoya même à Rome, ne désespérant pas de le faire accepter, à la place de Guise, pour chef de la Ligue. Ne pouvant rien comme roi, il eût voulu, par ces deux hommes, devenir chef de faction. Il travailla à leur faire des fortunes monstrueuses. A l'un, il donna la mer, à l'autre la terre, faisant Joyeuse amiral, d'Épernon colonel général de l'infanterie, avec le gouvernement de Metz, Toul et Verdun, l'établissant à la porte de la Lorraine, chez les Guises en quelque sorte, et sur la route des armées qui venaient d'Allemagne.

Cela était ingénieux et semblait pouvoir réussir, surtout étant soutenu par l'excellente ordonnance dite de Blois, qui prépara l'œuvre du président Brisson, la première codification de nos lois, appelée le *Code* Henri.

Mais une chose manquait, l'argent, pour faire une force réelle. Le peu qui en venait au roi était tellement au-dessous des besoins, qu'il n'essayait pas même d'en user selon la raison. Il le jetait par les fenêtres, comme un homme qui mourra demain et n'a rien à ménager.

Notez que l'argent baissait rapidement de valeur depuis le milieu du siècle par l'invasion des métaux américains. Le roi demandait toujours plus, proposait une foule d'impôts nouveaux qu'on ne payait pas. Personne, ce semble, ne convenait de ce changement de valeur. Dans un siècle où l'argent, tous les quinze ans, vaut deux fois moins, les provinces ne rendent presque rien au gouvernement; elles auraient voulu reculer, pas moins de quatre-vingts ans! aux impôts de Louis XII.

Le roi ne tenait à rien. Cela devait apparaître au premier mouvement. Son beau-frère, le roi de Navarre, réclamant la dot de sa femme, Agen et Cahors, Catherine le fit patienter en lui laissant quelques places qu'il avait saisies (Février 1579). Au bout de six mois, Henri III essaya un pitoyable expédient; il crut brouiller ses ennemis en révélant à Navarre les galanteries de sa femme, qu'il savait parfaitement. Il réunit tout contre lui (*Guerre des amoureux*, novembre 1579). On lui prit la Fère, si près de Paris. On lui prit Cahors, emportée par Navarre dans un combat acharné de cinq jours et de cinq nuits. On vit pour la première fois la vigueur du *vert galant*.

Le roi fut trop heureux de faire la paix, à la prière du duc d'Anjou. Paix au profit de Navarre, qui garda Agen et Cahors, et non moins au profit de la Ligue, grandie de cet échec du roi et de *sa faiblesse pour les hérétiques* (26 novembre 1580).

On croit rêver en pensant qu'à ce moment de ruine la reine mère entreprenait d'acquérir trois royaumes, Angleterre, Pays-Bas, Portugal. C'était une maladie, comme celle des alchimistes. Jour et nuit, avec ses astrologues, sur la tourelle qu'on voit encore (à la Halle au blé), elle voyait aux étoiles qu'elle et ses fils allaient être maîtres de l'Europe.

La succession de Portugal s'ouvrait ; elle fouilla sa généalogie, et trouva qu'en remontant au milieu du treizième siècle, un de ses ancêtres avait droit. Elle envoya, en partie à ses frais, une expédition aux Açores.

Chose absurde, chose imprudente, au moment où elle eût dû garder son argent pour le Nord, pour l'entreprise de son fils Alençon, futur époux d'Élisabeth et futur roi des Pays-Bas. Cette dernière folie était la moins folle, étant soutenue du prince d'Orange et du parti protestant. Quoique tous vissent et sentissent l'indignité du candidat, la violente envie qu'on avait d'appuyer les Pays-Bas sur la France fermait les yeux à l'évidence. Orange y avait mis son zèle. Il était parvenu à tirer des États l'acte qui leur coûtait le plus, la déchéance de Philippe II.

Cet acte avait été préparé, amené par un autre qu'on n'eût jamais attendu du prince d'Orange. Cet homme froid, simple, modeste, qui agissait et parlait peu, tout à coup prend la parole, très-haut; ce fut un coup de foudre.

A l'accusation lancée par le roi, Orange répond par l'accusation du roi.

Redoutable égalité qui commence dès lors et ne finira pas si tôt. *Et nunc erudimini qui judicatis terram.*

L'auteur de cette apologie accusatrice du prince d'Orange, le Français Villers, homme aussi doux qu'écrivain violent, était un partisan magnanime de la tolérance, protestant et protecteur déclaré des catholiques. Avec sa douceur native, le consciencieux ouvrier, fort du mépris de la mort, n'en forgea pas moins l'engin, la machine de malédiction qui, lancée sur l'Escurial d'une épouvantable force, ouvrit ses murs de granit, et montra, pâle et tremblant, le misérable dieu du monde entre ses tristes galanteries et ses ordres d'assassinat, et lui mit ce signe : *Assassin.*

Si l'on se trompa alors sur tel détail mal connu, de nos jours l'heureux travail des admirateurs de ce roi nous a révélé plus de crimes qu'Orange n'en avait supposé. De sorte qu'aujourd'hui ce sont les amis de Philippe II qui, sous la statue de Bruxelles qu'ils viennent de lui élever, ont gravé profondément et durablement : *Assassin.*

En morale, c'est une force de haïr et de mépriser le mal. C'est une force, en révolution, de mépriser l'ennemi. Si nos jeunes soldats de 93 battirent les vieux Allemands, c'est qu'ils les trouvaient ridicules. Les chansons sur les *Kaiserlich* et les Prussiens commencèrent l'ouvrage qu'achevèrent les baïonnettes. L'insolence calculée du manifeste d'Orange eut de même une grande portée. Elle enhardit contre Philippe. Elle fut le point de départ des victoires que l'Angleterre et la Hollande eurent sur lui par toutes les mers.

Voilà donc ce mystérieux fantôme de l'Escurial, qui vivait de nuit, de silence, tout inondé de lumière, traîné dans le bruit. La tragique figure du père de Dom Carlos se trouve violemment égayée. Philippe II amuse l'Europe. Le manifeste hollandais l'appelle crûment *un Jupiter* incestueux et libertin.

Le trait entra plus loin encore qu'on n'aurait pensé dans le cœur de Philippe II, étant tombé au moment où lui-même se sentait vraiment ridicule, où le trompeur était trompé, où ce persécuteur de maris se vit traité comme un mari, que dis-je? conspué, moqué avec une violence cynique par la princesse d'Éboli, qui lui avait substitué le jeune Antonio Perez!

Humiliation profonde. On sait sa lâche vengeance sur Perez et la princesse. Tout cela éclata peu à peu. Et ceux qui avaient blâmé le manifeste d'Orange le trouvèrent trop modéré.

Comment se relever de là? En tuant ses ennemis, en étonnant le monde par la grandeur et l'audace de ses entreprises?

Dès ce jour, on croit le voir chevaucher en furieux le cadavre de l'Espagne pour en écraser l'Europe. On s'effraye des expédients révolutionnaires par lesquels il se recréa, du fonds de sa banqueroute, des ressources pour envahir l'Angleterre et la France. Le peuple étant ruiné, il commença à manger les privilégiés, tomba sur les prélatures et sur les grandesses; il en vint à l'entreprise désespérée de vendre les biens des communes (Ranke).

Après le jugement moral, vient la sentence juridique. J'appelle ainsi la décision par laquelle les États généraux le déclarèrent indigne et déchu de la souveraineté, posant ce principe d'éternel bon sens qui pourtant parut si nouveau : *que les rois sont faits pour les peuples*, et que, s'ils n'agissent pour eux, par le fait ils ne sont plus rois. Ces doctrines étaient dans les livres. Mais ici elles apparaissent formulées en lois, solennellement prononcées par la bouche même d'un peuple, contre le premier roi du monde.

La grandeur révolutionnaire de cet acte est en ceci qu'il risquait d'isoler l'État nouveau, de lui faire des ennemis des princes de France et d'Allemagne, et surtout d'Élisabeth. Celle-ci détestait la révolution autant que le calvinisme. Elle intriguait en Écosse autant contre les puritains que contre le parti de Marie Stuart. Elle y tentait l'entreprise ridicule d'y introduire, par son ambassadeur Randolph, le culte anglican. Elle aurait tourné le dos à la Hollande si les catholiques ne l'avaient forcé à s'en rapprocher par leurs complots et leurs tentatives acharnées d'assassinat.

Sans avoir l'étonnante douceur du prince d'Orange et d'Henri IV, Élisabeth n'aimait pas le sang. Jusque-là, elle avait sévi très-mollement contre ses ennemis catholiques. Au milieu de leurs tentatives si fréquentes de révolte dans le Nord et en Irlande, cinq seulement en dix ans avaient été mis à mort. Mais, à partir de 1580, son très-clairvoyant ministre Walsingham les lui montra qui, de tous côtés, marchaient à elle, et d'un concert persévérant, systématique, visaient à lui ôter la vie.

Le sentiment de ces dangers aurait fait souhaiter passionnément à la reine l'alliance de la

France, mais une alliance sérieuse, offensive même au besoin. De là l'accueil extraordinaire qu'elle fit au duc d'Anjou, que le prince d'Orange créait duc de Brabant et souverain des Pays-Bas. Quoi qu'on ait dit, je crois que, dans ses avances publiques au duc et quand elle lui mit son anneau, Élisabeth était sincère. Elle l'était par la crainte de l'Espagne et du parti catholique. Elle croyait, par cette démonstration hardie et définitive, entraîner Henri III et Catherine contre Philippe II. Ils n'osèrent faire ce grand pas.

Cependant un dissentiment grave divisait les catholiques anglais. Plusieurs, honnêtes et loyaux, étaient scandalisés de l'audace des Jésuites et des Guises. Le coup subit par lequel un favori intrigant, l'homme des Guises, Aubigny, avait surpris, emporté la mort du régent d'Écosse, était pour les honnêtes gens de tous les partis un fait scandaleux. Non moins scandaleuse aussi une tentative d'Henri de Guise pour surprendre, sur l'Empire, sur les Allemands, ses amis, la ville libre de Strasbourg. La tentative avortée dérangeait fort l'idéal qu'on s'était fait du caractère chevaleresque de ce héros catholique.

Le chef du séminaire de Reims, le fameux docteur Allen, pour ramener l'opinion, fit une touchante apologie des missions des Jésuites, qui n'avaient d'autre but, dit-il, que de convertir l'Angleterre, de consoler les pauvres catholiques anglais. Nulle idée de toucher à l'autorité royale. Ce qui appuyait Allen, c'est que l'un des exécutés, le Jésuite Campian, avait juré sur l'échafaud qu'il n'avait jamais passé un jour sans prier *pour la reine.* — « Pour quelle reine ? » lui dit-on. « Pour la reine Élisabeth. »

Mensonge intrépide par-devant la mort, qui d'autant mieux couvrait le travail ardent, violent, qu'à ce moment même précipitait le parti.

Deux mois après cette mort, cette dénégation solennelle, le 7 mars 81, le complot nié acquérait sa forme définitive. Les Jésuites avaient tissé leur vaste filet entre les Guises et leurs agents d'Écosse et d'Angleterre. Ce jour même ils tirent d'Aubigny qui gouvernait l'Écosse une adhésion écrite par laquelle ils croient pouvoir entraîner Philippe II.

Huit jours après (18 mars), Orange est assassiné. Un jeune Espagnol le poignarde; un moment le croit mort.

C'est un spectacle cruel de voir, par ces continuelles tentatives, la mort constamment assise au foyer du prince d'Orange. Ce grand homme, dans sa vie horriblement déchirée par les agitations publiques, n'avait vécu que de la famille. Il l'avait eue quelque temps trouble et désolée pour une fille de Maurice de Saxe, d'un cœur traître comme son père. Il l'avait eue douce et paisible par une princesse de Bourbon, malheureusement maladive, engagée profondément dans le sort de son mari, et qui mourut de ses périls. Donc, à ce moment lugubre, menacé d'une mort infaillible et comme entouré de l'assassinat, il se trouvait veuf encore, et le seul sur son foyer brisé.

En France, vivait la fille de l'Amiral, Louise de Coligny. Cette jeune dame n'avait épousé son premier mari qu'à la veille de sa mort, et elle épousa de même le prince d'Orange tout près de mourir. Elle était étonnamment la fille de l'Amiral; elle en avait la sagesse et l'extraordinaire beauté de cœur. Elle donna au grand homme, dans cette année suprême, cette insigne consolation d'avoir près de lui l'image, l'âme même de Coligny.

CHAPITRE X.

La Ligue éclate. 1583-1586.

On dit qu'un puritain anglais, condamné pour je ne sais quel acte qu'on qualifia de rébellion à avoir le poing coupé, n'eut pas plutôt subi l'opération, que, de l'autre main, ôtant son chapeau, il s'écria : « Vive la reine! »

Nous en disons autant, nous spectateurs lointains, qui, à trois cents ans de distance, assistons à cette crise. Arrivés à ce point (1582) où nous voyons le prince d'Orange manqué pour cette fois, mais si entouré de poignards et si sûr de périr, comme ce puritain, nous disons : « Vive Élisabeth! »

La Hollande longtemps défendit l'Angleterre en occupant Philippe II. Maintenant à l'Angleterre de défendre le monde ! La tête d'Élisabeth est le palladium commun des nations.

Les événements récents montraient de tous côtés un immense complot, un concert étonnant de guet-apens, de meurtres, de ténébreuses surprises. Nous avons vu en 1579 coïncider l'invasion papale d'Irlande, les missions de meurtre en Angleterre, et l'intrigue des Guises en Écosse, qui, en un an, escamote le roi et le pouvoir, tue le régent, menace Élisabeth.

Le jeu continue, et serré. Nous suivrons le synchronisme des guerres et des assassinats.

On y mettait peu de mystère. Tout furieux, bien endoctriné à Reims, à Bruxelles ou à Rome, pouvait aller droit à Madrid, sûr d'être très-bien accueilli. Ou, plus directement encore, il allait au prince de Parme; le froid et cruel tacticien mettait l'assassinat au nombre de ses meilleurs moyens de guerre. Il n'entreprit la grande affaire du siècle, le siége d'Anvers, que lorsqu'il eut réussi à la longue à faire tuer le prince d'Orange.

La mort d'Élisabeth, en ce moment, eût eu des conséquences plus vastes et plus funestes encore. La postérité doit un grand souvenir à la forte unanimité du peuple anglais, à la vigueur du parlement, à la clairvoyante sagesse du vieux ministre Walsingham, qui entoura la reine d'une police redoutable, déjoua celle que l'Espagne avait dans Londres, entra par mille moyens aux plus secrets foyers de fanatisme où se tramait le meurtre, et ne laissa de ressource au parti que la guerre déclarée, la solennelle et folle invasion de l'Armada.

Ni les États généraux de Hollande, ni le parlement d'Angleterre, n'avaient la longanimité d'Orange et d'Henri IV, cléments tous deux jusqu'à paraître presque indifférents au bien et au mal. Habituellement assassinés (Henri IV le fut douze ou quinze fois), ils trouvaient naturel de vivre parmi les catholiques, parmi ceux à qui l'on faisait un devoir de les tuer. Orange persista dans la magnanime imprudence de les recevoir en Hollande, malgré les États généraux.

Certes, les précautions étaient bien naturelles, lorsqu'un mois après l'assassinat manqué de Guillaume on découvrit un complot des Guises et du prince de Parme pour assassiner Alençon.

Le meurtrier Salcède, d'origine espagnole, d'une famille ennemie des Guises, d'un père tué à la Saint-Barthélemy, put tromper d'autant mieux.

Les Guises, pressés par l'Espagne de commencer la guerre civile, ne pouvaient, ne voulaient rien faire, tant qu'Alençon était en vie. Salcède était à eux, ayant été sauvé par eux de la potence. Il était caché en Champagne sous leur abri. Ils l'envoient à Madrid, où ce bandit est caressé, flatté du roi, qui le fera riche, grand, tout ce qu'il voudra, pourvu qu'il tue. On lui met force argent en main; il lève des soldats pour Alençon. Sûr moyen d'être bien reçu. Mais le prince d'Orange y vit clair. On s'informa, on sut que Salcède avait passé par le camp du prince de Parme, filière ordinaire des assassinats. On prend l'homme; il se voit perdu; pour avoir grâce, il donne une confession complète, non du petit complot de meurtre, mais du complot universel de guerre, de guerre civile, que les Guises et l'Espagne organisaient partout, le plan détaillé, minutieux de la Ligue, ville par ville et homme par homme. Henri III fut épouvanté, voyant ses maréchaux, ses ministres, ceux qui avaient en main le secret de l'État, d'accord pour le trahir, pour armer contre lui.

Certes, si le siècle n'eût étonnamment baissé de cœur et de morale, la découverte de tous ces guet-apens eût soulevé le monde d'indignation, réveillé tous les cœurs. Il n'en fut pas ainsi. L'immensité même du complot frappa les imaginations, découragea les résistances. Deux ans durant encore, cette épouvantable machine ouverte, éventrée, mise au jour, resta béante. Et le sentiment public n'en fut pas soulevé. Au contraire, l'homme d'exécution, le prince de Parme, n'en poursuivit que mieux son œuvre stratégique sur les Belges, abattus, effrayés et lassés.

Il agissait. Les Guises, non moins dénoncés et percés à jour, n'agissaient pas. Leur situation devenait honteuse et ridicule. Ces grands conspirateurs, levant le bras dans les ténèbres, surpris par la lumière, restent là sans pouvoir frapper. Ce qui aggravait leur situation, c'est qu'en Écosse leur Aubigny, après son sanglant succès sur Morton, n'en était pas moins détrôné, et qu'il apparaissait que le parti des Guises et de Marie Stuart n'avait aucunes racines. Les Jésuites eux-mêmes avaient précipité les choses en compromettant Aubigny par le projet trop manifeste de catholiciser l'Écosse. Leur échec d'Écosse et d'Irlande les réduisait à une troisième tentative, audacieuse et désespérée; ils poussaient Guise en Angleterre (1583).

Si la chose avait pu se faire par les secours du pape et sans Philippe II, elle eût été tentée certainement. Le chef du séminaire de Reims, le docteur Allen, assurait qu'il suffisait d'avoir de l'argent et des armes, qu'on trouverait des hommes, et en foule, de l'autre côté. On était sûr du jeune roi d'Écosse. L'affaire se fût exécutée par Guise et le duc de Bavière, voué sans réserve aux Jésuites, avec des soldats allemands et des réfugiés anglais, quatre mille hommes en tout. Guise voulait seulement que le pape donnât cent mille écus.

Les Jésuites eussent été ravis de pouvoir se passer de Philippe II. Les catholiques anglais avaient horreur et peur des Espagnols. Philippe venait de montrer dans sa conquête du Portugal une rigueur atroce pour les prêtres et religieux déclarés contre lui. Il avait méprisé l'intervention du pape, et, l'exécution faite, ce bon fils de l'Église avait tiré de Rome absolution plénière pour avoir fait tuer deux mille moines.

Les Jésuites n'osaient cependant tenter ce grand coup d'Angleterre sans consulter l'Espagne. Cela arrêta tout. L'ambassadeur espagnol à Paris, Tassis, leur signifia que l'affaire ne se ferait pas, ou qu'elle serait espagnole; que le roi y donnerait quatre mille hommes, mais que la saison était avancée, l'Angleterre *trop froide*, qu'il fallait remettre la partie. Guise sentit très-bien que l'occasion se perdait. Il écrivit au pape que le roi d'Espagne consentait, mais qu'il fallait de l'argent, et il osa faire dire aux catholiques anglais qu'après l'invasion, *si les Es-*

pagnols ne partaient, lui-même aiderait à les chasser.

Philippe II le connaissait bien. Voilà pourquoi il ne voulait rien faire. Les papiers de Dom Juan, trouvés après sa mort et mûrement étudiés, lui avaient trop appris ce qu'il devait penser de Guise. Défiance sage, mais qui fit tout manquer.

Guise écrivait au pape le 26 août (1583), et il eût agi en septembre si l'argent fût venu. En octobre, la police anglaise savait tout, on était en armes, l'Angleterre sauvée pour toujours.

Le 18 janvier 1584, Élisabeth chassa de Londres l'ambassadeur d'Espagne Mendoza, un ennemi furieux qui avait été dans tous les complots contre sa vie, et qui couvrait d'une altière attitude sa basse perfidie d'assassin.

L'horizon s'éclaircit; tout tourne à la violence. Philippe II commence dans tous les ports d'Espagne les apprêts gigantesques de l'Armada (de Thou). Le prince d'Orange succombe par ses amis et par ses ennemis. Alençon, créé, sacré par lui duc de Brabant, Alençon qu'il défend contre de trop justes soupçons, fait l'odieuse tentative de se saisir d'Anvers et des places principales; ses gentilshommes crient : « Vive la la messe! à bas les États! » Ils succombent, sont massacrés. A grand'peine le prince d'Orange sauve ces misérables de la vengeance du peuple. Son protégé va se cacher en France, et meurt submergé dans la boue (10 juin 1584). Orange lui-même était mort de ce coup, comme popularité. Il se réfugie en Hollande, où Balthasar Gérard, spécialement prêché, encouragé par les Jésuites et par Farnèse, le tue d'un coup de pistolet (10 juillet 1584).

Farnèse avait bien calculé le vide immense qu'allait laisser sa mort, et l'embarras de la Hollande, égarée, effarée. Ce trop grand homme avait rempli tout de son activité, habitué tout le monde à se reposer sur sa sagesse. Il meurt, et l'on croit tout perdu. Le pays se remet à un enfant, au petit Maurice, le fils du Taciturne, sombre enfant, très-précoce, plein d'audace, de combinaisons, d'un avenir douteux qui rappelait son père, mais bien plus son aïeul maternel, le dangereux Maurice de Saxe, qui tour à tour servit ou trahit l'Allemagne.

En attendant, Farnèse ne craint plus rien. Il s'établit en tous sens sur l'Escaut. Il a le temps pour tout. Il enveloppe Anvers de travaux gigantesques, et personne ne le trouble. Il creuse tranquillement des canaux pour amener des vivres, des matériaux. Tout le recours des Belges, qui, par une seule flotte de Hollande, eussent forcé, détruit ces travaux, c'est d'aller se plaindre en France, d'aller chercher la force, où? aux pieds d'Henri III!

Hélas! celui-ci eût eu besoin de défenseur, bien loin de défendre personne. Chaque jour plus solitaire, il a pour conseil la Ligue elle-même. Et que dis-je? sa mère le trahit.

Cela est absurde, incroyable, et cependant certain. De Thou, qui le dit positivement, peut se tromper souvent sur les choses étrangères; il ne se trompe guère sur l'intime intérieur que savait très-bien sa famille.

Catherine n'avait aimé personne qu'Henri III. Mais elle aimait une chose davantage, le pouvoir et l'intrigue. Vieille comme elle était, elle les voulait toujours, et détestait les deux vizirs, Épernon et Joyeuse. Cela la rapprochait des Guises. Ceux-ci lui faisaient croire qu'à la mort de son fils ils l'aideraient à mettre sur le trône *ses parents de Lorraine*. Étrange aveuglement. Cette femme de tant d'esprit ne voyait pas ce que les plus simples voyaient, que les Guises travaillaient pour eux.

Une guerre étrangère eût grandi les vizirs. Une guerre intérieure qui allait brouiller tout, et embarrasser tout le monde, pouvait rendre la vieille dame nécessaire. On serait trop heureux de l'aller chercher, de la prier d'intervenir.

Ainsi, quand ces malheureux Belges, si obstinés pour nous, vinrent la troisième fois se donner à la France, ils trouvèrent presque tout le monde contre eux, le roi tremblant que l'Espagne ne se fâchât; il n'osa les recevoir d'abord, leur fit dire d'attendre à Senlis.

L'Espagne était pourtant fort inquiète. Elle s'engageait alors dans la grande affaire du siége d'Anvers. Vingt vaisseaux de France qui eussent paru dans l'Escaut pouvaient changer toute la situation. Il y eût eu un revirement incalculable. Anvers manqué, Farnèse perdait force, tout lui échappait.

Les Guises aussi étaient très-inquiets. Ils voyaient d'Épernon et Joyeuse gagner beaucoup de terrain. Comment? En faisant justement ce que la royauté fit au siècle suivant avec tant de succès, la conversion et l'amortissement de la noblesse protestante. On ne menaçait pas, on ne violentait pas; mais à tout huguenot qui venait à la cour, on disait d'amitié, tout bas, qu'il n'aurait jamais rien, ne parviendrait à rien, que le roi voudrait faire quelque chose pour lui, mais qu'il ne pouvait rien que pour les catholiques (De Thou, lib. 81).

Donc l'Espagne avait intérêt, et les Guises avaient intérêt à s'entendre et presser les choses. Leur traité se fit à Joinville, 31 décembre 1584.

Le prétexte, religieux et populaire, fut le danger que courait la France catholique si le roi laissait le royaume à un héritier hérétique, au roi de Navarre. Le but ostensible fut d'assurer la succession à un prince catholique, le vieux cardinal de Bourbon, oncle d'Henri IV.

Cet acte d'*Union* fut la porte par où l'Espagne entra en France.

L'acte était-il sérieux, sincère, excusé par la nécessité religieuse? Le meilleur catholique, le duc de Nevers, ne le crut pas, refusa d'y entrer. Le pape ne le crut pas. Grégoire XIII et Sixte-Quint virent fort bien que ce n'était qu'un acte politique.

Philippe, qui venait de tuer tant de moines en Portugal, et qui offrait sa fille au roi de Navarre, était-il aussi fanatique qu'il le paraissait?

Henri III, contre qui se faisait l'Union, était un très-bon catholique, pénitent des Jésuites. De cœur et de nature, il avait une vive antipathie contre les protestants. Il présentait aux catholiques un titre, certes, grave, ayant plus que personne décidé la Saint-Barthélemy.

Et le roi de Navarre, ce monstre d'hérésie, quel était-il au fond? Un homme d'esprit, infiniment glissant en toutes choses, dont on avait bien vu déjà les faciles revirements; il s'épuisait à dire *qu'il ne demandait qu'à s'instruire,* que d'avance il se soumettait à ce que déciderait un libre concile, qu'il ne recherchait que la vérité, etc., etc. Il en disait tant, que ses protestants en étaient fort pensifs.

Non, il faut dire la chose comme elle est, l'affaire est politique. Nous avons eu raison de terminer en 1572 les *guerres de religion.*

Mais, justement au point de vue politique, j'admire une chose, c'est que Philippe II, à cinquante-huit ans, n'ayant qu'un héritier de six, après sa banqueroute, maigre, épuisé, tari, étant depuis vingt ans en travail sans finir rien aux Pays-Bas, ayant mis jusqu'à trois années pour la petite affaire de Portugal, ayant besoin de tant de forces pour faire face à la guerre immense qui lui commençait sur toutes les mers, s'embarquât encore de surcroît dans cette ténébreuse affaire de la Ligue, dont il était bien sûr de ne voir jamais le bout!

Au reste, quand on le voit travailler en même temps tout le Nord, entretenir des pensionnaires pour les élections de Pologne, vouloir employer le Polonais à soumettre la Suède, vouloir s'établir en Danemark, afin de prendre l'Angleterre à revers (Ranke), on est tenté de le croire un peu fou.

Nous avons vu, du reste, la vieille Catherine

entreprendre à son compte la conquête du Portugal et des Açores.

Pyrrhus et Picrochole en sont humiliés; Dom Quichotte est un sage. Il faut aller aux faiseurs d'or, aux furieux souffleurs, pour trouver des comparaisons.

Ajoutez que Philippe II entrait dans cette folie de la Ligue d'une manière bien peu sensée encore, bien propre à la faire échouer. Il voulait employer les Guises, et il s'en défiait; il avait peur qu'ils ne réussissent trop. Il voulait et ne voulait pas, agissait et n'agissait pas. Un misérable subside qu'il leur donna de cinquante mille écus par mois, assuré pour six mois (en tout, trois cent mille francs), n'était rien pour solder des armées, soutenir un grand parti; c'était assez pour compromettre les Guises, les rendre ridicules par l'hésitation, ou pour leur faire casser le cou.

Les Guises étaient fort riches, ayant entre eux un million de revenu. Affamés par le roi d'Espagne, ils allaient nécessairement être obligés de se ruiner pour le servir. Il y comptait probablement.

Les résultats se virent bientôt. Dès le surlendemain du traité (le 2 janvier 1585), le comité directeur de la Ligue est posé à Paris; il agit, pousse, précipite, crie, achète des armes; tout fermente, bouillonne, dans une agitation furieuse. Le trésorier de la Ligue *est celui même de l'Évêché;* l'évêque était toujours Gondi, le frère du conseiller de la Saint-Barthélemy. Quel emploi du trésor ? *L'achat des armes.* Déjà on projetait les Barricades.

Ce conseil se tenait ou chez le trésorier, ou bien à la Sorbonne, ou encore aux Jésuites de la rue Saint-Antoine. Les furieux curés de Paris siégent d'abord, avec quelques marchands ruinés. Mais, pour rendre l'appel au peuple plus éloquent, plus significatif, on y joignit des massacreurs connus de 1572. Cela toucha tout le monde; la Grâce agit; les chefs des confréries, appelés au conseil, furent très-dociles, et devinrent, chacun dans leur corps, d'excellents instruments.

Le peuple cependant, le vrai peuple, ne savait rien de tout cela. Les machinistes qui menaient l'affaire agirent, comme en toute bonne tragédie, par les deux moyens d'Aristote, par la terreur et la pitié.

Par la terreur. « Les protestants étaient en marche, arrivaient pour brûler Paris, tuer tout; déjà, au faubourg Saint-Germain, dix mille étaient cachés qui repassaient leurs couteaux. » Mais la pitié faisait encore plus que le reste; au cimetière de Saint-Séverin et ailleurs, on exposait de grands tableaux des pauvres martyrs d'Angleterre, avec force détails horribles; des gens étaient là, baguette en main, pour expliquer la chose tout haut, et tout bas ils disaient : « Voilà comme le Béarnais va traiter les bons catholiques. »

Coups violents. Les femmes rentraient en larmes et bouleversées; les hommes ne savaient plus que dire. Une telle émotion du peuple enhardissait le Comité. Il voulait, dès lors, tout finir, enlever Henri III, prendre la Bastille et le Louvre... Et après?... Après, viendrait Guise. Mais il restait chez lui en attendant. Le comité s'en émerveillait fort. L'ambassadeur d'Espagne, Mendoza, l'appelait à Paris. Le prince de Parme, qui avait sur les bras la gigantesque affaire d'Anvers, le priait, le sommait d'agir. Guise recevait l'argent d'Espagne et ne le gagnait pas.

Tout ce qu'on obtint de lui, ce fut de faire surprendre Toul et Verdun. Cette audace timide eût pu irriter le roi sans l'effrayer, et le pousser à accepter l'offre des Pays-Bas. Les Espagnols poussèrent Guise; ils exigèrent qu'il dressât directement son étendard et marchât vers Paris. Farnèse écrivait coup sur coup à Mendoza, qui disait à Guise : « Il le faut. »

Le 21 mars, il obéit, s'empara de Châlons, commença la guerre civile.

A la nouvelle, le cœur manqua au roi. Il fit venir les Belges, il refusa les Pays-Bas, et les recommanda à la grâce de Dieu.

Guise avait rassemblé la noblesse de Champagne, son frère Mayenne celle de Bourgogne, et le cardinal de Bourbon celle de Normandie. Un solennel appel fut fait, au nom de l'Union, aux parlements, aux prélats et aux villes. Lyon y céda, mais non Marseille, et non Bordeaux. Le duc de Nevers écrivit que sa conscience lui défendait d'armer contre son roi sans une autorité plus haute, et il alla à Rome consulter cette autorité.

Les choses ne se décidant pas plus vivement en faveur de la Ligue, le roi ne se fût pas hâté de traiter s'il eût été soutenu des siens. Mais d'Épernon était malade. Joyeuse craignait d'irriter les catholiques, espérant follement se substituer au duc de Guise. Le roi, seul et embarrassé, avait là fort à point l'inévitable reine mère, qui ne demandait qu'à négocier. Elle trouva tout à coup des jambes; redevenue jeune et leste, elle court à Nemours s'arranger avec Guise. Sa négociation consiste à livrer tout.

Proscription du protestantisme. Désarmement du roi. Pour garantie, des places données à tous et un chacun : à Guise, Toul, Verdun, Châlons; à Mayenne, Dijon, Beaune; à Aumale, à Elbœuf, d'autres places; Dinant au duc de Mercœur. Enfin le futur roi, le cardinal de Bourbon, aura Soissons en attendant Paris (traité de Nemours, 7 juillet 1585). Le roi est chargé de solder les garnisons des places que l'on tient contre lui.

Une chose était plus claire et montrait mieux encore que l'Union n'était pas contre le roi, mais contre la France. Ces admirables citoyens, qui ne parlaient que d'elle, travaillaient pendant le traité à donner à l'Espagnol ce que l'Anglais avait eu si longtemps, un port, une place de débarquement, pour envahir tout droit par le plus court, au plus près de Paris. C'était Boulogne-sur-Mer qu'ils marchandaient. Un prévôt de la ville était gagné; Aumale, le frère de Guise, était aux portes, attendant qu'on ouvrît. Il fut un peu surpris, en approchant, d'être accueilli avec des volées de boulets. Un homme du roi, qui assistait au conseil ligueur à Paris, avait su tout, révélé tout.

Quand le pauvre roi de Navarre apprit le traité de Nemours, qui mettait Henri III dans la main de la Ligue, on dit que sa moustache en blanchit en une nuit. Il se croyait perdu. Il le crut mieux encore quand le pape Sixte-Quint, vaincu par les ligueurs, l'excommunia; dès lors les catholiques, incertains comme le duc de Nevers, allaient agir avec les Guises. Le tiers parti, il est vrai, faisait des vœux pour lui; le duc de Montmorency, prévoyant bien que la Ligue lui arracherait le Languedoc, s'était uni à lui, et, le 10 août, avait publié un manifeste en commun avec lui et le prince de Condé. Les *politiques* cependant, parti timide, inerte, n'étaient pas un puissant appui. Il eût succombé, sans nul doute, si l'Espagne eût franchement, fortement secondé les Guises.

Henri de Guise était, comme Dom Juan, le martyr de Philippe II. Rien de plus touchant que ses cris de détresse, de famine, à l'ambassadeur Mendoza. Celui-ci le repaît de mots. Tantôt c'est une grande armée que le roi catholique embarque, et ferait arriver si l'on avait Boulogne; tantôt ce sont des fonds qui viennent. En réalité, rien. Et la Ligue aux abois n'a nul expédient que de préparer (7 octobre 85), par ordonnance royale, la vente des biens des protestants.

Le roi triomphait tristement de cette misère, comme disant : « Vous l'avez voulu. » Au clergé, à la ville, au parlement, il annonçait que la guerre demandait par mois quatre cent mille écus. Le clergé se vengeait; il le faisait gronder en chaire. On le chapitrait vertement et en face; chaque sermonneur lui prescrivait ce qu'il avait à faire.

Philippe II regardait ailleurs. Toute son attention se fixait sur l'armée anglaise qu'Élisabeth avait enfin donnée aux Pays-Bas, sous le commandement de Leicester. La Ligue, délaissée de l'Espagne, voyait bien que le roi allait finir par s'arranger avec le roi de Navarre. Des deux côtés, à Paris, à Madrid, on se jugeait fort en péril, et, si la Providence avait si à propos appelé à elle le prince d'Orange pour faciliter le siége d'Anvers, il était désirable qu'elle éclaircît de nouveau l'horizon par la mort de la reine d'Angleterre.

Telle était la pensée de Reims. Deux machines s'y préparaient pour accélérer le miracle.

CHAPITRE XI.

Les conspirations de Reims. — Mort de Marie Stuart. 1584-1587.

Si l'on veut avoir l'idée du sauvage esprit de meurtre qui animait les colléges anglais de Douai, de Saint-Omer, de Reims et de Rome, il faut se reporter plus haut, remonter à leur docteur, le prince cardinal Pole, lire spécialement la lettre qu'il écrit pour gourmander la douceur d'une reine, qui cependant était Marie la sanglante, et du jeune époux de Marie, qui était Philippe II (Granvelle, IV, 308, 1554). C'est par cette lettre furieuse qu'il envahit l'Angleterre, inaugura ce règne funèbre, où, quatre ans durant, fumèrent les bûchers. Non pas, comme ailleurs, bûchers de chair morte, de victimes étranglées, — mais bûchers de chair vivante, criante, hurlante, à qui l'on faisait sentir les pointes inexprimables d'un supplice calculé.

Violente est l'effronterie de comparer à ce temps celui d'Élisabeth et le petit nombre de traîtres qu'elle frappa dans un règne de crise, dans une lutte si inégale contre la coalition de l'Europe catholique.

Après les écrits de Pole, l'âme de ces séminaires et leur véritable Bible était le grand ouvrage du docteur Sanders, *De Monarchiâ visibili Ecclesiæ*, livre écrit par un secrétaire de Marie la sanglante et sous le patronage du duc d'Albe (Louvain, 1571). Sanders, homme savant, sincère, qui mourut pour sa doctrine dans l'invasion d'Irlande en 1579, établit, non-seulement que le christianisme est la monarchie du pape, mais *qu'il est la monarchie*, une religion essentiellement, fondamentalement monarchique, la religion du pouvoir absolu.

Maintenant représentons-nous ces jeunes cœurs d'exilés, cherchant, dans l'ardeur de leurs rêves, le monarque, le sauveur visible. Hélas! est-ce Philippe II? Ce politique hésitant a-t-il les allures d'un cœur ferme dans la foi? Ce défenseur de l'Église, qui devint en Portugal le cruel bourreau de l'Église, devait leur mettre d'étranges contradictions dans l'esprit. Le duc d'Albe, admirable en Flandre comme exécuteur d'hérétiques, fut justement l'exécuteur des moines en Portugal. Un Dominicain célèbre, qui, du haut d'une montagne, vit ces carnages de moines et ces incendies de couvents exécutés par le général du roi catholique, ne résista pas au combat que cette vue mit en lui; il tomba à la renverse. On le relève; il était mort.

Herrera remarque que, dans les dernières années de Philippe, la mystérieuse *junte de nuit* qui gouvernait sous lui (et presque sans lui), dans ses maladies fréquentes, ne comptait pas un ecclésiastique. C'étaient des laïques, des juristes, qui revoyaient, censuraient et corrigeaient les actes du clergé espagnol.

Mais le pape, ce dieu sur terre, c'est lui sans doute qui répond aux pensées de l'ardente école? Sauf un seul, les papes d'alors furent bien moins pontifes que princes.

L'outrage, l'outrage cruel du duc d'Albe en 1555, avait frappé le cœur des papes, l'avait secrètement corrompu. Devenus vassaux de l'Espagne, leurs pensées de rébellion leur donnaient fréquemment la tentation antipapale de s'unir précisément avec les ennemis de la cause catholique, qui étaient ceux de l'Espagne. Paul III fit des vœux pour les protestants, et même appela les Turcs. Grégoire XIII, que les Jésuites croyaient entièrement à eux, refusa d'approuver la Ligue. Sixte-Quint, dit De Thou, eût été charmé si Henri III eût accepté contre l'Espagne la protection des Pays-Bas.

Dans ces variations du pape et de l'Espagne, on comprend que les Jésuites eurent une prise infiniment forte sur ces jeunes exaltés quand (sous les formes les plus humbles de l'obéissance) ils imaginèrent d'agir sans Philippe, par Dom Juan, par les Guises (1583), même sans le pape (1585).

C'est un point essentiel. Hors de l'action romaine et de l'action espagnole, les Jésuites souvent tramèrent, les réfugiés anglais exécutèrent et agirent, surtout pour délivrer Marie Stuart et faire périr Élisabeth.

Les Jésuites, si admirables d'ardeur et d'activité, avaient pourtant deux défauts :

L'un, que note Marie Stuart (9 avril 1582), d'être souvent imprudents et compromettants, de jouer, par leur furie d'intrigue, avec la vie même de la prisonnière.

L'autre défaut qu'articule notre ambassadeur Châteauneuf (Labanoff, VI), c'est que les Jésuites, encore si nouveaux, nés en 1543, s'étaient déjà tellement gâtés, que la police anglaise trouvait toujours à acheter dans leurs maisons des espions contre eux-mêmes : « Il n'y a colléges de Jésuites, ni à Rome, ni en France, où on n'en trouve qui disent tous les jours la messe pour se couvrir et mieux servir à la reine Élisabeth. »

Une éducation de mensonge, quand même elle serait donnée dans une vue de sainteté et pour un but de dévouement, n'en corrompt pas moins les âmes, et les ouvre aux choses basses, aux plus honteux changements. La vie d'intrigue, de faction, que les Jésuites menaient, n'étant plus simples auxiliaires, mais chefs réels, et moteurs des actes les plus hasardés, les mûrissait extrêmement, les précipitait sur la pente d'une corruption précoce. Voilà des Jésuites politiques qui deviennent aisément espions. Tout à l'heure vont commencer les terribles procès de mœurs qui frappèrent les Jésuites professeurs, spécialement en Allemagne (procès imprimés par Joseph II).

La corruption politique ne leur fut pas particulière. « Il y a beaucoup de prêtres en Angleterre, tolérés par la reine, pour pouvoir, *au moyen des confessions auriculaires*, découvrir les menées des catholiques. » C'est encore l'ambassadeur de France (Labanoff, VI) qui nous donne ce fait piquant, que la confession ouvrit le parti catholique à la police protestante.

Les pièces publiées par M. Capefigue (t. IV, 178-179) nous apprennent combien ces tristes moyens étaient nécessaires contre les machinations meurtrières d'un roi dont la police fut le génie spécial, contre la corruption d'un maître des Indes, qui, dans ses plus grands embarras d'argent, en trouvait cependant pour acheter les ministres, agents, domestiques, de ceux à qui il en voulait, qui poussa ce mépris de l'homme, cette foi à l'or, jusqu'à croire qu'il achèterait les premiers hommes du temps, les ministres d'Élisabeth!

L'homme de Marie Stuart, Melvil, qui connut l'un de ces ministres, Walsingham, organisateur de la contre-police qui neutralisa celle de Philippe II et sauva Élisabeth, Melvil n'en fait nullement l'horrible portrait que tracent les autres catholiques. Il vit en lui un vieillard extrêmement maladif, qui, dans sa faiblesse, et sûr de sa fin prochaine, jugeait sa vie bien employée s'il sauvait celle dont la tête était, pour ainsi dire, une clef de voûte pour l'Europe. Et, en effet, Élisabeth de moins, tout allait tomber.

Dans ce duel des deux polices, laquelle vaincrait? C'était une curieuse question de moralité. Elle fut jugée par le fait. Au cœur du parti catholique, où se trouvaient des hommes admirables relativement, la doctrine du pieux mensonge et de l'équivoque maintint un germe pourri où vinrent toujours des insectes. Là toujours eut prise l'ennemi. Reims ne sut presque jamais ce que faisait Walsingham. Et Walsingham sut toujours ce qu'on préparait à Reims.

On doit s'étonner d'autant plus qu'on ait constamment échoué contre Élisabeth, que le parti opposé avait contre elle l'arme la plus victorieuse en révolution, celle qui, non-seulement exalte un parti, mais qui l'étend, le multiplie, le fait pulluler et le renouvelle. Cette arme, c'est le roman, la légende, ce trouble des cœurs, cette prise toute-puissante sur les bons sentiments du peuple. Qui a fait en France la contre-révolution, sinon Louis XVI, Madame et le petit Dauphin, la charmante Marie-Antoinette? Qui eût dû renverser aisément Élisabeth? Le roman de Marie Stuart, celle-ci d'autant plus terrible, qu'elle était non-seulement le miracle célébré, le rêve de tous les hommes, mais le suprême martyr d'une si grande religion. Le monde catholique, à genoux, quand il faisait ses prières, ne se tournait pas vers Rome, ne se tournait pas vers Madrid; il regardait vers l'Ouest, vers la tour de la prisonnière. Celle-ci, le matin, le soir, pouvait dire : « On pleure pour moi. »

Qui pouvait y être insensible? Tout le monde savait par cœur les très-beaux vers où Ronsard, cette fois vrai et grand poëte, rappelle l'impression charmante, mélancolique et religieuse qu'il eut quand il la vit sous ses blancs voiles de reine veuve dans les bois de Fontainebleau, quand les arbres, les vieux chênes, les pins sauvages, s'inclinaient, la saluaient « comme chose sainte. »

Ineffaçable souvenir, et sans cesse renouvelé par les poëtes de tous les partis. Nos plus sérieux historiens en subissent le charme. Je ne m'en défendrais pas sans tant de preuves qui montrent en cette fatale fée tout ce qui faisait le danger du monde.

Ses portraits aussi, il faut dire, du moins les plus sérieux, protestent contre la légende. A la grande bibliothèque, à celle de Sainte-Geneviève, à Versailles, on entrevoit l'attrait fantasmagorique de cette pâle rose de prison. Mais, en même temps, le long visage, encadré d'une blanche coiffure de béguine ou religieuse, vous dénonce le génie des Guises. La bouche serrée, petite, l'œil fixe et baissé, n'indiquent en aucune façon la douce résignation dont la parent des récits menteurs. Ils disent la reine, et non la sainte. On y devine très-bien la tragique violence qui vengea si cruellement sur Darnley l'offense à la royauté, et qui, sans scrupule, acceptait le meurtre d'Élisabeth.

Que pouvait la reine d'Angleterre quand cette mortelle ennemie vint, non de sa volonté, mais forcée par le péril et poussée en Angleterre? L'Henri IV anglais l'eût tuée; le nôtre l'eût peut-être lâchée. Élisabeth hésita, et, en la gardant dix-neuf ans, tint suspendu sur sa tête, entassa et épaissit un épouvantable orage.

De ces dix-neuf ans, pendant quinze elle fut fort doucement traitée, étant reine de ses gardiens, le comte et la comtesse Shrewsbury, faisant de l'une son amie, de l'autre, dit-on, son amant. Elle enveloppa la famille; une jeune et jolie nièce qu'ils élevaient comme leur enfant devint le bijou de la prisonnière; elle l'avait jour et nuit, la faisait coucher avec elle. Voir sa lettre charmante : « A Bess (Élisabeth), ma bien-aimée camarade de lit. »

Elle avait une petite cour, douze demoiselles d'honneur, une écurie considérable et de nombreux serviteurs. (Châteauneuf, dans Labanoff, VI.)

Outre ce que donnait Élisabeth, elle tirait de France le revenu de son douaire. Elle avait son monde à Paris, son intendant Paget (qui fut dans tous les complots), et des ambassadeurs dans toutes les cours.

Elle correspondait toujours, quoi qu'on fît, avec tout le monde, avec l'Espagne, avec les Guises, avec ses partisans d'Écosse. Elle remuait tout de ses lettres éloquentes et calculées, dont plusieurs sont des pamphlets. Les unes, tendres, plaintives, humbles; d'autres, horriblement satiriques.

Il en est une bien hardie, c'est celle où elle parle tantôt du cautère de la reine, tantôt de sa vanité, et enfin du caprice honteux qu'elle aurait eu pour Simier, l'envoyé du duc d'Anjou.

Plus irritantes encore peut-être sont les lettres où Marie Stuart se pose elle-même comme une sainte, ces lettres si douces, si humbles, où elle lui offre des broderies et des travaux de sa main. Traits touchants qu'on trouve à peine dans la Légende dorée! Quel effet devaient-ils produire sur les âmes simples! Que de pleurs durent verser les femmes! Quelle rage durent mettre ces choses dans le cœur des hommes, de ces jeunes gens exaltés qu'on enivrait de son nom! Cette douceur de la prisonnière aiguisait cent poignards contre Élisabeth.

Les catholiques anglais étaient cinquante mille, d'après un dénombrement (Lingard). L'attaque d'une telle minorité contre un grand peuple uni, déterminé à défendre sa foi, sa liberté, sa croissante prospérité, qu'il voyait reposer sur la tête d'Élisabeth, cette attaque coupable eût été de plus ridicule sans l'assassinat et l'invasion. Et l'assassinat même était un coup douteux, quand il s'agissait d'une reine adorée, défendue par l'unanimité nationale et portée sur le cœur du peuple. Les Jésuites, pour tenter la chose, ne durent trouver guère que des fous.

Les héros des dernières conspirations furent d'abord un Gallois Parry, homme d'imagination et d'aventure, comme sont fréquemment les Gallois; plus tard, un jeune gentleman, Babington, qui avait vu Marie Stuart, étant page chez le comte de Shrewsbury; comme tant d'autres, il avait pris feu; c'était l'amoureux de la reine; délivrée, il était bien sûr qu'elle ne manquerait pas de l'épouser.

L'affaire de Parry commença à peu près au moment où l'on manqua l'assassinat du prince d'Orange (1582). On en parlait partout. Parry, dans une querelle, voulut tuer quelqu'un, le manqua, s'enfuit, se fit catholique à Paris, où on ne manqua pas de lui conseiller de tuer Élisabeth. Un savant jésuite qu'il vit à Venise lui démontra doctement la légitimité de la chose, le poussa à s'offrir au pape. Revenu à Paris, et causant de tout cela légèrement, il se rendit suspect; un Jésuite, plus fin que les autres, et surpris de l'étourderie avec laquelle on se confiait à ce bavard, lui dit que, dans son ordre, *on n'enseignait qu'à obéir, jamais à conspirer contre le souverain.* Parry, ébranlé, fut raffermi par d'autres; on se chargea d'obtenir des lettres pontificales, positives et expresses, qui lèveraient ses scrupules.

Était-il dégoûté? l'envie de tuer était-elle sortie de sa tête légère? Quoi qu'il en soit, passant en Angleterre (janvier 1583), il demanda à voir la reine, lui dit qu'on conspirait contre elle. Quelque parti qu'il prît, cet aveu pouvait lui servir ou à obtenir un bon poste qu'il demandait, ou à être moins surveillé. Mais le parti ne lâchait pas son homme. On lui donna le livre du grand docteur de Reims, Allen, qui justifiait la trahison. On lui apporta des lettres de Rome, où le pape le bénissait, l'encourageait, lui disait de persévérer. Parry reprit l'envie de tuer et se confia à un sien cousin catholique, qui le dénonça. On arrêta en même temps un Jésuite, Creichton, qui, d'abord, *ne connut pas* Parry; puis le connut, mais *ne se souvint pas* qu'il lui eût parlé de l'affaire, puis s'en souvint; mais il l'avait chapitré fort et ferme, *détourné de son crime.* C'était la finale ordinaire.

Les Jésuites s'en lavèrent les mains, et jurèrent que Parry n'avait été qu'un agent de Walsingham.

Ceci en février 1584. Le 10 juillet, comme on a vu, fut tué enfin le prince d'Orange, la Hollande paralysée, et le prince de Parme put avec sécurité hasarder le siége d'Anvers; le 10 même, il prit Lillo, à une lieue d'Anvers, commença les travaux, somma la ville en novembre. Pour empêcher les secours de France, on fit la Ligue (31 décembre), et, pour empêcher les secours d'Angleterre, on monta de nouveau une machine contre Élisabeth.

Le prince de Parme avait toujours vu et endoctriné les assassins des Pays-Bas, les Salcède, les Gérard, etc. *Il donna un congé* à un brave catholique anglais, nommé Savage, qu'il avait dans ses troupes. Le *hasard* voulut que Savage allât au séminaire de Reims; le *hasard* voulut que, ce brave contant ses beaux faits d'armes aux prêtres, un docteur, qui n'était pas de la conversation, l'entendit; il s'y mêla et dit au militaire qu'il y avait une chose plus belle encore à faire : c'était de tuer Élisabeth (State trials).

Savage fut un peu étonné; il n'y avait pas pensé. Il n'osa dire à ces pieux personnages que leur proposition lui paraissait un crime.

Il dit : « La chose est difficile. » Il avait la tête dure, et il leur fallut trois semaines pour faire comprendre à ce soldat qu'une reine excommuniée de la bouche du pape devait être tuée sans scrupule. A force d'entendre la chose, il s'y accoutuma, et promit ce qu'on voulut.

Les Jésuites jasaient toujours trop. Au lieu de mener leur homme tout chaud qui eût frappé sans raisonner, ils s'en allèrent demander à Paris l'aveu de l'ambassadeur d'Espagne, Mendoza, et ils voulurent lier l'affaire avec celle du pauvre fou Babington, l'amant de la reine.

Pourquoi ces deux sottises? Ils répondent qu'elles étaient nécessaires : 1° il fallait que Mendoza leur donnât des troupes espagnoles, *les catholiques anglais étant trop peu nombreux;* 2° il fallait que Babington en fût pour faire avaler à ces catholiques une invasion espagnole *qu'ils redoutaient.* En d'autres termes, les Jésuites n'avaient là-bas presque personne. Ils voulaient forcer l'Angleterre; il y fallait l'épée, la ruse, et, pour réunir ces moyens, il fallait parler de l'affaire, la confier, la traîner, manquer tout.

Le gouvernement anglais, ferme sur sa large base, qui était la nation, plongeait un clairvoyant regard dans leurs conciliabules. Le Jésuite Ballard, qu'ils envoyèrent de Reims à

Mendoça, était suivi depuis six ans par Walsingham; il l'avait laissé cinq années courir l'Angleterre, ayant près de lui un agent sûr; il ne l'avait pas arrêté, non plus que Babington, voulant pénétrer davantage et savoir jusqu'où l'on irait. Ballard revint en Angleterre, au printemps de 1586, pour lier les deux affaires de Babington et de Savage.

L'assassinat semblait d'autant plus nécessaire aux Jésuites, que leur grande affaire de la Ligue n'aboutissait à rien, et que l'Espagne languissait. Philippe II avait été malade en 1585 (Gachard, Philippe II, introd.). Personne, pendant quelque temps, n'ouvrait plus les dépêches, et rien ne se faisait. On le décida avec peine à organiser sa *junte de nuit*, qui le suppléa un peu.

Donc, tout allait lentement. On voulut hâter, simplifier par la dague ou le couteau.

Le Jésuite Ballard se croyait bien déguisé, faisait l'homme d'épée. Babington se croyait discret, n'ayant associé à l'affaire que cinq ou six de ses amis, jeunes gentlemen, aussi graves que lui. Savage enfin passait le temps à se faire faire un habit exprès pour le jour de l'exécution.

Un mot très-fort du duc de Nevers, qu'il dit au jeune de Thou sur Henri de Guise, convient aussi bien à tout le parti. Ces gens embrassaient trop de choses, filaient trop de fils à la fois, s'embrouillaient de trop de projets, sans voir assez si les points de suture les feraient s'agencer ensemble. De telle sorte que leur histoire ressemble à tel roman de l'abbé Prévost, qui a, de temps en temps, tout un roman pour parenthèse. L'ensemble se relie comme il peut.

Ici l'affaire, tissue de tous ces fils, était bien assez compliquée sans y mêler Marie Stuart. Pourquoi la compromettre? Pour agir sur les catholiques écossais, pour tirer d'elle un testament? On y parvint, mais on causa sa mort, et l'on manqua toute l'affaire.

Elle était fort resserrée depuis un an, sans communication. Les fortes têtes de Reims imaginèrent d'essayer d'arriver à elle par un des leurs, le jeune docteur Gilbert Gifford, dont la famille, nombreuse et importante, avait justement sa maison tout près du château de Chartley, où l'on gardait Marie Stuart. Ce jeune homme paraissait fort sûr, ayant son père enfermé pour cause de religion, lui-même sorti de l'Angleterre à douze ans, élevé huit ans par les Jésuites à Reims et en Lorraine. Il présentait toutes les conditions d'un bon agent, jeune et presque sans barbe, inspirant confiance, mais vieux d'expérience et d'études, ayant voyagé, vu l'Europe, parlant très-bien diverses langues. On a dit de Gifford, comme de Parry et de bien d'autres, qu'il était un agent de Walsingham; rien n'indique qu'il le fût alors.

Il pouvait être encore sincère à Reims quand il prit cette mission, et croire, comme tous ces Jésuites, que l'Angleterre était prête pour l'événement. Mais grande dut être sa surprise, en revoyant ce pays qu'il avait quitté à douze ans, de le trouver tout autre qu'on ne disait, de voir cette association de tout un peuple pour la vie de la reine. La prodigieuse prospérité du pays dut faire songer aussi un homme clairvoyant qui venait de parcourir l'Italie désolée et la pouilleuse Castille. Les voyages, la comparaison des mœurs, ne font pas peu au scepticisme; tel qui part fanatique revient indifférent.

C'est alors que le vieux Walsingham l'aura fait venir, lui aura dit qu'il les tenait tous, ayant sous la main ce Ballard et ce Babington sans daigner les prendre, mais que lui Gifford en valait la peine, et que, puisqu'il était si décidé au régicide, il en avait une belle occasion en tuant la reine d'Écosse, au lieu de tuer Élisabeth.

Élève des Jésuites, Gifford justifia leur enseignement, montra qu'il avait profité, et qu'il était un Jésuite accompli. Il se fit leur intermédiaire, gagna un brasseur de Chartley pour porter, rapporter dans ses tonneaux les dépêches du parti et les lettres de Marie Stuart, de façon qu'elle pût se perdre.

Élisabeth la détestait et cependant la défendait, infatuée qu'elle était du caractère sacré des rois, effrayée de l'exemple si on en venait à tuer juridiquement une reine. Elle sentait très-bien la force que les puritains en tireraient; qu'un roi dès lors serait un homme, responsable, justiciable. Elle voyait distinctement l'échafaud de Charles Ier.

Mais Burleigh, Walsingham, Leicester, qui étaient nominativement proscrits par Philippe II et recommandés aux assassins, n'entraient guère dans les prévoyances de la reine. Ils voyaient le moment, le danger actuel; Élisabeth tuée, ils n'auraient pas vécu une heure. Tous les ports d'Espagne bouillonnaient (dès 1584) du mouvement de l'Armada. La Ligue lui offrait la rade de Boulogne, à six heures de Plymouth. Si Farnèse et ses vieilles bandes passaient, c'était fini. Marie, de sa tour, sortait reine, et son avénement lâchait le soldat dans les rues de Londres.

On avait vu Milan et Rome sous l'Espagnol,

sous l'épouvantable torture des *Maranes*, moitié Africains. On avait vu le sac d'Anvers, une scène bien au delà des plus horribles rêves. Tous les rivages d'Angleterre s'étaient couverts de fugitifs, hommes et femmes, nus, navrés, sanglants... Maintenant au tour de Londres. L'Anglaise charitable qui avait reçu la Flamande mourante dans son lit savait ce que c'était que les saccagements de ville, et elle s'évanouissait d'épouvante à la seule idée.

L'Angleterre résisterait-elle? Il n'y avait pas d'apparence. Pourquoi? Parce qu'elle avait l'ennemi dans son sein, parce qu'il y avait quelqu'un à Chartley, qui, le lendemain de sa descente, donnerait aux Espagnols deux armées, anglaise, écossaise, ou du moins ferait dire au peuple des marchands : « Traitons, devançons le pillage. » Un sûr moyen d'être pillé.

Aujourd'hui le traité. Demain le sac de Londres. Après-demain, le silence des ruines, que l'on voyait aux Pays-Bas, le commencement des longues tortures à petit bruit, les moines de toute couleur, les mendiants soldats, la torture et les poux.

Hypothèse? Imagination? Vains rêves? Point du tout. La grande flotte de l'Armada, quand elle vint traîner le long des côtes, exposa aux marins anglais une superbe élite de moines, blancs, gris, noirs, un corps d'inquisiteurs tout prêts.

Il n'y avait aucune famille anglaise qui, le soir, à genoux, ne demandât, avec prières, larmes et sanglots, la mort, la prompte mort, de cette malédiction vivante dont le prétendu droit livrait l'Angleterre.

Reine propriétaire (c'est un mot de Philippe II). Propriété terrible, de haine et de fureur. De quoi Marie Stuart mourut-elle? D'avoir fait un *legs de l'Angleterre* (20 mai). L'Angleterre léguée la tua.

C'est pour avoir cette lettre du 20 mai que les Jésuites, dans leur frénétique passion, nouèrent avec elle la correspondance qui la mena à la mort. Non-seulement elle y donne l'Angleterre à l'Espagne, mais elle dit que, si son fils ne se fait catholique, *elle le livrera* à Philippe II.

Les Jésuites Persons, Holt et autres, étaient déjà en Écosse pour cette œuvre pie; ils travaillaient avec les Guises. Henri de Guise appuyait ardemment les envoyés d'Écosse près de Philippe II. On voyait bien ces allées et venues; on comprenait qu'une révolution allait se faire. Henri III, inquiet, envoya un ambassadeur à Édimbourg, ce que la France n'avait pas fait depuis dix-huit ans. Enfin, pour rendre la chose encore plus claire, ces insensés d'Écosse se mirent à dire la messe et se refirent catholiques, comme s'ils avaient déjà vaincu.

Il est évident que tous perdaient la tête. Ils écrivaient, jasaient, conspiraient en plein vent, sans voir seulement, tristes marionnettes, qu'ils s'agitaient au fil que tirait Walsingham. Babington, le plus fou (c'est son droit d'amoureux), en vient à écrire à Marie, *à sa chère souveraine*, tout ce qu'on fait pour elle. « Quant à ce qui tend à nous défaire de l'usurpateur, six gentilshommes de qualité, mes amis familiers, entreprendront l'exécution tragique » (16 juillet 1586). A quoi Marie répond sans hésiter : « *Il faudra* mettre les six gentilshommes en besogne, » etc. (27 juillet).

Ce n'était pas la première fois que Marie consentait la mort d'Élisabeth. Mais ici, par ce mot fatal, elle avait l'air de l'ordonner. Son secrétaire Nau, à qui elle dictait, la pria à genoux de ne pas envoyer cette lettre. Mais c'était fait. La folie est contagieuse. Et Babington était si naïvement fou, que tous, sur ces belles ailes, naviguaient dès lors avec lui entre ciel et terre, ayant perdu de vue ce bas monde des réalités. Il en était venu au point de ne plus s'inquiéter de l'événement, mais seulement de craindre que les visages des six héros ne fussent perdus pour la postérité; il en fit faire un grand tableau, où ils étaient très-ressemblants, faciles à retrouver; attention délicate pour la police, et dont purent le remercier les agents de Walsingham.

Philippe II était content. Il avait bien serré la bonne lettre où Marie donnait trois royaumes. Il ordonne qu'on se prépare pour agir promptement, sur-le-champ, etc.

Cependant, à ce moment même où il sent tout le prix du temps, il veut que la nouvelle du coup aille d'abord à Paris, non tout droit à Farnèse en Flandre, et c'est Mendoça qui, de Paris, transmettra à Farnèse l'ordre du départ, *de sorte qu'Élisabeth tuée*, dans cette crise brûlante où chaque minute avait un prix énorme, *il y aurait eu cinq ou six jours perdus* avant que le secours espagnol mît à la voile! Cela peint Philippe II, et classe l'animal à sang froid.

Walsingham, tenant son affaire, crut pouvoir emporter la chose auprès d'Élisabeth par un grand coup de peur. Il lui dit tout en une fois. Elle en fut renversée.

Fallait-il attendre les actes? Il semblerait que le hardi ministre en fut d'avis. Il n'arrêta qu'un homme, le vieux Ballard, voulant sans doute que les autres, effrayés, se précipitassent dans un commencement d'exécution, et qu'on les prit armés. Ils n'osèrent, devinant bien que déjà de toutes parts ils étaient pris, enveloppés.

La sûreté de Marie semblait être en ceci, qu'il n'y avait rien de son écriture. Elle dictait, et Nau écrivait la minute, qu'un autre secrétaire chiffrait. Nau d'abord noblement, fermement, nia tout. Mais Babington avoua tout, Ballard tout, et quand ils eurent subi, au nombre de quatorze, le supplice des traîtres, Nau remit de l'eau dans son vin. Il dit de point en point comment se faisaient les choses, et que Marie avait dicté.

Elle se défendit d'abord par le silence, refusant de répondre, disant qu'elle était reine, étrangère et non soumise aux lois anglaises; qu'elle était venue en Angleterre *sans y être forcée.* Ceci était très-faux. Elle n'aurait pas pu se sauver. Notre ambassadeur, Castelnau, dit nettement qu'à peine réfugiée en Angleterre, elle conspirait, et qu'Élisabeth fut contrainte de la retenir.

Après le silence, elle essaya le mensonge et l'équivoque, disant ne pas connaître Babington, *puisqu'elle ne l'avait jamais vu,* soutenant même *qu'il ne lui avait point écrit, qu'elle ne lui avait point répondu.* Elle prit Dieu à témoin *qu'elle n'avait jamais consenti à ce qu'on conspirât contre la reine d'Angleterre.*

Tous les historiens, chose curieuse, admirent la dignité de cette défense! Tous estiment que l'accusée y fut grande et vraiment reine! Peu s'en faut que ce jugement ne soit cité à côté des jugements des martyrs, des héros de la vérité!

Les plus judicieux écrivains copient ici sans examen les misérables pamphlets, généralement anonymes, que les événements produisirent, par exemple, l'Innocence de la *très-chaste* et débonnaire Marie, le Martyre de la reine d'Écosse, la Mort de Marie Stuart, etc., et tout ce qu'a ramassé la compilation de Jebb. Ces romans furent imprimés la plupart dans l'année même des *Barricades* et de l'*Armada*. Ce sont des armes de guerre lancées contre Élisabeth et contre Henri III. Le but est d'exalter les Guises, de faire croire que le roi de France trahit sa parente, et n'intervint pas pour elle. Une foule de détails inexacts devaient avertir que ces histoires sont des pamphlets et des pamphlets ignorants. Par exemple, l'auteur du *Martyre* dit que Gifford, à Paris, logeait chez le conspirateur Morgan (Jebb, II, 284), chose matériellement impossible; Morgan était à la Bastille.

Beaucoup d'ornements romanesques montrent aussi que ces livres sont écrits pour les belles ruelles et les dames du continent, spécialement les détails sur la blancheur de Marie, sa gorge d'albâtre (307); spécialement le conseil qu'elle aurait tenu la veille avec ses femmes et ses serviteurs sur sa toilette du lendemain (639), le satin gaufré, le taffetas velouté, les bas de soie bleue, les jarretières de soie, et jusqu'aux caleçons de futaine blanche. Est-il sûr que ces belles choses aient tellement occupé une âme en présence de l'Éternité?

Mais ce qui me rend ceci encore plus suspect, ce sont les saletés ignobles qu'on ajoute sur Élisabeth (654). Quand la fureur fait descendre jusqu'à fouiller de telles choses, on peut croire que l'historien qui se moque de la pudeur se moquera de la vérité.

Chevaliers de Marie Stuart (je parle surtout au bon Schiller, dupe de son cœur au point d'écrire ce drame violent contre ses propres idées), examinons, je vous prie, la vraie cause qui vous a tous tellement aveuglés, dévoyés, jusqu'à suivre aveuglément les plus sots pamphlets des Jésuites.

« Son jugement fut irrégulier. » Non, ce n'est pas la vraie cause qui vous a passionnés. Bien d'autres procès analogues vous ont passé par les mains sans que vous y insistiez.

Dites la chose comme elle est, n'en rougissez pas. La vraie cause qui vous émeut, qui nous émeut tous, c'est que *c'était une femme.*

Tuer une femme! c'est en effet une chose horrible, et qui soulève! La mort de la plus coupable semble un crime de la loi.

Je n'examinerai donc pas ce qui serait advenu de l'Angleterre si l'invasion espagnole eût trouvé vivante la dangereuse créature qui faisait l'unité secrète du parti catholique anglais, son lien avec les Guises, avec toutes les conspirations du continent. Que de femmes pourtant alors, des millions de femmes anglaises, eussent trouvé pis que la mort dans la vie de cette femme!

J'aime mieux, mettant ceci à part, répéter ce que j'ai dit ailleurs avec plus de force que personne (*Révol. française*, t. VII) : « Il n'y a contre les femmes nul moyen sérieux de répression. Elles souvent coupables; elles sont moralement responsables; et cependant, chose bizarre, *elles ne sont pas punissables*. Malheur au gouvernement qui les montre à l'échafaud; on ne l'en excuse jamais. Celui qui les frappe se frappe; qui les punit se punit. Elles sont le monde de la Grâce; la loi ne peut rien sur elles. »

Élisabeth le sentit cruellement, profondément. De là sa pitoyable tentative de faire croire qu'elle eût pardonné, mais qu'on devança ses ordres. Elle voyait parfaitement que cette mort, juste ou non, la poursuivrait dans tout l'avenir ; elle voyait que l'acte odieux que lui arrachait le péril pouvait sauver l'Angleterre, mais la perdait elle-même à jamais dans le cœur des hommes.

CHAPITRE XII.

Henri III est forcé de s'anéantir lui-même. 1587.

La sombre, mais belle histoire, qui finit en 1572, a été justement intitulée *Les Guerres de religion*. L'histoire misérable que nous faisons maintenant devrait s'appeler *Les Intrigues sous prétexte de religion*.

Les catholiques peuvent là-dessus s'en fier au pape lui-même. Sixte-Quint avait en dégoût la grande tartuferie à laquelle on l'associait. Ce bon père, tout occupé de sa petite affaire romaine, d'arrêter et de faire pendre les bandits de son désert, regardait de loin sans plaisir la sotte pièce de la Ligue. Il voyait de mauvais œil ce que *ses fils* les ligueurs et *ses fils* les Espagnols s'obstinaient à faire pour lui. Il leur donnait à la rigueur des parchemins et des bulles, point d'argent, se disant trop pauvre. « Si j'en avais, disait-il ironiquement aux ligueurs, je n'aurais garde d'en donner pour la guerre; je suis un homme de paix. »

C'était un rusé paysan qui n'était pas dupe. Il voyait qu'il n'y avait guère de vérité dans tout cela, qu'on ne travaillait pas pour lui, et que, s'il y avait succès, ce serait la grandeur de l'Espagne, dont il dépendrait plus encore.

L'Espagne marchant sur l'Europe, menaçante malgré sa fatigue et son appauvrissement; l'Espagne, aidée d'une force immense d'illusion et de terreur, poussée par l'armée du mensonge, unie si intimement à la réaction fanatique qu'elle n'avait pas même besoin de la ménager, voilà ce qu'on voyait venir.

Force fatale, qui, quoi qu'elle fît, parfois insultant le pape, parfois massacrant des moines (comme on vit en Portugal), n'en semblait pas moins catholique et la catholicité elle-même.

On a vu les sournoises, maladroites et impuissantes tentatives des Jésuites en 1578 et 1583, pour agir sans Philippe II par des épées d'aventuriers. Ils retombent toujours à l'Espagne; ils sont à sa discrétion.

On va voir de plus en plus la sottise de la Ligue, qui voudrait être par elle-même, le chimérique roman de Guise, qui vainement se figure *qu'il se servira de Philippe II.* Il ne fait rien que se perdre. La Ligue n'a de force sérieuse que par sa base espagnole.

La Ligue fut-elle une chose française et nationale? Les Français du seizième siècle (après le Gargantua et pendant qu'écrit Montaigne!) sont-ils véritablement si fanatiques et si sots? Les actes soi-disant populaires qu'entasse M. Capefigue auront peine à me le faire croire. Son procédé n'est pas habile. Il prend, copie tout ce qu'il trouve aux Archives de la ville, convocations de la milice, ordres d'armer les bourgeois, programmes de fêtes publiques, et il appelle tout cela des actes du peuple, les élans municipaux de la bonne ville de Paris, l'action des confréries, des halles, etc., etc. Lisez avec attention; vous reconnaissez des actes officiels, émanés de l'autorité.

Ce qui d'avance m'avait mis tout d'abord en défiance sur cette prétendue popularité de la Ligue pendant vingt années, c'est la longueur du temps même. La France n'est pas si longtemps folle. Une pièce qui traîne ainsi, qui qui n'aboutit pas promptement, qui recommence sans cesse pour avoir de fréquents entr'actes et laisser la scène vide, n'est pas une pièce française. Il y fallait une patience qui n'est pas de cette nation. On l'aurait sifflée cent fois si le véritable auteur, le clergé, n'eût été là, avec sa forte police de boutiquiers ruinés, de mendiants à bâtons, et son arrière-garde espagnole.

Dès 1586, dans les dépêches d'un agent très-clairvoyant, vivement intéressé à la chose, l'ambassadeur de Savoie, je trouve cet aveu curieux : « *La Ligue a dégoûté tout le monde.* » (Archives diplomatiques de Turin, 27 mai 1586, portef. 5.)

Qui dit la Savoie dit l'Espagne; Philippe II venait de donner sa fille au jeune duc de Savoie. C'est l'aveu des intéressés, de ceux qui comptaient se servir de la Ligue pour démembrer la France, qui travaillaient dans ce but, qui pratiquaient Marseille et Lyon. (*Ibidem*, 27 avril 1587.)

Si la Ligue avait eu en France les fortes et vastes racines nationales qu'on suppose, Guise n'eût pas eu besoin d'attendre toujours Philippe II. Quoiqu'il tirât du clergé, quoiqu'il tirât de ses biens qu'il était obligé de vendre, il tendait toujours la main à l'Espagne; il en recevait l'aumône, et, la lutte s'engageant, il en sollicitait les troupes.

Il savait très-bien que la Ligue, en campagne, n'aurait pu tenir devant le Roi, uni au roi de Navarre. On le vit en 1589.

Dans les villes mêmes, si faciles à terroriser (nous l'avons vu tant de fois), la Ligue eût eu le dessous si elle n'eût sans cesse employé le moyen suprême, à savoir le *peuple*, son *peuple* d'assommeurs, celui qui mangeait à midi la soupe des couvents et touchait le soir l'argent espagnol. C'est par ces bandes qu'elle fit les élections de la milice en 1588.

L'étranger, toujours l'étranger. Voilà ce que tout Français un peu clairvoyant voyait à travers la Ligue.

Allez donc, sots érudits, rapprocher les temps de la Ligue de ceux de la Convention! Comparez, je vous prie, les défenseurs et sauveurs du territoire avec ceux qui livraient la France.

Cette misérable France, si loin de ses premiers élans spontanés, nationaux, si loin d'Étienne Marcel et des vrais États généraux, qu'avait-elle pour se défendre, au seizième siècle, devant la puissance espagnole? Hélas! rien que la royauté.

Cette royauté funeste, cruellement dépensière et folle, elle est encore le point central où il faut bien ici se rallier.

Cruel abaissement des temps. Dans le précédent volume, nous stigmatisions justement le sauvage fou Charles IX et l'homme femme Henri III. Nous voici réduits maintenant, par la Ligue, ce monstre d'hypocrisie, à regretter Charles IX, à favoriser Henri III.

« Suis-je bien moi? » disait ce juif dans les cachots de l'Inquisition. « Mais non! je ne suis point moi! » L'histoire en dit autant ici, et se méconnaît elle-même.

On aurait cru que la furie de ce Charles, tombant aujourd'hui à droite pour tomber demain à gauche, était le pire gouvernement. On l'eût cru, on se fût trompé. Il y avait encore alors un peu d'ordre financier, quelque obstacle aux vaines dépenses. Barrière détruite, abaissée, à l'avénement d'Henri III. Donc ce sera celui-ci qui marquera le fond du fond? Son Épernon et son Joyeuse sont le pire gouvernement? Mais non, nous n'y sommes pas; voici les grands réformateurs qui vont guérir tous les abus, les Lorrains et les ligueurs, défenseurs irréprochables des franchises nationales. Que nous apportent ceux-ci? et quel serait leur succès s'ils venaient à bout de leur œuvre? Ils ne vivraient pas un quart d'heure sans subir deux conditions : *un démembrement féodal*, qui mettrait la France en pièces; et la tête de ce monstre *serait le tyran étranger*.

Nous voilà donc à ce point de défendre Épernon, Joyeuse. Dans la faiblesse actuelle du petit roi de Navarre, en attendant qu'il grossisse et soit Henri IV, ces deux drôles, contre les Lorrains et le parti espagnol, se trouvent les gardiens de la nationalité. Confessons cet avilissement et cette extrême misère. La France, dans ce moment, périrait sans la royauté, qui elle-même n'existe que dans ces deux tristes vizirs.

S'ils avaient été d'accord, le trône, à l'état vermoulu, eût eu encore quelque force. D'Épernon était un homme de résolution; il voyait très-bien dans Paris combien l'œuvre de la Ligue était chose artificielle; toujours il demanda au roi de lui permettre d'agir. La Ligue entraînait les foules par ruse et terreur; mais fort aisément la terreur aurait été reportée de l'autre côté. Ce ne fut, comme on va voir, que par une panique habile qu'on réunit un moment le peuple pour les *Barricades*. Si l'on eût pris les devants, les vrais ligueurs, pour une action sérieuse, n'auraient pas été nombreux.

Épernon était une épée. Mais le manche, qui le tenait? Une pauvre chose pourrie, la volonté d'Henri III, qui n'en était pas seulement à garder son secret une heure. Il ne pouvait rien retenir : c'était son infirmité. Catéchisé par Épernon, et louant son énergie, il s'en allait rapporter tout à son gouverneur Villequier et à la vieille Catherine, qui le faisaient savoir aux Guises.

Si Joyeuse n'était pas un traître, c'était du moins un jeune fou. Sa marotte était de supplanter Guise. Il était suivi en effet de tout ce qu'il y avait de cerveaux vides dans la jeune noblesse : loyaux étourdis qui n'aimaient ni les replis italiens du fameux héros catholique, petit-fils des Borgia, ni l'austérité empesée, la roideur des calvinistes. Joyeuse était leur grand homme; ils admiraient sa grandeur à jeter l'or par les fenêtres. Il ressemblait à Henri III. Le souci de celui-ci n'était ni la Ligue ni l'Espagne : c'était la rivalité d'Épernon et de Joyeuse.

Cependant, qu'il le voulût ou non, il penchait vers ce dernier, pour la raison toute simple que Catherine, Villequier, d'O, c'est-à-dire le vieil intérieur, étaient aussi du côté catholique, et ne lui demandaient aucun acte d'énergie, de résolution, mais seulement de rester tranquille et d'aller où il allait (au gouffre de l'Espagne et des Guises). Avec Épernon, il eût fallu se botter, monter à cheval, s'appuyer du Tiers parti et même du roi de Navarre, faire le coup de pistolet, peut-être livrer un combat désespéré dans Paris.

La fermentation y était grande, facile à entretenir dans l'état d'extrême malaise où étaient les populations. La peste peu auparavant avait horriblement sévi, et, dit-on, tué trente mille hommes. Cette malheureuse ville en deuil était triste, aigrie, crédule. Le service de Marie Stuart que l'on fit à Notre-Dame exalta fort les esprits. Le printemps permit de faire des processions nombreuses, qui, en même temps, étaient des revues de la faction. Les Guises y faisaient venir de Picardie, de Thiérache, de Champagne, même de Lorraine, de pauvres diables, hommes et femmes, dont la misère exaltait la dévotion. Les pèlerins, en habits blancs avec des croix, hurlaient des chants dans tous les patois de la France ou en mauvais allemand. Ce spectacle portait au cerveau. Beaucoup avaient peur; d'autres s'animaient, devenaient furieux. D'ardents agents de la Ligue, emportant de Paris ces torches, les secouaient par toute la France. Dans les confessionnaux, on disait aux femmes tremblantes : « N'ayez peur; la sainte Union a quatre-vingt mille hommes armés; nous serons heureux dans trois mois; il n'y aura qu'une religion. »

Un fait montre où l'on en était. Le conseil de l'Union, tenu aux Jésuites, avait décidé que Boulogne serait livrée à l'Espagne. Le roi, averti, empêcha la chose. Loin d'être déconcerté, deux ans de suite on revint à la même entreprise.

L'homme qui devait livrer Boulogne fut amené en triomphe sous le nez du roi, caressé d'hôtel en hôtel. Paris le vit; le Louvre l'endura; il ne se trouva pas un Français pour mettre la main sur le traître. Tellement la longueur des maux avait énervé les meilleurs! Tellement l'étincelle nationale et le sens de la Patrie, déjà si vifs au temps de la Pucelle, s'étaient plus d'un siècle après misérablement affaiblis!

Que la petite minorité protestante, réduite du cinquième au dixième de la population française, fût tentée d'appeler au secours pour ne pas être égorgée, on le comprend à la rigueur. Mais que cette majorité qui se prétendait énorme, qui se disait la nation, amenât l'étranger en France, c'est là ce qui avait droit d'étonner et indigner. Et quel étranger encore? Non tel petit prince allemand, non quelques bandes de reîtres, mais l'épouvantable géant qui venait d'engloutir l'empire portugais, les Indes orientales, ayant les occidentales!

N'avait-on pas sujet de croire qu'un tel roi retiendrait pour toujours ce qu'on lui mettrait dans les mains?

Attendre le secours d'Espagne, c'était la politique des Jésuites, celle des Guises et des hauts ligueurs. Mais leurs bas associés, ceux qui travaillaient la boue de Paris, avaient hâte de *jouer des mains*. Il leur tardait de jouir de ce qu'on leur avait promis. Les modérés qu'il fallait égorger, c'étaient principalement ceux que l'on désirait piller. Il y avait de bons coups à faire chez M. le chancelier, chez M. le premier président, etc., etc. Pour en venir au pillage, il fallait surprendre le roi, l'enfermer, le tuer ou le tondre, lui faire suivre sa vocation et en faire un capucin. Trois fois de suite en six mois, on crut mettre la main sur lui. Trois fois, il fut averti, se tint sur ses gardes. Nous possédons le récit de l'intrépide Poulain, qui, chaque soir au conseil de la Ligue, où on pouvait le poignarder, apprenait ce qu'on ferait le lendemain contre le roi. On a suspecté cette pièce. Mais elle est tout à fait d'accord avec tous les documents qu'on a publiés depuis.

Comment servir Henri III? Il se trahissait lui-même. Son entourage lui fit croire que Poulain était payé par les huguenots. Il l'envoya faire ses révélations à un Villeroy, ami de Guise, et qui le tenait au courant de tout.

L'orage semblait devoir écraser le roi de Navarre? Il faut regarder la carte, voir l'étroite et misérable petite bande de terrain où il se trouve acculé, ayant par derrière l'Espagne, par devant la grande France catholique, Henri III uni à la Ligue, qui allait, bon gré mal gré, marcher contre lui.

Il est vrai que tous les protestants d'Europe s'étaient émus, cotisés, le roi de Danemark en tête, pour payer une armée allemande qui ferait une diversion. Les ligueurs dirent à l'instant que c'était Henri III lui-même qui appelait les Allemands. S'il ne combattait pas l'invasion, tout le monde le jugeait traître. S'il la combattait, il se fermait tout retour du côté des protestants, il se brouillait à jamais avec l'Allemagne et la Suisse protestante; il appartenait dès lors à la Ligue, qui le traînait la chaîne au cou.

Il lui fallut bien pourtant, devant l'émeute permanente, prendre ce dernier parti. La Ligue donnait des troupes à Guise; le roi se mit à la tête des siennes, et il fallut que d'Épernon avec lui combattît les Allemands au profit de la Ligue.

Comment l'armée de Navarre joindrait-elle celle d'Allemagne à travers toute la France? Grand problème. Loin d'avancer à sa rencontre, le Béarnais reculait devant une grosse armée royale que menait Joyeuse. Plus d'une fois il se trouva près de périr, entre deux rivières et deux grands corps ennemis. Son vrai sauveur fut Joyeuse et son incapacité. Cet intrépide étourdi, suivi d'un monde de grands seigneurs à tête non moins légère, avait obtenu carte blanche du roi et la permission de donner bataille. Inquiet de son crédit baissé, il voulait se relever par quelque succès éclatant qui le mît au-dessus de Guise et lui conciliât la Ligue. En attendant, sur sa route, il faisait le bon catholique en massacrant tout; il avait juré, disait-il, de faire mourir quiconque sauverait un seul huguenot. Toute son inquiétude, c'était d'être joint trop tôt par le maréchal Matignon, un Normand fort entendu, qu'on lui envoyait pour tuteur et qui tâchait de le rejoindre.

Joyeuse trouve l'ennemi à Coutras, et ne perd pas une minute pour se faire battre à plate couture, disperser, détruire et tuer (20 octobre 1587).

La petite armée protestante, outre sa supériorité morale de troupe aguerrie, se montra une armée moderne comme art et habileté. L'artillerie, bien placée et bien commandée, fit du premier coup un dégât immense dans les rangs serrés de Joyeuse, et la sienne, plus forte, n'eut aucun effet. Des pelotons d'arquebusiers, marchant devant le roi de Navarre et les deux Condé, leur préparèrent la besogne. Ils rompirent les catholiques, renversèrent les brillants escadrons. Et alors, l'infanterie protestante survenant, un grand massacre commença; deux mille morts restèrent sur la place, parmi lesquels ce beau monde de seigneurs et le fanfaron Joyeuse.

Point de victoire plus complète. La chambre où dîna le roi de Navarre était pleine de drapeaux; tout le monde ivre de joie, lui calme autant qu'auparavant, modéré et bon pour les prisonniers jusqu'à rendre à quelques-uns leurs enseignes pour les consoler. Les ministres étaient stupéfaits de voir un homme si modeste. D'autres, observateurs sérieux, entrevirent l'abîme insondable d'indifférence à toute chose qui, sous cette surface aimable, se trouvait en effet chez lui.

Nulle autre prise que les femmes; pour quelques jours, à la Rochelle, éloigné de sa maîtresse, la fameuse Corisande, il lui avait fallu la fille d'un magistrat de la ville. Les ministres avant la bataille lui rappelèrent ce péché; sans disputer, il en fit une sorte de satisfaction, d'amende honorable abrégée. Puis le lendemain de la bataille, il laissa tout, et s'en alla, avec sa brassée de drapeaux, chez sa Corisande d'Audouin.

Il est vrai que tout le monde le quittait. Chacun avait hâte d'aller reposer chez soi. Et cette armée allemande qui venait tout exprès pour eux, qui allait la diriger? Un seul des chefs protestants y avait songé, et, par une course intrépide de deux cents lieues en pays ennemi, était parvenu à la joindre. C'était le fils de Coligny.

Abandonnée à elle-même, l'armée étrangère allait comme un grand vaisseau sans pilote ou comme un homme ivre, sans savoir ce qu'elle faisait; le soldat menait ses chefs.

Les Allemands avaient trouvé en Champagne leur vainqueur, le vin, le raisin, la vendange; leur voyage était devenu une sorte de bacchanale. Puis le camp fut un hôpital; on laissa des hommes sur tous les chemins.

La nouvelle de Coutras, qui leur vint le 28 octobre, les avait encouragés. Mais ce qui leur porta un coup terrible à ne pas s'en relever, ce fut de voir que le roi, que d'Épernon, qu'on leur avait dit amis, vinrent à eux comme ennemis. D'Épernon leur ferme la route. Il les arrête, les démoralise, les corrompt, décide les Suisses qu'ils avaient à les quitter, à se joindre aux Suisses du roi.

Henri III se trouva ainsi avoir deux fois servi la Ligue et s'être porté deux coups. Par la défaite de Joyeuse il se trouvait ruiné dans sa force principale, et par le succès d'Épernon il brisait les Allemands, qui eussent été contre la Ligue ses meilleurs auxiliaires.

Ceux-ci, n'espérant plus rien, indisciplinés,

sans ordre, ne se gardant même plus, offraient à Guise une belle prise. Par deux fois, il tomba sur eux, et eut deux petits avantages que la Ligue porta jusqu'au ciel. Le roi, au contraire, qui avait fait le grand coup, en décourageant les Allemands, fut partout proclamé traître, coupable, dûment convaincu de les avoir fait échapper.

La Ligue crut dès lors n'avoir plus rien à ménager avec un homme mort, qui venait par complaisance de s'exterminer. A ce roi crevé, on put sans danger donner le dernier coup de pied. Le parti, assemblé à Nancy, lui fit la demande de *s'unir mieux à la Ligue* (il venait de se perdre pour elle), de subir le concile de Trente et la domination du pape, d'accepter l'Inquisition, de donner des places aux ligueurs, de vendre les biens protestants pour entretenir en Lorraine une armée catholique, de taxer les convertis au tiers de leurs revenus, enfin *de ne faire grâce à aucun prisonnier.*

Condition atroce. On avait soin d'ajouter que, si un prisonnier, pour sauver sa vie, voulait se faire catholique, il ne le pouvait *qu'en cédant la totalité de ses biens.*

Était-ce tout? Non, on exigeait que le roi, de plus, *éloignât de lui ceux qu'on lui désigne-*

rait. Cela voulait dire Épernon, quelques seigneurs qui lui restaient encore fidèles, sa garde, les quarante-cinq de son antichambre?

C'était lui demander sa vie.

On sentait que, poussé jusque-là, il disputerait, qu'acculé dans le désespoir, il essayerait quelque chose, s'obstinerait à vouloir vivre, — et, par ce crime, mériterait sa déposition.

CHAPITRE XIV.

Le roi d'Espagne fait faire les *Barricades* de Paris. Mai 1588.

« Le duc de Guise est triste, écrivait à son maître l'envoyé de Florence; il a perdu la gaieté qui lui était habituelle. A peine âgé de trente-cinq ans, il a déjà des cheveux blancs aux tempes. Regrette-t-il d'avoir manqué son but? Forme-t-il de nouveaux projets? » (Alberi, Cath.)

Il n'est pas difficile maintenant de répondre à cette question. Guise sentait dès lors parfaitement le nœud qui le tenait au cou. *Il ne pouvait agir ni sans l'Espagnol ni par lui.* Il devait périr au lacet dont fut étranglé Dom Juan.

On l'a vu en 1583, lancé par les Jésuites,

vouloir jouer le tout pour le tout, et brusquer l'affaire d'Angleterre; un mot de Mendoça le ramena en arrière. En 1587, Philippe lui avait promis de l'argent et des troupes, l'assistance même du prince de Parme; mais le 11 août, il écrivait que, le roi de France agissant lui-même contre les Allemands, *il était inutile* d'aider le duc de Guise; celui-ci resta faible, réduit aux escarmouches, incapable de faire de grandes choses.

Philippe II avait sur les Guises l'opinion du duc d'Albe, que c'étaient des brouillons et de dangereux intrigants. Leur alliance avec Dom Juan ne dut pas modifier cette opinion. Il sut probablement l'offre de Guise aux catholiques anglais (1583) de les aider à chasser l'Espagnol quand on s'en serait servi.

L'envoyé d'Henri III, Longlée, toucha Philippe à un point bien sensible en lui disant (1587) : « Qu'une étroite liaison existait entre Guise et le prince de Parme. » Celui-ci, comme tous les Farnèse, avait eu toujours à se plaindre du roi d'Espagne. On avait vu la dureté sauvage de Charles-Quint au meurtre de Pierre Farnèse, et sa saisie sur les enfants qui, par leur mère, étaient pourtant les propres petits-fils de Charles-Quint. Cette mère, Marguerite de Parme, gouvernante des Pays-Bas, servit, avec intelligence et d'un zèle admirable, sans obtenir la moindre gratitude pour ses intérêts d'Italie. Elle en pleurait souvent. Au fils de Charles-Quint, elle fit un grand don, elle donna son fils, Alexandre, le grand tacticien, ce fort et froid génie qui, mêlant la victoire au crime, la douceur à la cruauté, reconquit pour l'Espagne tous les Pays-Bas catholiques. Il venait de mettre le sceau à cette œuvre par le siége d'Anvers, la plus grande opération du siècle, lorsque la mort de son père le fit prince de Parme. Philippe II, qui s'était longuement fait tirer l'oreille pour leur rendre Plaisance, et peut-être ne désirait pas que les Farnèses s'affermissent, refusa durement au prince d'aller voir ses Éats; il redouta l'effet qu'aurait au delà des monts l'apparition de ce vainqueur, qui avait fait ce que n'avait pu le duc d'Albe, et la réflexion qui fût venue que l'Espagnol n'était grand que par le génie et le sang italien. Donc, on le cloua en Flandre; usé déjà, malade, désirant le soleil, on lui dit que c'était assez d'aller aux eaux de Spa; on lui défendit l'Italie, on le retint au Nord, pour traîner jusqu'au bout dans la guerre des marais, des fanges et des brouillards.

Parme était mécontent, et Guise mécontent. Philippe II les tenait tous les deux comme deux chevaux généreux, deux arabes pur sang, attelés à une charrette.

Il employait le prince de Parme dans les travaux immenses de construction nécessaires pour la flotte complémentaire de bateaux plats qui devaient porter son armée en Angleterre sous la protection de l'Armada. De son grand général, il avait fait un bûcheron, un charpentier, que sais-je? Il lui fit d'abord abattre une forêt de Flandre pour les matériaux, puis ramasser dans tout le Nord d'innombrables tonneaux pour faire les ponts, puis réunir une masse incroyable de fagots ou fascines qui feraient des retranchements pour l'armée débarquée. Long et fastidieux travail, ridicule même par l'excès des précautions, jusqu'à bâtir dans les bateaux des fours à cuire le pain pour un trajet de deux jours! Ajoutez qu'une chose travaillée ainsi publiquement pendant quatre ans, et si connue de l'ennemi, était presque sûre d'avorter.

Maintenant que faisait-il de Guise? On voyait beaucoup mieux ce qu'il n'en faisait pas. Il avait agi avec lui justement comme le désirait Henri III. La superbe occasion d'une grande victoire nationale sur l'armée allemande, indisciplinée, errante, ivre, il l'avait enlevée à Guise en lui refusant le secours promis. Ce nouveau Dom Juan aurait eu là à bon marché sa victoire de Lépante. L'Espagne la lui souffle. Je ne m'étonne pas s'il blanchit.

Et pourquoi, dira-t-on, Guise, ayant les Jésuites et la Ligue, ayant le peuple, ayant le pape, n'agit-il pas sans Philippe II ?

1° *Il n'avait pas le pape.* Sixte-Quint fut toujours ennemi de la Ligue, comme de toute révolte. Il refusa l'argent, il refusa les troupes. A un ambassadeur d'Espagne qui lui disait qu'on le forcerait par une sommation générale des princes, la vieille tête de fer répondit : « Sommez-moi ; je vous coupe la tête ! »

2° *Guise n'avait pas le peuple*, comme on l'a dit. A Paris même, où le clergé paraissait maître, il n'y avait pas un tiers du peuple pour la Ligue (Cayet). Et, dans ce tiers encore, il y avait des gens qui n'étaient pour la Ligue qu'à force de peur, comme le président colonel Brisson.

Voilà les deux fortes raisons pour lesquelles Guise fut obligé d'attendre et de dépendre, n'agissant pas à son jour ni librement, mais au jour de Philippe II, pour sa commodité, et n'étant qu'un accessoire de la politique espagnole.

Les auteurs de mémoires se demandent pourquoi les *Barricades* eurent lieu le 12 mai, lorsque Guise ne se croyait pas prêt encore. Elles eurent lieu parce que Philippe II était prêt, et qu'il le voulut ainsi; son *Armada* devait sortir le 29 du port de Lisbonne; il voulait qu'Henri III annulé, la France effarée et surprise de ses propres événements, ne pussent pas regarder au dehors, laissassent tranquillement le prince de Parme quitter la Flandre dégarnie et faire la grande affaire anglaise.

De sorte que cette longue, vaste et terrible révolution de France était un épisode dans le poëme gigantesque de Philippe II, un incident utile, mais secondaire. Guise, en faisant la guerre dans la boue des rues de Paris, allait rendre possible à l'Espagne de cueillir ce laurier sublime de la grande victoire européenne. Philippe, avec son écritoire, par l'épée de Farnèse et l'intrigue de Guise, serait le vainqueur des vainqueurs.

Mortification singulière, quand on y songe, pour les ligueurs français, pour le clergé, qui, dès 1561, constitua dans la maison de Guise un capitaine héréditaire de l'Église, et qui, en même temps, appela l'Espagne, de voir qu'en réalité, au lieu de se servir de l'Espagnol, il devenait son serviteur, le valet du roi politique, qui, si barbarement, traita le clergé portugais.

Il faut avouer que, pour cette grande opération tant retardée, Philippe II avait choisi un moment admirable.

L'Angleterre, fortifiée en 87 par la mort de Marie Stuart, s'était fait en 88 la plaie la plus sensible.

Élisabeth, appelée aux Pays-Bas, y avait envoyé l'indigne favori Leicester, dont tout le mérite était une grande apparence de zèle protestant. La Hollande le reçut avec une confiance extraordinaire, lui donna plus de pouvoir que la reine n'avait demandé. Un parti se forma pour faire de cet Anglais un souverain absolu du pays. Une bonne part de la populace demandait un tyran. Les États généraux montrèrent une vigueur admirable; en gardant un profond respect pour la reine d'Angleterre, ils firent couper la tête aux traîtres qui conspiraient pour elle. Dégoûtés et découragés, les Anglais écoutaient les propositions de l'Espagne. Les États généraux soutinrent qu'il n'y avait de paix que dans la victoire, et ils mirent leur pensée de bronze dans des médailles sublimes, l'une, entre autres, avec la devise : « Le lion libre ne revient pas aux fers. »

Élisabeth, qui montra du courage une fois que la guerre commença, parut d'abord faible et femme dans cette vaine idée de l'éviter, dans cette mollesse d'écouter les hâbleries dont l'Espagnol l'amusait pour la mieux surprendre.

Son Leicester était perdu, et Henri III était perdu, quand Philippe ébranla sa flotte.

Seulement il avait fallu qu'Henri III ruiné reçût le coup suprême, fût déraciné, perdît terre, s'envolât au vent comme une feuille morte. C'est ce que fit le jour des *Barricades*.

Les deux partis étaient en face. Le roi avait failli tout récemment être pris par une femme. La duchesse de Montpensier, sœur du duc de Guise, la furie de la Ligue, avait imaginé de fourrer des bandits à la Roquette, maison de plaisance près la porte Saint-Antoine. De là, ils devaient tomber sur le roi quand il reviendrait de chez les moines de Vincennes, où il faisait une retraite, couper la gorge à ses cinq ou six domestiques, et l'enlever à Soissons, où était Guise. On aurait dit aux Parisiens que les huguenots enlevaient le roi, pour exaspérer la foule et lui faire commencer le massacre des politiques.

Il n'y a aucun animal qui, mis en demeure de périr, ne devienne très-clairvoyant. Le roi avait fini par voir que la bêtise de sa vieille mère, qui appelait Guise son bâton de vieillesse, les pantalonnades de Villequier et autres, le perdaient. Il ne crut plus que d'Épernon. Celui-ci, colonel de l'infanterie, mit les Suisses à Lagny-sur-Marne, pour menacer Paris d'en haut, et alla, comme gouverneur de Normandie, se saisir en bas de Rouen. En même temps, il voulait s'assurer d'Orléans, de façon à serrer Paris de trois côtés. Cela fait, on eût pu, sans trop grande imprudence, suivre le conseil d'Épernon, qui était d'arrêter et de faire étrangler les pensionnaires de Philippe II.

Les terreurs de ceux-ci coïncidaient avec les intérêts du maître. Philippe attendait la guerre civile de France pour faire partir son Armada. Aux premiers jours d'avril, l'Aragonais Moreo vint à Soissons trouver Guise, et lui intima l'ordre de rompre avec le roi, en l'assurant de trois cent mille écus, de six mille lansquenets et de douze cents lances; à quoi il ajoutait, ce qui eût fait bien plus, que son maître n'aurait plus d'ambassadeur d'auprès du roi, mais *auprès de l'Union*. (Papiers de Simancas, Mignet, Marie Stuart, ch. XII.)

Belles promesses. Mais les tiendrait-on ? Philippe II poussait vers l'Angleterre tout ce qu'il avait d'argent et de force. Il voulait, la Ligue voulait que Guise se jetât dans Paris. Périlleuse exigence. Guise n'avait pas assez de forces pour y venir en ennemi. Et il était difficile d'y venir en ami, lorsque déjà il faisait faire la guerre au roi en Picardie, chassait ses garnisons, se moquait de ses ordres.

Mettre Guise à Paris avant de lui donner des forces, c'était tenter le roi, et, selon toute apparence, l'obliger de le tuer. Cela n'arrêta pas les meneurs. L'ambassadeur d'Espagne était déterminé; il lui fallait l'explosion. Les Jésuites étaient déterminés; la soutane est hardie, comme les femmes qui ne risquent guère; et l'on a vu de plus, par l'affaire de Marie Stuart, combien ils étaient romanesques, mauvais appréciateurs du possible et de l'impossible, compromettants surtout et peu ménagers de la vie de leurs amis. Pour les autres meneurs, hommes d'exécution, vieux massacreurs connus, qui risquaient bien plus que les prêtres, ils se voyaient percés à jour, menacés de très-près, et ils avaient grande hâte de diminuer leur péril en y associant le duc de Guise.

C'était leur serf; ils lui signifièrent que, s'il n'arrivait pas, il ferait bien de ne jamais mettre les pieds dans Paris. Il se mit en voie d'obéir, fit venir de Picardie le duc d'Aumale, appela le ban et l'arrière-ban des siens, fit filer dans la ville un monde de seigneurs, de gentilshommes et de soldats, comme avant la Saint-Barthélemy. « Tout se perdait comme dans une forêt épaisse ou une grande mer. » On a vu déjà en 1572 comment cela *se perdait*. L'immensité des couvents, des colléges, des vastes cloîtres de chanoines à Notre-Dame, Saint-Germain-l'Auxerrois, pouvait cacher toute une armée.

Cependant on chauffait Paris à blanc par le grand moyen qui ne manque jamais, la peur de la famine. Des mines allongées, des visages pâles, erraient. Des gens prudents se parlaient à l'oreille. On disait : « Que deviendrons-nous ? »

Le roi, seul à Paris, n'ayant pas d'Épernon, était fort inquiet. Il envoya Bellièvre à Soissons pour tâcher d'y retenir Guise, le priant assez bassement de ne pas venir, de ne pas augmenter le trouble. Guise paya cet ambassadeur de quelques paroles hypocrites, et s'en débarrassa. Puis, l'ayant fait partir, lui-même monta à cheval, lui laissa la grande route, et, par des chemins de traverse, arriva à Paris en même temps que lui. Le lundi 9 mai, il entra à midi.

Presque seul, ayant à peine cinq ou six cavaliers, il entra dans la foule de la rue Saint-Denis, le nez dans son manteau, sous un grand chapeau rabattu. Là, un jeune homme à lui, comme par espièglerie, enleva le chapeau et tira le manteau : « Monseigneur, faites-vous connaître. »

Un cri s'élève : « C'est le duc de Guise! » Les Parisiens, qui se croyaient déjà affamés, n'auraient pas vu toute une armée pour eux et un grand convoi de farines avec tant de satisfaction. Les vivat éclatèrent. Une dame, au pas d'une boutique, baissa son masque (les élégantes suivaient cette mode italienne), et, d'un riant visage, lui dit : « Bon prince! te voilà!... Nous sommes sauvés! »

A ce mot, on s'élance, on baise ses bottes. Les fleurs pleuvaient. Il y eut des simples qui frottaient leurs chapelets contre lui pour les sanctifier. Il est entouré, étouffé presque, peut à peine passer. Il souriait, mais avait hâte de profiter de la surprise qu'allait causer son arrivée. Il parvint, non sans peine, à l'Hôtel de Soissons (Halle-au-Blé), chez la reine mère. Elle qui négociait, qui croyait l'empêcher de venir, elle le voit tout venu, pâlit, bégaye. Lui, modeste, il assure qu'il ne vient que pour se justifier.

Il espérait en elle. Il avait besoin d'elle pour qu'elle donnât à son fils des conseils de lâcheté. La vieille femme va prendre sa chaise et le conduire au Louvre. En avant, elle envoie Davila, son jeune chevalier, dire au roi que Guise est venu.

Le roi fut si surpris, qu'il chancela, s'appuya du coude sur une petite table, soutenant sa tête avec la main dont il se couvrit le visage. Le colonel corse Ornano et un abbé Del Bene, qui étaient là, dirent qu'il fallait le poignarder. L'abbé, avec douceur, citait le mot biblique : « Je frapperai le pasteur; les brebis seront dispersées. »

C'était un conseil très-hardi; cependant on croyait que le roi le suivrait et ne se laisserait pas braver dans son Louvre. Crillon, mestre de camp des gardes, voyant le duc entrer, enfonça son chapeau et ne le salua pas, comme un homme qu'on allait tuer. Sixte-Quint aussi, quand on lui conta la chose, était surpris qu'il fût sorti vivant.

Il n'y avait pas grande force au Louvre. Mais sans nul doute, c'eût été un coup de terreur épouvantable qui d'abord eût paralysé. Beaucoup de gens auraient fui de Paris. Le roi avait des hommes d'exécution, Biron, Crillon et Ornano. Il tenait, outre le Louvre, la Bastille et l'Arsenal, où était l'artillerie. Selon toute apparence, il eût eu vingt-quatre heures pour lui.

Mais lui-même avait peur. Et il avait près de lui des gens comme Villequier qui avaient encore plus peur, calculant que, si on prenait le Louvre et le roi, eux, ils payeraient l'affaire; la foule les eût mis en morceaux. Ils prêchaient fort pour la douceur, lorsque le duc entra avec la reine mère. Il était défait, pâle, ayant, aux antichambres, aux escaliers, passé entre des épées nues, et perdu là toutes ses politesses sans qu'on lui répondît.

Le roi, de son côté, était très-altéré, et son visage montrait une résolution violente. Il lui dit sèchement : « Pourquoi êtes-vous venu? » Puis à Bellièvre : « N'étiez-vous pas chargé de dire?... » Et, Bellièvre voulant s'expliquer, le roi lui dit : « Assez. » Et il tourna le dos au duc de Guise. Selon un manuscrit, celui-ci s'assit sur un coffre, non pas par insolence, mais sans doute par émotion.

Cependant les femmes, la reine mère, la duchesse d'Uzès, prenaient le roi à part, lui disaient cette terrible effervescence du peuple, et lui montraient la foule qui avait pénétré dans la cour du Louvre. Bref, on le détrempait.

Guise sentit finement, vivement, ce moment de fluctuation, et prit congé. En sortant, il se demandait si vraiment il vivait encore, et se blâmait de s'être livré à ce hasard. Mais il était sauvé. Il fit venir les meneurs de la Ligue et tous ses gens; il s'arma, s'assura dans son hôtel, quoiqu'il n'en eût plus guère besoin, ayant doublé de force par le succès de sa témérité.

Pendant ce temps-là, le roi avait fait venir Poulain; celui-ci lui disait que la Ligue se réunissait le soir dans telle maison, qu'on pouvait encore rafler tout. Trop tard, beaucoup trop tard. Ce qu'on pouvait au Louvre le matin, on ne le pouvait pas le soir, et hors du Louvre. Le roi n'avait plus rien à faire.

Le 10, Guise était maître. Avec quatre cents gentilshommes cuirassés sous l'habit, les pistolets dans le manteau, il alla faire sa cour au roi, qui dut le bien recevoir. Le bon duc alla ensuite rendre ses respects à la reine régnante, et accompagner le roi à la messe, enfin retourna à son hôtel à travers la foule enthousiaste.

Il dîna. Après son dîner, il alla chez la reine mère, où le roi se rendit. Maintenant c'était au roi à se justifier. Il le fit comme il put, se plaignant seulement des *étrangers* qui étaient cachés en ville et désirant qu'on les chassât. Guise s'offrit pour y aider. Ce fut une farce; on se moqua des envoyés du roi.

Cela le mit dans une colère d'enfant. « Je dompterai Paris, » dit-il. Il envoie ordre aux Suisses de venir de Lagny. On le sut presque avant qu'il l'eût dit, et tout le soir, toute la nuit, on sema le bruit que le roi ferait le lendemain l'exécution des meilleurs catholiques et mettrait la ville au pillage.

Le matin, les Suisses entrent vers quatre heures avec leurs fifres et quelques gardes françaises, mèche allumée. Démonstration ridicule. Guise ayant déjà tant de forces, son frère Aumale à une lieue, toutes ses bandes dans la ville, un tiers de la ville pour lui! le tiers armé, le tiers actif.

Le roi comptait sur les deux autres tiers, et il avait cru faire un grand coup de politique en faisant capitaines, colonels de la garde bourgeoise, des hommes du parlement. Le colonel président de Thou, mis dès le soir avec ses gens au poste des Innocents, ne put même les y tenir; ils s'en allèrent, disant que Paris allait être pillé, et qu'ils voulaient défendre leurs femmes et leurs enfants. Le colonel président Brisson, qui était le plus doux des hommes, fut si bien pris par les ligueurs, que, de gré ou de force, il se mit avec eux.

Dès cinq heures du matin, l'un des Seize (chefs des seize quartiers de Paris), le procureur Crucé, fait sortir de chez lui trois garçons en chemise qui crient aux armes dans le quartier Saint-Jacques.

« Qu'y a-t-il? » dit chacun. « C'est le fils de Coligny qui est au faubourg Saint-Germain, avec ses huguenots. »

A neuf heures du matin, tout le quartier ecclésiastique des colléges et séminaires, l'évêché, la cité, étaient déjà barricadés. On prit le petit Châtelet. On s'empara des ponts. Tout cela exécuté par Crucé et la noire populace en robe qu'on appelait les écoliers. Le tocsin fut d'abord sonné au cloître Saint-Benoît, sur la pente de la rue Saint-Jacques. La place d'armes était Saint-Séverin, au bas de la rue.

Une dépêche espagnole (Ranke, V, 6) nous apprend que tout ceci se fit *contre l'avis de Guise*. Il eût voulu seulement intimider le roi, et il dit dans la nuit qu'il était sûr dès lors d'en obtenir les États généraux (où on l'aurait fait connétable). Il n'en voulait pas davantage pour le moment.

C'était un vilain jeu dans sa pensée, très-périlleux, de se barricader contre son roi et de lui livrer dans sa capitale une bataille en règle. On a vu par le premier Guise la prudence excessive de ces Lorrains; François voulait un ordre écrit pour la bataille de Dreux.

Guise ne négligea rien pour faire croire qu'il n'était pour rien dans l'affaire, qu'il s'en lavait les mains. « Je dormais, dit-il dans une lettre, quand tout commença. » Et, en effet, il se montra le matin à ses fenêtres en blanc habit d'été, dans le négligé d'un bonhomme qui à peine s'éveille et demande : « Eh! que fait-on donc? »

Il avait placé dans chaque quartier des gentilshommes pour enhardir le peuple. Mais il prétendait que cette hardiesse s'arrêtât aux menaces.

Ce qui est curieux, c'est que la pensée du roi était exactement la même. Il avait expressément recommandé deux choses : 1° de ne rien prendre et de payer les vivres dont on aurait besoin; 2° de ne pas tirer.

Tout fut très-lent sur la rive droite, où était l'hôtel de Guise. Les barricades, terminées à neuf heures dans le pays latin, ne se firent qu'à midi de l'autre côté.

Dans le quartier de l'Université, Crucé (et les meneurs du parti espagnol) trouvèrent un vigoureux appui dans le jeune comte de Brissac, qui était au duc de Guise, mais qui ne tint compte de ses réserves. Brissac haïssait le roi, qui s'était moqué de lui, et voulait se venger.

La place Maubert, entre l'Université et la Cité, était un point fort important pour séparer les deux Paris, les deux émeutes. Crillon l'occupe; il y trouve Brissac. En vain il demande au Louvre la permission de charger; le roi persévère dans ses défenses. Ce brave resta là sans agir, et misérablement livré.

Brissac ne demanda pas permission à l'hôtel de Guise. Il fit ses barricades. Il s'empara de la

Cité, du Petit-Châtelet et des entours du Marché-Neuf, où étaient des compagnies suisses. Là et partout commodément placé et maître des fenêtres, d'en haut, il fit tirer sur eux. Il en fut de même plus tard sur l'autre rive, au cimetière des Innocents. Ces Allemands qui étaient là sans vivres, tout exposés aux coups, et qui recevaient sans rendre, finirent par se mettre à genoux, leur rosaire à la main, criant en leur patois : « Bons catholiques! bons catholiques! »

Les Parisiens en tuèrent passablement. Ce qui les rendait furieux, c'était un mot qu'avaient répandu les ligueurs, en l'attribuant ici à Biron, là à Crillon, et ailleurs aux officiers suisses : « Messieurs les Parisiens, mettez des draps au lit; nous coucherons ce soir avec vos dames. »

Ainsi le sang coula et la guerre fut lancée. Dès lors l'Armada put sortir. Très-probablement, le jour même (12 mai), avant le soir, Mendoça dut écrire à Madrid; puis, de Madrid partit l'ordre d'embarquement. Opération immense qui pourtant fut faite le 28; le lendemain eut lieu le départ. Seize jours avaient suffi pour tout.

Guise aussi était embarqué sur l'inconnu, et plus qu'il ne voulait. Les États généraux qu'il allait assembler pour en tirer cette charge de haute confiance, comment jugeraient-ils un acte si sauvage de flagrante rébellion?

Les troupes se trouvaient prisonnières entre les barricades, et on ne pouvait les retirer. Le roi envoya prier Guise de sauver ces pauvres soldats, d'épargner le sang catholique.

Chose odieuse, bien nouvelle alors, que le roi dût à son sujet la protection des siens et demandât grâce! Cela aurait pu faire un revirement, au moins de pitié. Le Louvre, désert le matin (de Thou), l'était moins vers le soir; cinq cents gentilshommes (Davila) s'y réunirent pour le défendre. Parmi eux, un Montmorency (l'Estoile).

Brissac, au nom de Guise, alla offrir une sauvegarde à l'ambassadeur d'Angleterre, qui le reçut fort mal. Et, comme le jeune homme hypocritement s'inquiétait pour lui, lui conseillait de fermer son hôtel, demandait s'il avait des armes, l'Anglais dit sèchement : « Mon arme, c'est la foi publique; mes portes resteront ouvertes. Je ne suis pas envoyé à Paris, mais bien en France. Je serai où sera le roi. »

Du reste, Guise avait de bonne heure et de lui-même travaillé à apaiser tout. Ces furieux bourgeois, devenus tout à coup des lions, il les arrêta, leur tira des mains les Suisses et les gardes françaises. Sans armes, une canne à la main, il parcourait les rues, recommandant la simple défensive; les barricades s'abaissaient devant lui. Il renvoya les gardes au Louvre; il rendit les armes aux Suisses. Tous l'admiraient, le bénissaient. Jamais sa bonne mine, sa belle taille, sa figure aimable, souriante dans ses cheveux blonds, n'avaient autant charmé le peuple. Le 9 mai, c'était un héros; le 12 au soir, ce fut un dieu.

Ce dieu, comme la situation le voulait, avait deux visages; il était prince, il était peuple; il saluait gracieusement les gentilshommes, avec nuance et distinction, et ne refusait pas aux mains sales les grosses poignées de main. Sa figure était d'un Janus, tout autre sur chaque joue. Sa balafre, voisine de l'œil, le rendait fort sujet aux larmes, de sorte qu'il offrait deux aspects, souriant d'un œil, et pleurant de l'autre.

Le prince de Parme, sombre Italien, qui ne connaissait pas la France, jugea sévèrement la conduite de Guise : « Il aurait dû, dit-il, ou ne pas commencer, ou aller jusqu'au bout. Qui tire l'épée contre son roi doit jeter le fourreau. » La vraie pensée des Espagnols, c'est que la guerre civile n'était pas assez engagée.

Leurs agents, et surtout les moines, poussaient aux dernières violences; ils voulaient qu'on forçât le Louvre. Et, si le roi avait péri dans la bagarre, ils n'en auraient pas fait grand deuil, étant sûrs désormais d'avoir une bonne guerre civile, irrévocable, qui donnerait le champ libre à Philippe II.

L'intérêt de Guise était autre. Il eût été déshonoré. La chose eût été sur son dos. Le roi, tellement fini dans l'opinion, pouvait faire pitié, il est vrai, mais non reprendre force. Lui, grandi et si haut dans l'estime du peuple, après une telle journée, il croyait avoir peu à craindre. Par le Roi ou par les États, il ne pouvait manquer d'avoir cette épée de connétable ou de lieutenant du royaume, à laquelle sa douceur magnanime lui avait donné nouveau droit. Même hors Paris, il crut tenir le roi, puisqu'il tenait la France. Mais le roi pris, le roi tué, Guise baissait; l'opinion tournait; accusé, affaibli, il était trop heureux alors de se livrer sans réserve à l'Espagne; la mort du roi le constituait valet de Philippe II.

La reine mère, allant de l'un à l'autre, et conseillant toujours, donnait au duc, au roi, deux étranges conseils, bien propres à la faire suspecter. Elle voulait que le roi allât se montrer aux barricades, apparût aux Ligueurs dans sa haute majesté. Un sûr moyen de se faire prendre. Et, quant au duc, elle l'engageait à se mettre dans le Louvre avec le roi, et à le garder; elle lui promettait tout de la reconnaissance royale, spécialement la lieutenance générale. « Mais, madame, disait-il, voulez-vous que j'aille me jeter tout seul et en pourpoint parmi mes ennemis?... J'en suis bien marri. Mais que puis-je? un peuple furieux, c'est comme un taureau échauffé qu'on ne peut retenir... »

Il n'ajoutait pas une chose, c'est que, tout brave qu'il était, il n'aurait jamais osé barrer le chemin à ses maîtres, je veux dire à la tourbe des moines et agents espagnols.

Je ne crois pas qu'un homme si avisé, si informé, ait ignoré que le roi avait toujours une porte libre pour s'en aller. Si Guise les faisait garder toutes, *moins une* (celle des Tuileries), c'est que probablement, n'osant défendre le roi et cependant craignant pour lui, il voulut que son mannequin royal gardât la clef des champs.

La dernière violence n'était nullement invraisemblable. La duchesse de Montpensier, Brissac et autres, marchaient d'accord avec les furieux fanatiques et les agents de l'étranger. Le 13, vendredi, à deux heures, on se remit à sonner le tocsin. Les bas meneurs, l'avocat la Rivière, le tailleur la Ruc, le cabaretier Perrichon, commençaient à crier : « Les barricades au Louvre!... Allons prendre ce b..... de roi! » Un bataillon sacré se formait au pays latin de la fine fleur espagnole, huit cents séminaristes avec quatre cents moines de toute robe et de tout couvent, et pour capitaines les prédicateurs. Leur mot de ralliement était : « Allons chercher *le frère* Henri! »

Ils n'auraient peut-être pas fait un grand exploit au Louvre. Mais ils auraient mis le duc de Guise dans un terrible embarras; il n'eût osé ni agir avec eux, ni agir contre eux, ni même rester neutre à ne rien faire.

La reine mère, vers les six heures du soir, était chez lui, lorsque Menneville, le plus intime confident de Guise, lui dit tout bas : « Le roi est parti. » Guise fut étonné ou feignit l'étonnement. Mais il ne remua point, il ne se mit pas à sa poursuite. Toute la cavalerie dépendait de lui. Les Parisiens, moines et écoliers, ne se seraient pas risqués en plaine contre les Suisses et les gardes que Guise avait rendus et que le roi emmena avec lui.

Il s'était décidé vers cinq heures à partir, et encore parce qu'on lui dit que Guise pourrait bien aussi l'assaillir avec les autres. Du Louvre, à pied, la baguette à la main, il alla aux Tuileries, où étaient les écuries, et monta à cheval.

Les princes, seigneurs et conseillers, Montpensier, Longueville, Saint-Paul, le grand prieur, un cardinal, Biron, Aumont, Cheverny, Villeroy, Bellièvre, y montèrent avec lui. Les hommes de robe longue, comme Cheverny, montèrent comme ils étaient, sans bottes, assez embarrassés de cette subite résolution. Il n'est pas vrai qu'on se soit enfui à toute bride puisque, devant, marchaient les gardes et les Suisses à pied.

Le roi laissa le secrétaire Pinard pour expliquer poliment au duc de Guise pourquoi il se décidait à partir.

En s'en allant, dit-on, il jeta feu et flamme contre cette ville, qu'il avait toujours habitée, et enrichie par son séjour, négligeant Blois et Fontainebleau que les autres rois préféraient, et qui traitait si mal son prince débonnaire, trop fidèle bourgeois de Paris.

CHAPITRE XIV.

L'Armada. Juin, juillet, août 1588.

La France troublée, livrée, vendue, la Hollande en défiance très-grande de l'Angleterre, l'Allemagne paralysée par l'Empereur, la décomposition du monde protestant, tels furent les vents favorables qui, le 29 mai, enflèrent les voiles de l'*Armada*.

Elle surprit Élisabeth. Retardée par la tempête, elle rentra à la Corogne, n'en sortit que le 21 juillet, et ne fut que le 29 en vue de Plymouth. Deux mois s'étaient passés, et elle était encore à temps de tenter l'invasion, la flotte anglaise étant faible, et les milices, fort peu aguerries de l'Angleterre, se rassemblant lentement.

L'Angleterre fut sauvée par trois choses, l'héroïsme de sa marine, le découragement du parti catholique après la mort de Marie Stuart, et spécialement la puissante assistance de la Hollande, qui bloqua le prince de Parme et le cloua au rivage de Flandre.

Si ces choses ne s'étaient pas rencontrées, les vaillants marins anglais, et leurs petits vaisseaux, n'auraient pas été assez forts pour faire face aux deux dangers. Pendant qu'ils luttaient avec l'*Armada*, le prince de Parme aurait eu le temps de passer d'un autre côté, avec ses trente mille hommes, les premiers soldats du monde. Dès lors, tout était fini.

La Hollande ne le permit pas.

Ceux qui préconisent la force du gourvernement monarchique auront fort à faire ici. Il semble qu'après sa résolution violente contre Marie Stuart, la reine d'Angleterre ait faibli; on put croire que l'abeille avait perdu son aiguillon.

Évidemment elle flotta pendant une année, ne sut pas ce qu'elle voulait. Elle découragea ses amis, enhardit ses ennemis.

Les États généraux, au contraire, après avoir déjoué le complot de Leicester, réprimé leur populace, qui voulait un maître étranger, sans rancune, sans aigreur, essayèrent d'éclairer la reine d'Angleterre. Ils lui dirent qu'elle risquait de se perdre, elle, l'Angleterre et la Hollande, en écoutant les Espagnols; ils lui dirent que le seul mot de paix allait produire une énervation déplorable, un fatal resserrement des cœurs et des bourses. Ils lui montrèrent l'*Armada* toute prête dans les ports espagnols, qui allait les surprendre affaiblis, engourdis. Eux qui, depuis vingt années, soutenaient de leur propre sang et de leur fortune la querelle de l'Europe, ils supplièrent l'Angleterre, qui n'avait rien fait encore, de ne pas se tenir déjà pour trop fatiguée. La guerre l'avait engraissée; Londres avait bu la substance d'Anvers et des Pays-Bas; elle avait en elle une Flandre. Toutes les peurs, toutes les ruines, le sauvetage des richesses et les industries fugitives, avaient fait la large base de cette pyramide d'or qui depuis a monté toujours, et d'où l'opulence britannique voit sous elle toute la terre. C'était la Hollande, épuisée d'une guerre terrible, qui priait cette grasse Angleterre de ne pas dire : « Je suis trop pauvre pour combattre et me défendre. »

Élisabeth, en vieillissant, devenait plus qu'économe. Elle trouvait lourde la charge d'aider cette Hollande qui pourtant depuis tant d'années lui évitait et le péril et les frais d'une guerre directe. Pardonnerait-elle aux États d'avoir déjoué Leicester et repris le gouvernement? Elle rappela celui-ci, mais lui montra six mois après la plus haute faveur en lui confiant sa défense, sa personne, l'unique armée qui couvrît sa capitale.

Le fameux amiral Drake, dont nous parlerons tout à l'heure, ayant fait une pointe hardie dans le port même de Cadix, Élisabeth parut épouvantée de son audace. Elle dit qu'elle le punirait, et discuta avec le prince de Parme ce qu'elle pouvait faire de réparation.

Cependant, voyant l'*Armada* prête à mettre en mer, elle leva des matelots. Puis, sur de nouveaux pourparlers, elle désarmait encore. Heureusement son grand amiral lui désobéit, autant qu'il le put.

Le 29 mai 88, l'*Armada* sortait de Lisbonne, et rien ne se faisait encore en Angleterre. Mais cent vaisseaux de Hollande bloquaient les côtes de Flandre, depuis l'embouchure de l'Escaut jusqu'à Gravelines et Calais. Farnèse, avec sa forte armée et ses bateaux innombrables, se morfondait sous la garde du lion de Hollande, qui le tenait là frémissant.

Si la volonté, l'effort, l'extrême persévérance, la pesante attention portée sur les détails, si tout cela suffisait pour rendre digne de la victoire, certes, Philippe II en eût été digne.

Depuis quatre ans, malgré l'âge et la santé déclinante, des embarras de toute espèce, une grande pénurie d'argent, il était pourtant parvenu à organiser cette épouvantable machine.

Il y avait cent cinquante vaisseaux, huit mille marins, vingt mille soldats; on ne pouvait compter la noblesse et les volontaires. Il y avait deux mille canons, plus d'un million de boulets, cinq cent mille livres de poudre, sept mille mousquets, dix mille haches et hallebardes, un nombre énorme de chevaux, charrettes, instruments de toute sorte, pour remuer, porter la terre et faire des retranchements. Les munitions abondaient et les vivres surabondaient (jusqu'à quinze mille pièces de vin), de quoi manger pour six mois! Tout cela pour un trajet de quinze jours et pour entrer au pays le plus plantureux du monde!

J'ai dit les préparatifs que Parme faisait de son côté. Dans l'Escaut, cent bateaux de vivres et soixante-dix bateaux plats, portant chacun trente chevaux. A Newport, deux cents plus petits pour porter les hommes. A Dunkerque, une vingtaine de vaisseaux hanséatiques, avec poutres, pointes et crampons pour être agencés ensemble. A Gravelines, vingt mille tonneaux, avec clous, cordes, à faire des ponts. Des montagnes de fascines.

Les Hollandais gardant la côte, il improvisa un canal superbe pour mener ses vaisseaux en pleine terre, d'Anvers à Gand et à Bruges, rejoindre le canal d'Ypres et sortir dans l'Océan sous l'abri de l'*Armada*.

Parme avait au camp de Newport soixante compagnies espagnoles, dix wallones et trente italiennes, la fleur militaire de l'Europe. Ajoutez cent neuf compagnies de toute nation, dans lesquelles sept d'Anglais, pour donner la main à l'Angleterre catholique.

Si grande, si admirable dans ce camp d'élite, la monarchie espagnole n'était pas moins merveilleuse dans les marins de l'*Armada*. Les Portugais de Gama, les Andalous de Colomb, qui, sous lui, trouvèrent l'Amérique, les aventureux pêcheurs de baleine, les intrépides Biscayens, environnaient le pavillon dominateur de la Castille, et l'Italie elle-même, par une grande flotte de Naples, de Venise et de Toscane, apportait à l'*Armada* l'augure heureux de Lépante.

Telle avançait sur mer, immense, majestueuse, altière, cette masse à laquelle rien d'humain semblait ne pouvoir résister.

Mais ce qu'on n'en voyait pas était plus terrible peut-être que ce qui frappait les yeux. On ne voyait pas la France, la conjuration de la Ligue, qui, de nos rivages, saluait la flotte au passage; enfin la défection des meilleurs serviteurs du roi qui, devant une telle force, perdaient courage et cessaient de lutter.

C'était certainement une des forces de l'*Armada* de savoir les *Barricades* et la chute de la monarchie; de savoir, en suivant nos côtes, que, là, tout la favorisait, qu'aucun port n'eût osé se fermer à elle. Ceux de Bretagne, sous un cousin des Guises, lui était ouverts; le Havre de Grâce dans les mains d'un ligueur déterminé; Calais tellement pour les Espagnols, que le gouverneur tira le canon pour sauver un de leurs vaisseaux.

Mais tous ces ports étaient étroits, peu profonds, et ne pouvaient recevoir de tels vaisseaux de guerre. Le roi d'Espagne tenait infiniment à Boulogne, belle rade, où une partie de sa flotte, au besoin, eût pu s'abriter.

De là, l'effort persévérant des Guises pour s'emparer de Boulogne en 1587 et 1588. La place était au duc d'Épernon, qui, par des hommes sûrs, la défendit avec acharnement et contre les Guises et contre la faiblesse de son maître qui la leur aurait livrée. Il n'y a pas de fait plus honteux dans toute l'histoire de France. La première fois que les Guises manquèrent de s'en emparer, ils amenèrent, on l'a vu, ils promenèrent en triomphe le traître qui avait voulu leur livrer la ville.

Je crois que c'était l'une des principales raisons pour lesquelles Philippe II avait pressé les *Barricades*. Il voulait que nos ports, et surtout Boulogne, se trouvassent ouverts à sa flotte. Le lendemain de l'événement, le 15 ou 16 mai, Aumale, avec la petite armée qu'il avait devant Paris, alla tout droit à Boulogne. On supposait que l'*Armada* allait passer. Une tempête la retarda. Elle ne passa que le 28 juillet entre Boulogne et Plymouth. La noblesse, qui suivait Aumale à ce siége honteux, obéissait à regret, sentant qu'elle se salissait à jamais par une telle trahison. L'affaire traîna. Trois cents hommes de renfort furent mis dans la place. Le vent emportait l'*Armada* au Nord. Si Boulogne avait faibli, un seul vaisseau détaché en eût pris possession; l'Espagne s'y serait établie, affermie, et peut-être cette épine fût restée deux siècles au cœur de la France, comme jadis celle de Calais.

Ce fait de Boulogne et un autre que nous dirons furent les causes réelles pour lesquelles le bon sens national se souleva plus tard, redoutable dans son silence. L'audace et l'effronterie des Guises à se dévoiler ainsi comme agents de l'étranger sans pudeur, sans ménagement, finirent par entrer au cœur des Français; ils virent qu'ils étaient non-seulement trahis, livrés, mais méprisés.

Tant catholique qu'on fût, on devait être épouvanté au passage de l'*Armada*. Toute violence, toute tyrannie, y étaient. Et la flotte même se composait de victimes. Ces Portugais, condamnés à servir leur impitoyable bourreau, suivaient, en le maudissant, le pavillon de Castille. Douze bâtiments de Venise, saisis contre le droit des gens par leur ami et allié Philippe II, avaient été contraints de se joindre à la grande flotte, de partager ses périls et ses défaites.

Le pape même, qui, à sa manière, combattait aussi pour l'Espagne par sa bulle contre Élisabeth, était-il libre en cette guerre et agissait-il de cœur? Italien et prince, tout autant que pape, s'il désirait la défaite du protestantisme, il redoutait la victoire du tyran de l'Italie. Sixte-Quint, loin de désirer la grandeur de Philippe II, eût souhaité que la France soutînt contre lui les Pays-Bas. Les humbles manifestations de Philippe, qui prétendait faire la guerre pour le saint-siége et d'avance s'en disait vassal, ne pouvait tromper le pape. Déjà étouffé par l'Espagne, il savait bien que, si elle venait à écraser l'Angleterre, tout était perdu en Europe. Misérable principicule du désert de Rome, dans quel néant tomberait-il? et comment échapperait-il à l'universelle asphyxie?

L'Inquisition espagnole, cette arme terrible, pour qui fonctionnait-elle? Instrument de confiscation, détournée à tous les usages de la police civile, appliquée même à la douane, elle donnait une force étrange, au besoin, cruelle pour le clergé même. Si Philippe II ne l'eût eue, aurait-il osé verser par torrents le sang du clergé portugais, sauf à extorquer du pape son absolution?

Il fallait la furie folle des Jésuites, le génie bizarre, brouillon, demi-visionnaire, qu'ils tenaient de Loyola, pour pousser dans une aventure qui eût mis Rome sous le pied du roi. Ils étaient montés sur la flotte avec force moines, les Capuccini d'Italie et les Dominicains espagnols de l'Inquisition. Le vicaire général du Saint-Office y était en personne. Et, d'autre part, sur la côte de Flandre, le célèbre docteur Allen, le chef de l'école du meurtre, que Philippe II venait de faire faire cardinal légat d'Angleterre, attendait avec les soldats pour passer et *travailler* avec eux *à la religion.*

Les Anglais ont assuré avoir trouvé sur les vaisseaux espagnols des instruments de torture, chevalets, grils, estrapades. Pourquoi pas? On n'eût pas épargné à l'Angleterre vaincue ce qu'on faisait à Paris même. Ce fut le premier fruit de la journée des *Barricades*. En mai et juin, il y eut des faits exécrables qu'on ne voyait plus depuis longtemps. Un maître d'école catholique, allant à la messe et communiant, fut jeté à l'eau, comme suspect d'être huguenot. Deux demoiselles Foucaud, qui l'étaient et se maintinrent telles avec un courage intrépide, furent condamnées à être étranglées, puis brûlées. On les mena bâillonnées au supplice. Mais ce n'était pas assez. On eut soin de couper les cordes pour qu'elles tombassent vivantes dans le brasier et fussent réellement brûlées vives.

Voilà ce que les Anglais avaient à attendre, ce qui devait les rendre invincibles. Certes, c'était une bonne pensée de Philippe II d'avoir mis cette armée de moines sur le pont de ses vaisseaux, ces jésuites, ces inquisiteurs. Exhibition politique, infiniment propre à séduire l'Angleterre et lui donner l'empressement de recevoir un tel joug!

Il y avait aussi une chose sur cette flotte qui devait lui porter malheur : c'est que ceux qui la montaient étaient des ennemis de l'Espagne, qu'elle traînait, ou des peuples amortis par elle, tombés au-dessous d'eux-mêmes. Ces nations qui, séparément, avaient fait tant de grandes choses, ces individus qui, pris à part, étaient encore héroïques, mis ensemble se trouvaient faibles.

La grande puissance nouvelle, la pesante, l'inintelligente royauté des commis, le terrible bureaucrate de l'Escurial, cul-de-jatte qui gouvernait la guerre, c'était comme une masse de plomb qui pendait à l'*Armada* et l'empêchait de marcher, qui d'avance rompait les reins, cassait les ailes à la victoire.

Un homme qui vivait immuable dans ce palais de granit, dans un cabinet de dix pieds carrés, n'avait aucune notion du lieu ni du temps. A quinze années de distance, dans une guerre sur l'Océan, il copia servilement ce qui avait réussi à Lépante en 1571 sur la Méditerranée. Et il ne sut pas mieux faire la différence des hommes, croyant encore avoir affaire à la pesanteur des Turcs, ne tenant compte de l'audace des Anglais et Hollandais, dont les rapides corsaires, avant qu'il eût le temps de remuer, lui enlevaient ses galions jusque dans la mer Pacifique. A Lépante, les hauts vaisseaux, les châteaux flottants de Castille, avaient canonné à leur aise des Turcs qui ne bougeaient pas. Philippe refit ses gros vaisseaux, gigantesques galions, lourdes et massives galéaces, supposant que l'Anglais aurait la bonté de se tenir immobile et d'attendre en repos les coups. Seulement il ne trouva pas ces masses suffisamment lourdes; il y fit ajouter de bonnes poutres, de bons madriers, d'un énorme poids.

Une partie de ces vaisseaux paralytiques étaient remués à bras d'hommes, par des quantités de forçats, comme dans la Méditerranée; action nulle dans la lame forte et longue de l'Océan. Et dangereuse de plus. En pleine mer, un forçat anglais délivra ses camarades, Turcs, Français, etc. Sur trois vaisseaux portugais s'étendit la révolte, la tuerie. Hideux spectacle de voir ces Portugais ennemis de l'Espagne, contraints par elle et vrais forçats, égorgés par les forçats qu'ils faisaient ramer pour l'Espagne!

Cette exécrable Babel de toutes les tyrannies du monde, contenue pourtant encore dans une apparente unité, était montée par un pilote qui devait la faire enfoncer, le génie de l'Escurial, du Jesù, de l'Inquisition, — autrement dit, la mort des peuples et de la pensée humaine.

Il semble que, du premier coup, la mer en ait eu horreur. Dès la sortie de Lisbonne, dans les meilleurs jours de l'année (29 mai), le vent devient furieux, il lui brise quelques vaisseaux, surtout lui fait perdre du temps. Elle se refait à la Corogne, mais elle n'entre en Manche que le 28 juillet.

Il y avait une fatalité visible sur cette flotte espagnole, préparée depuis si longtemps. Un célèbre marin de Lépante est nommé pour la commander; il devient malade, il meurt. Puis c'est le vieux et illustre Santa-Crux. Philippe II le trouve trop lent, lui adresse un mot amer; il en meurt. Philippe est réduit à prendre pour amiral un haut seigneur, homme de cour, Medina Sidonia, qui n'avait guère de mérite que sa grande docilité. Celui-là, Philippe était sûr qu'il le dirigerait toujours, le tiendrait en laisse. Et, en effet, le pauvre homme obéit, mais ne fit rien.

L'*Armada*, arrivée devant l'île de Wight, jeta l'ancre. Elle croyait vraisemblablement avoir nouvelle du parti catholique. Mais les catholiques anglais avaient perdu, avec Marie, leur centre et leur unité. Ils avaient été rudement éloignés des côtes, mis dans l'intérieur. Ils croyaient sentir au cou la hache de la reine d'Écosse et craignaient une revanche de la Saint-Barthélemy. L'*Armada* n'avait rien à attendre. L'Angleterre lui apparut, gardée et fermée, silencieuse sous ses blanches dunes, et ne donnant pas un signe.

Cependant elle était en danger réel. Quand les Espagnols passèrent en vue de Plymouth, des cent vaisseaux de la reine cinquante seulement étaient prêts. Drake fit la sublime imprudence de sortir, voulant que le pavillon anglais se montrât toujours, fort ou faible. Grande tentation pour les Espagnols. Un de leurs vice-amiraux, Martin Recalde, un de ces vieux marins de Biscaye, des hardis pêcheurs de baleine, brûlaient de combattre, de passer par-dessus Drake et de harponner Plymouth.

Il aurait bien pu réussir, débarquer et marcher sur Londres. La flotte avait vingt mille soldats, que les paysans de milice qu'on exerçait à Tilbury n'auraient pas arrêtés une heure. Pendant ce temps, l'*Armada* eût écarté les Hollandais, amené les bateaux de Farnèse et réuni les deux armées.

Mais Philippe II était sur l'*Armada*, pour le salut de l'Angleterre, je veux dire son froid génie, sa lenteur, sa timidité. A cet ardent Biscayen, Medina Sidonia opposa un petit papier, ordre suprême du maître.

Défense expresse de rien faire avant d'avoir été chercher le prince de Parme.

Ce ne fut que le 30 juillet que l'amiral anglais put sortir de Plymouth avec cent petites embarcations qu'on appellerait aujourd'hui des bateaux. Le lendemain, il aperçut les cent cinquante géants qui occupaient l'Océan de leur masse, de l'ombre sinistre de leurs voiles immenses.

Il avait heureusement avec lui une élite d'hommes intrépides, de têtes froidement héroïques et sans imagination, qui, dans ces masses si hautes, virent sur-le-champ une chose, c'est qu'elles tireraient trop haut et ne toucheraient jamais; que plus on serait près d'elle, moins on souffrirait de leur feu. Ils résolurent d'attaquer presque à bout portant.

Il y avait là deux hommes extraordinaires, d'abord Drake, qui revenait de faire le tour du monde, qui avait forcé le mystérieux sanctuaire de l'empire des Espagnols, l'océan Pacifique, qui s'était promené invincible à travers leurs flottes, avait forcé leurs villes, terrifié leurs plus lointaines possessions. C'est lui qui trouva l'extrême point sud du monde.

L'autre, Forbisher, simple capitaine, avait percé le Nord jusqu'au Groënland. Le premier, il avait cherché le passage septentrional d'Amérique en Asie. Avec ces deux hommes, déjà de réputation immense, l'un du Sud, l'autre du Nord, une force morale prodigieuse était sur la flotte. L'Angleterre allait aussi ferme que si elle eût eu par eux les deux pôles dans la main.

Les petits vaisseaux, volant plutôt qu'ils ne voguaient, passèrent derrière les Espagnols, leur prirent le dessus du vent, les canonnèrent avec une audace, une vigueur inattendues, prouvant la supériorité de leur tir, comme de leur navigation.

Le 2 août, nouvelle épreuve. Les Espagnols, qui avaient l'avantage du vent, ne purent le garder; canonnés, ils reculèrent, il est vrai, pour gagner Dunkerque, où ils invitaient le prince de Parme à se rendre sur-le-champ. En attendant, un renfort d'une vingtaine de vaisseaux arrivaient à la flotte anglaise avec tous les grands seigneurs qui venaient prendre part à la fête. Action très-vive le 4 août. Les deux flottes se canonnaient à cent cinquante pas. Et cette fois, ce furent encore les Espagnols qui se retirèrent, suivis de près par les Anglais.

Chaque jour, l'*Armada* fit de grosses pertes. Elle n'avait pas l'avantage, donc, ne pouvait débloquer les bateaux du prince de Parme. N'ayant pas battu les Anglais, elle ne pouvait, derrière eux, aller trouver les Hollandais et les arracher de la côte où ils bloquaient la grande armée. Le prince n'avait de vaisseaux qu'une vingtaine d'hanséatiques. Eût-il pu, l'*Armada* n'allant pas à lui, lui aller à elle avec si peu de force, hasarder ses trois cents bateaux, ce grand nombre de soldats, en profitant d'une nuit, d'un brouillard?... C'eût été un acte de témérité insensée qu'un jeune homme désespéré, ayant sa fortune à faire, eût tenté peut-être, mais auquel Farnèse, si sage, âgé d'ailleurs et malade, couvert de gloire, n'eût pu songer. Philippe II, si extraordinairement prudent, lui reprocha, après l'événement, de n'avoir pas fait la folie. Il l'eût disgracié s'il l'eût faite.

Il y avait aussi une grande et très-grande difficulté, c'est que les matelots que Farnèse avait *pressés* et amenés de force s'enfuyaient de tous les côtés. Le brave soldat espagnol, si ferme sur terre, le noble *señor soldado*, déclarait avec gravité qu'il ne s'embarquerait pas sans la protection de la flotte.

Même sous cette protection, y avait-il sûreté? Les vaisseaux anglais, si rapides, n'auraient-ils pas, derrière la flotte et dans ses rangs même, coulé les bateaux? Cela est assez probable. Mais tous n'eussent pas péri, et, si l'*Armada* en eût amené seulement un tiers, avec les vingt mille soldats qu'elle contenait elle-même, l'invasion aurait eu de terribles chances.

Drake ne leur donna pas le loisir d'en faire l'essai. Dans la nuit du 7 au 8 août, il prit huit mauvais vaisseaux, les remplit de poudre, de toute sorte de ferraille, les poussa dans l'*Armada*, y mit le feu. La terreur, le désordre, furent épouvantables. On se souvenait d'Anvers, où nombre de soldats espagnols avaient été brûlés vifs. Sans attendre de signal, les vaisseaux coupèrent leurs câbles, se séparèrent et s'enfuirent à travers la haute mer.

Le vent les poussait aux côtes de l'Est. Ralliés à Gravelines, ils virent bientôt fondre sur eux la furieuse petite flotte qui, de plus belle, les canonna à bout portant. Malgré leur force et la grande épaisseur du bordage, plusieurs vaisseaux furent percés, d'autres démâtés et désagréés. L'intrépide résistance de leurs capitaines ne servait de rien.

Le prince de Parme n'arriva que pour les voir emportés par un vent violent du midi qui les mit bientôt, hors du canal, dans la mer du Nord, et jusque vers le Danemark, vers les côtes de Norwége, où le gros temps empêcha les Anglais de les poursuivre. Cette flotte de vaisseaux épars ne pouvait plus se diriger, ne s'appartenait plus. Ils avaient déjà perdu quinze navires et cinq mille hommes. Ils tournèrent, chassés ainsi, l'Angleterre et l'Écosse, couvrant la mer de leurs débris, et ils perdirent encore dix-sept vaisseaux sur les côtes d'Irlande.

En tout, quatre-vingt-un vaisseaux et quatorze mille soldats!

Ce n'était pas une flotte qui avait péri, mais

un monde. Tout le Midi, traîné par Philippe II à cette misérable croisade, se sentit moralement atteint pour toujours.

Cette immense ruine, c'était celle, non de l'Espagne seulement, mais du Portugal, de Naples, de Venise, de Florence, etc. La défaite était commune au monde catholique.

Et, de ces débris, rejaillit comme un éclat à la tête des Guise. Ils en furent atteints, blessés. Si l'Armada avait vaincu, qui aurait osé les frapper?

Grand véritablement, immense fut le triomphe d'Élisabeth. Sa position sur toutes les mers devint dès lors offensive. Dans Cadix même et dans Lisbonne, c'était à Philippe à trembler.

Quand la reine, sur un cheval blanc, se montra en amazone au camp de Tilbury, l'enthousiasme, l'émotion, la tendresse, j'allais dire l'amour, éclatèrent. Ses cinquante-cinq ans disparurent. On la trouva jeune et admirablement belle. Cette fois se réalisa la prétention de la reine, « qu'on ne pouvait soutenir en face le rayonnement de sa beauté. »

Shakspeare fut historien, et le fidèle interprète du sentiment national et de la reconnaissance européenne quand il salua en elle « la belle vestale assise sur le trône d'Occident. »

CHAPITRE XV.

Le roi, Guise et Paris pendant l'expédition de l'*Armada*.
Mai-août 1588.

Si l'on veut comprendre l'état de la France mieux qu'on ne l'a fait jusqu'ici, il faut, pendant quatre mois, de mai en août, voir suspendue cette menace épouvantable de l'expédition espagnole et de l'affaire d'Angleterre.

C'est là, on ne peut en douter, ce que le roi d'une part, et de l'autre Henri de Guise, considéraient attentivement et suivaient de l'œil. Cette question supérieure dominait les petites affaires de la Ligue, qui visiblement pouvaient se trouver un matin tranchées d'un coup. La France regardait d'en bas passer cette terrible *Armada*, comme un immense oiseau noir qui, s'il emportait l'Angleterre, la frapperait elle-même.

En réalité, c'était la journée des *Barricades* qui avait coupé le câble qui retenait la grande flotte. Les enfants perdus de la Ligue et le parti espagnol, le furieux et factieux ambassadeur Mendoça, avaient précipité la chose pour le moment où elle était nécessaire à Philippe II. Il n'avait pas tenu à eux qu'elle n'allât bien plus loin; le Louvre allait être attaqué, et Guise forcé par les siens de faire le roi prisonnier, extrémité terrible qui eût fait de Guise lui-même le serviteur dépendant, et j'allais dire aussi le prisonnier de l'Espagne. On a vu comme il s'en tira.

Guise connaissait parfaitement l'hypocrisie de Philippe II; et, comme il avait jadis désavoué le duc d'Albe, il était sûr que Philippe, qui venait de le forcer à agir contre le roi, peu reconnaissant de la chose et la trouvant incomplète, le désavouerait et lui reprocherait d'avoir attenté à la majesté des rois. Aussi Guise s'empressa d'envoyer à Mendoça une justification des Barricades et de la fuite du roi : « Il est parti avant que nous eussions le loisir de lui témoigner que les menaces et dangers avaient pu seuls nous éloigner du devoir que nous sommes résolus de lui garder inviolable. » Puis ce fidèle sujet exprime l'espoir que : « Vous ne serez point inutiles spectateurs des entreprises qui se feront contre la religion, et *que le roi votre maître nous donnera secours* si notre prince veut se servir des huguenots, » etc.

Le lendemain de sa victoire, il demandait du secours. Il ne se sentait pas fort. Maîtrisé par cette foule dont il paraissait le maître, obligé de donner la main, sa blanche main de prince italien, à je ne sais quels crasseux, va-nu-pieds et massacreurs, le vrai rebut de Paris, entouré et espionné de sacripants espagnols, dès le lendemain il fut excédé de son rôle de tribun du peuple. Il fallut, pour leur obéir, qu'il fît un prévôt des marchands, qu'il se saisît de la Bastille et des petites places de haute et basse Seine qui assurent les arrivages. Démarches hardies qui le brouillaient de plus en plus avec Henri III au moment où il avait hâte de se rapprocher de lui.

Ce qu'il désirait le plus, c'était de reprendre le roi, d'être maître au nom du roi, connétable ou lieutenant général du royaume, de façon que, si l'Espagnol retombait d'Angleterre en France, il trouvât la besogne faite, Guise assis déjà fortement, pouvant traiter plus librement, chapeau bas, mais l'épée en main.

D'une part, il demandait le secours espagnol. D'autre part, il faisait près du roi ce qu'il pouvait pour se passer de ce secours.

Voilà pourquoi il permit, ou probablement suscita des manifestations suppliantes, presque repentantes, de la Ligue auprès du roi. Celui-ci, tout seul, à Chartres, attendant en vain et ne voyant point venir ses hommes du tiers parti, vit à leur place arriver les ligueurs qu'il avait crus irréconciliables, implacables.

La première ambassade, il est vrai, fut une farce où l'on n'eût pas trop distingué si on voulait flatter le roi ou bien se moquer de lui. Henri III avait importé à Paris les pénitents d'Avignon et les flagellants du Midi. Lui-même, aux processions, figurait sous cet habit. On imagina de lui envoyer une bande de pénitents. « Dans ce costume, disaient les Parisiens (de Thou), il faudra bien qu'il nous reçoive. Il ne pourra fermer sa porte. » Ils s'adressèrent au frère d'un homme que le roi avait fort aimé, Henri de Joyeuse, devenu capucin sous le nom de frère Ange. Pour rendre la chose plus touchante, on en fit un mystère ambulant. Ange faisait le Crucifié. La tête couronnée d'épines, des gouttes de rouge à la face, sous une grosse croix de carton, il paraissait succomber, soupirait à rendre l'âme. Les soldats de la Passion, ayant, en guise de casques, de grasses marmites en tête, portaient des armures rouillées. Ils roulaient les yeux et se démenaient pour épouvanter la foule. Les saintes femmes, Marie, Madeleine (deux jeunes capucins déguisés), pleuraient, priaient, se prosternaient. Ange se laissait tomber; à coups de fouet, on le relevait. La moralité parlante était que, le Christ ayant pardonné sa flagellation à Jérusalem, le roi pouvait bien aussi oublier que Paris lui eût donné les étrivières.

Dans la bande des apôtres, apparemment pour faire Judas, était un des premiers ligueurs, le président de Neuilly. Il venait là pour deux choses, voir ce que faisait le roi, le tâter, et par-dessous travailler contre lui la ville de Chartres, y raffermir les ligueurs. Ce bonhomme avait une chose excellente pour ce genre d'affaires, une sensibilité extrême et des larmes à torrents.

Dans un de ces messages au roi, Henri, le voyant « pleurer comme un veau, » ne put s'empêcher de lui dire : « Eh! pauvre sot que vous êtes, pensez-vous que, si vraiment j'avais tenu à vous faire pendre, le pouvoir m'en aurait manqué?... Mais non, j'aime les Parisiens, malgré eux et quoi qu'ils fassent. Qu'ils témoignent du repentir, je suis tout prêt à pardonner. »

Le chef-d'œuvre, pour Henri de Guise, c'était d'employer pour lui le parlement de Paris, qui le détestait. Comme il avait sous sa main la vieille machine à trahison, la reine mère, par elle il obtint une démarche du parlement.

Le roi reçut la députation à merveille, et sembla plus occupé de s'excuser que d'accuser. Cela encouragea tellement, que les Seize et les nouveaux magistrats entreprirent de faire leur paix. Dans un acte où ils expliquaient les Barricades par la nécessité de sauver la foi catholique, ils proposèrent, au nom de Paris, des seigneurs, des villes liguées, une réconciliation. Le roi fut tout miel. Il répondit qu'il ne songeait qu'à son bon peuple, qu'il avait déjà révoqué trente édits bursaux, *qu'il détestait les hérétiques, voulait les exterminer*, et que, pour mieux faire cette guerre sainte, il assemblerait le 15 août les États généraux.

C'était en réalité se livrer à ses ennemis, agir comme si les ligueurs eussent été vraiment fanatiques, fort inquiets de l'hérésie. Mais l'affaire était politique; la Ligue, moitié lorraine, moitié espagnole, ne voulait du roi qu'une chose, lui arracher sa couronne. Par ce traité, il la donnait.

La peur explique sa conduite. Il avait emporté la peur de Paris, cette grande image de la furie du peuple. Il avait une peur nouvelle, l'apparition de l'*Armada*, qui, à ce moment, voguait à pleines voiles le long de nos côtes. Il avait peur de son gardien, d'Épernon, tellement haï, tellement compromettant, et hâte de s'en débarrasser. Il avait peur de son ami naturel et de son meilleur allié, le roi de Navarre, qu'il eût volontiers appelé, et qu'il faisait mine d'avoir en horreur. Enfin il avait son conseil, son cabinet plein de traîtres, tout au moins d'hommes équivoques, qui, plus qu'à moitié, étaient pour les Guises. Le chancelier Cheverny, créature de la reine mère, avait eu l'insigne honneur de marier une de ses parentes au frère du duc de Guise. Le secrétaire Villeroy, ennemi de d'Épernon, qui l'appelait le *petit coquin* et voulait le bâtonner, était de cœur avec la Ligue. La reine mère, qui était à Paris avec Guise, écrivait au roi des lettres trempées de larmes maternelles, le suppliant d'avoir pitié de lui-même, de ne pas se perdre.

On lui fit faire de très-fausses démarches, par exemple, d'envoyer trois fois son médecin à Paris, puis Villeroy même. Plus il se montrait facile, et plus on devint exigeant.

On obtint aussi de lui qu'il se défît de son dogue, du seul des siens qui pouvait mordre, je parle de d'Épernon. Le roi lui dit qu'il fallait céder au temps, se retirer dans son gouvernement de Provence. Telle était sa docilité pour la Ligue, qu'il voulait que d'Épernon rendît tout ce qu'il conservait au roi : Metz, la grande position contre les Guises; Angoulême, la communication avec le roi de Navarre; la *Normandie* et *Boulogne*, c'est-à-dire la côte, le port, dont avait besoin l'*Armada*.

D'Épernon fut plus royaliste que le roi : il refusa Boulogne, Metz et Angoulême. Et tel était l'affaissement du roi, qu'on obtint de lui un ordre ambigu de fermer à d'Épernon cette dernière place, ou de l'arrêter s'il y était. Dépêché par Villeroy avec empressement, cet ordre fut si bien reçu des ligueurs de l'endroit, que d'Épernon faillit périr. Il n'échappa que par un miracle de courage et de présence d'esprit, enfin par l'approche d'un secours du roi de Navarre.

Henri III cédait, livrait tout, lorsque Paris, qu'on croyait tellement contre lui, tellement ligueur, faillit échapper à la Ligue. Le Tiers parti, le parlement qui en était la tête naturelle, s'était laissé enlever la prévôté, la magistrature municipale. Mais, quand, du 1er au 4 juillet, les nouveaux prévôts et échevins procédèrent à l'épuration de la garde bourgeoise, firent déposer, comme hérétiques, tous les gens de robe, il y eut de grands murmures et résistance positive.

Le 5 juillet, le conseiller Legrand, capitaine de son quartier, ayant été déposé, sa compagnie refusa de marcher sous le nouveau capitaine. Le poste (c'était la porte Saint-Germain) resta fermé, faute de garde. Un mouvement pouvait avoir lieu si le parlement eût été hardi. La bourgeoisie de Paris avait généralement les armes, et, en majorité immense, elle détestait ce monstre de la Ligue, chimère bizarre, mêlée de tant de choses, mais dans lequel, après tout, une était beaucoup trop claire, l'alliance du clergé et de l'Espagne, l'or, l'intrigue et la menace, l'insolence de l'étranger.

Les présidents du parlement, mis en demeure de prendre initiative dans un moment si critique, se montrèrent d'abord fort timides. Ils parurent condamner la résistance. Ils déclarèrent « que, l'affaire semblant tendre à *sédition*, on en référerait à la reine mère et aux princes *pour avoir règlement.* » Aux princes, c'était dire aux Guises.

Mais, quelle que fût la faiblesse, le tremblement visible de ces magistrats, Guise n'en abusa pas. Il se montra lui-même excessivement prudent. Il fit venir le conseiller capitaine, le pria de ne pas se mettre en danger, de donner sa démission. « J'en endure bien aussi, dit-il. Faites comme moi. Quand la colère de ces Parisiens sera un peu plus rassise, je donnerai bon ordre à tout ; et alors vous serez content, vous et tous les gens de bien qui vous ressemblent. »

La démission n'arrêta rien. L'indignation publique ne se cachait plus. On avait ôté l'épée à des magistrats, à des hommes connus, posés dans l'estime publique, et on l'avait confiée à des banqueroutiers, à des gens sans profession connue. Cette disposition des esprits enhardit le parlement. « Le premier président, dit Lestoile, parla longuement, librement et hautement, pour maintenir les vieux capitaines, casser les nouveaux. Plusieurs conseillers appuyèrent. Le cardinal de Bourbon parla contre, mais fort peu. Alors le duc de Guise, avec beaucoup de soumission et de révérence, supplia la cour de donner encore cela au temps *et au public.* » Le public était là en effet, le public des Espagnols, hurlant tout autour et près d'assommer le parlement. Celui-ci se montra touché d'une prière si respectueuse et si bien appuyée du *peuple,* dont la voix est celle de Dieu.

Le même *peuple,* pour faire marcher droit le parlement et l'empêcher de broncher, vint en masse le sommer de brûler un protestant depuis longtemps prisonnier ; autrement les bons catholiques se chargeaient de le faire eux-mêmes. Tout cela désavoué par la nouvelle administration de Paris. Mais la volonté était claire. Il fallut faire quelque chose pour complaire à ce bon peuple. On avisa que, d'ancienne date, on avait condamné à Angers un certain Guitel. Il jurait qu'il n'était ni protestant ni chrétien, d'aucun culte. Il n'en fut pas moins à la Grève exécuté comme huguenot.

Donc, tout allait à merveille. La religion était satisfaite, le peuple vainqueur, tous d'accord. Il ne restait qu'à s'embrasser. Le 10 juillet, le roi signa ce qu'il appela son acte d'*Union*.

Chose plaisante et qui fit rire : il y défendait la *Ligue*, mais prescrivait l'*Union*.

Il garantissait l'union que ses sujets faisaient entre eux pour se défendre contre lui.

Les ligueurs y renonçaient aux alliances étrangères. Promesse menteuse s'il en fut.

Le roi, de dix manières diverses, promettait la même chose, de poursuivre à mort l'hérésie, d'exclure de sa succession tout prince hérétique.

Un article important était ajouté aux anciens traités. Nul désormais ne devait obtenir le moindre emploi que sur une attestation de son évêque ou de son curé. Article énorme qui, en réalité, mettait toutes les places aux mains du clergé, et de plus l'autorisait à se constituer partout comme une police, pour connaître les bons sujets et écarter les suspects.

Dans les articles secrets, il promettait de soumettre le royaume au pape, selon les règlements du concile de Trente, de livrer des places aux ligueurs, non-seulement Orléans, Bourges, mais Montreuil, mais le Crotoy, tout près de Boulogne, *mais Boulogne même*, c'est-à-dire les ports de nos côtes que demandait l'Espagnol.

Boulogne, que le duc d'Aumale n'avait pas pu arracher au lieutenant de d'Épernon, Boulogne, que le roi avait en vain prié d'Épernon de lui remettre, était livré cette fois, pris d'un trait de plume.

A ces articles terribles ajoutez les dons, non écrits, que l'on extorqua :

Mayenne, frère de Guise, aura l'une des deux armées contre les hérétiques.

Un frère de Guise aura le Lyonnais, — autrement dit, donnera la main à la Savoie, et pourra lui ouvrir la France.

Un autre frère, le cardinal de Guise, sera légat d'Avignon; le roi l'obtiendra du pape.

L'intime confident de Guise, Menneville, que plusieurs croyaient la tête même de la Ligue, entrera au conseil du roi avec l'archevêque de Lyon.

Le cardinal de Bourbon est déclaré le plus proche parent du roi. Exclusion implicite du roi de Navarre.

Guise lui-même aura le commandement général des armées, avec la justice et police militaires, comme les avait le connétable.

Le roi n'avait plus rien à donner en ce monde. Il ne lui restait guère que son corps et sa personne. On voulait qu'il la livrât, qu'il allât montrer dans Paris sa face souffletée et se prêter aux nasardes. C'est ce que vint lui demander la reine mère le 1ᵉʳ août, en lui présentant le cardinal de Bourbon et le duc de Guise. Le roi les embrassa tendrement en souriant, mais refusa leur requête.

Alors la bonne Catherine se mit à verser des larmes (ce qui lui arrivait souvent, car elle était fort sensible) : « Comment, mon fils ! que dira-t-on de moi ? et quel compte pensez-vous qu'on en fasse ? Serait-il bien possible que vous eussiez changé tout d'un coup votre naturel si enclin à pardonner ? »

Mais lui, quand il la vit pleurer, cela le fit rire : « C'est vrai, madame, mais qu'y faire ? C'est ce méchant d'Épernon qui m'a tout changé et gâté mon naturel. »

Cette gambade disait assez à la vieille qu'il n'était pas dupe. Il avait eu de fréquentes occasions d'expérimenter combien (même pour lui) elle était fausse, perfide et malfaisante. En 1587, au départ des Allemands, elle avait dit, avec la

Ligue, que son fils eût pu les détruire et qu'il ne l'avait pas voulu. Aux Barricades, elle lui avait donné le conseil singulier d'aller trouver les ligueurs, c'est-à-dire de se livrer. Et, ici, soufflée par Guise, elle lui conseillait encore de se jeter dans le guêpier.

Il la connaissait dès lors. Il l'eût haïe s'il eût eu la force de haïr personne. Mais il la méprisait à fond, n'ayant vu personne en ce monde de plus méprisable ni de plus semblable à lui.

CHAPITRE XVI.

La Ligue aux États de Blois. (Août-décembre 1588.)

L'article où la Ligue renonçait aux alliances étrangères, quoiqu'il ne fût pas sérieux, parut à Philippe II une trahison de Guise, une violation du traité fait avec lui en avril. Le 26 juillet, *ab irato*, il écrivit à Henri III qu'il lui donnerait du secours.

Guise avait voulu s'expliquer, se justifier auprès de l'Aragonais Moreo, l'agent qui avait traité avec lui. Moreo ne voulut pas l'entendre. Alors il écrivit directement à Philippe II (24 juillet) une lettre humble où il lui disait que tout s'était fait pour l'honneur de Dieu. Philippe ne daigna répondre.

C'était le moment critique de l'*Armada*. L'ambassadeur Mendoça croyait fermement qu'elle avait vaincu; il avait fait imprimer toute la victoire à Paris, était parti pour Chartres en poste, et, avant tout, avait été à la cathédrale remercier la Vierge Marie. De là, en allant à l'évêché, où logeait le roi, il disait aux gentilshommes avec une emphase espagnole : « Victoria! victoria! » Il entra ainsi et montra au roi une lettre qui lui arrivait de Dieppe. Mais le roi lui montra une autre lettre qui disait que les Anglais avaient canonné l'*Armada*, coulé douze vaisseaux et tué cinq mille hommes; qu'il n'y avait plus à songer à débarquer en Angleterre.

Mendoça ayant de la peine à digérer la nouvelle, le roi lui montra en sus deux ou trois cents forçats turcs d'un vaisseau castillan échoué à Calais qu'on venait de lui envoyer. Mendoça veut qu'on les lui livre. Le roi répond doucement qu'il faudra en délibérer. L'Espagnol, fort irrité, va trouver Guise, qui l'appuie. Ces pauvres diables se trouvèrent placés en haie sur les degrés où le roi devait passer pour aller à la messe. Ils se jettent à genoux, et crient tant qu'ils peuvent : « Misericordia! » Le roi les regarde et passe. Au conseil, on décida que ce n'étaient pas des Espagnols, mais des prisonniers, des esclaves; qu'en France on ne connaît pas d'esclaves, qu'en touchant la France on est libre; donc, qu'on les rendrait au sultan, allié du roi, et qu'au départ chacun d'eux recevrait un écu en poche.

Ce conseil fut comme un tournoi préalable avant la bataille, où l'on connut bien les ligueurs. Le duc de Nevers et Biron emportèrent cette décision.

Les effets de la grande déroute furent sensibles à l'instant même. Mendoça revint à Guise, lui promit secours. Guise en remercie Philippe II le 5 septembre, dans une lettre où il épuise toute la langue française pour l'assurer de son dévouement. Philippe, dès le 22 août, probablement du jour même où il apprit le désastre, avait écrit à Mendoça que Guise pouvait se *justifier* de l'Union en rompant avec le roi. Si l'*Armada* était battue, Farnèse était là tout entier, avec ses trente mille Espagnols, qui pouvait mettre un poids énorme dans les affaires de France.

Le premier service que Guise rendit à Philippe II, ce fut d'attacher à la Ligue un certain Balagny, que la reine mère avait placé à Cambrai pour lui garder cette place, prise autrefois par son fils Alençon. Entre les mains d'un ligueur, Cambrai ne pouvait manquer de revenir bientôt à l'Espagne.

Sur la même frontière du Nord, le roi avait

donné au duc de Nevers la Picardie, que réclamait de longue date le duc d'Aumale. M. de Nevers passant par Paris, le prévôt des marchands et les Seize vinrent à son hôtel, et, au nom de la ville, au nom de la Ligue, lui défendirent d'y songer.

Quoiqu'il fût stipulé dans le traité qu'on rendrait la Bastille au roi, on se moqua de cet article. On maintint dans la forteresse l'un des chefs, le fameux procureur et escrimeur Leclerc, le plus violent des Seize.

Ce qui ne fut pas moins sensible au roi et lui démontra son néant, ce fut la défense que la Ligue fit au parlement de vérifier les lettres royales données au comte de Soissons, fils du prince de Condé, pour le laver d'avoir porté les armes avec les hérétiques. Le *peuple* s'y opposa, disant qu'un tel péché exigeait que le comte allât à Rome. Guise tenait extrêmement à ce qu'il ne fût pas réhabilité et restât incapable de succéder à la couronne, comme *fauteur d'hérésie.*

De plus, Guise aurait voulu que son fils épousât la nièce du pape. Et le roi la demandait pour le comte de Soissons.

Sur toute et chacune chose, Guise se trouvait ainsi en face du roi. Il paraissait déterminé à le pousser à l'extrême. Le mouvement, comprimé, mais très-significatif de Paris contre la Ligue, l'obligeait d'achever le roi, dût-il lui-même tomber sous l'influence espagnole. Sans doute aussi il la redoutait moins depuis cette grande catastrophe de l'*Armada*. Philippe restait puissant et redoutable; mais ce n'était plus ce Dieu, ce Jupiter, ou ce Pluton, ce terrible Démon du Midi, qui semblait tenir ou fermer à son choix l'outre des tempêtes.

L'élection des États fut travaillée par toute la France avec une furie extraordinaire. Le mot d'ordre était donné. On ne voulut pas de ligueur modéré, mais seulement les emportés, les casse-cous de la faction. Le Tiers parti, épouvanté, ne savait que dire. A Chartres même, sous les yeux du roi, un seigneur, l'homme de la Ligue, effrayait les royalistes des plus terribles menaces. L'épée ne tenait à rien; et, derrière l'épée, c'était le bâton de la populace soldée par les prêtres; et, derrière la populace, c'était l'Espagnol, les trente mille hommes de Farnèse, prêts à renouveler en France, dans chaque ville, le sac d'Anvers.

Pas un des élus n'était homme connu, sauf quelques-uns dans la noblesse. C'étaient généralement la basse bourgeoisie, inepte et envieuse du voisin, laquelle, flattée par les seigneurs, eût fait des crimes pour eux.

Qu'étaient, que voulaient ces États qui venaient, disaient-ils, au secours de la religion catholique? Pouvaient-ils se tromper eux-mêmes? Mais le roi venait justement de leur ôter tout prétexte. Il envoyait deux armées contre l'hérésie, l'une sous le frère même de Guise, l'autre sous le duc de Nevers. Guise et Nevers, c'était également la Saint-Barthélemy.

S'il y avait dans les députés quelques hommes de bonne foi, il faut croire que la passion les rendait à moitié fous. Le programme qu'on leur apporta de la part des Seize ne porte pas le cachet de l'huissier, du procureur, des Leclerc et des Marteau. Il rappelle bien plutôt l'hypocrisie avec laquelle nous avons vu l'Espagne attester à Trente, à Rome et partout, la *liberté* qu'elle écrasait; il rappelle le courage du clergé, lorsque, prié d'aider l'État (mai 1561), il refusa héroïquement *au nom de la liberté*.

Ce programme, rédigé certainement par les Jésuites sur la table de Mendoça, propose à la France d'imiter les nobles libertés castillanes, les assemblées des Cortès (blessées à mort par Charles-Quint, et poursuivies au moment même par Philippe II en Aragon).

Voyez l'Angleterre, disait-on, voyez la Pologne : les États y gouvernent tout.

Sublimes docteurs du mensonge! Combien leur cachet est reconnaissable! Et qui jamais put espérer d'en approcher dans le faux? Ces libres États, sortis de la nationalité et défenses de la patrie, ils les attestaient ici pour espagnoliser la France et pour étrangler la patrie.

Revenons. L'assemblée se caractérisa en nommant président du clergé le cardinal de Guise, un furieux; président du Tiers État l'un des Seize, la Chapelle-Marteau, l'organisateur du comité de la Ligue, que la révolte avait fait prévôt des marchands. Enfin la noblesse fut présidée par l'homme des Barricades, le jeune Brissac, ennemi personnel d'Henri III.

Avant même d'exister, je veux dire d'être constitué, le Tiers dit toute sa pensée : *supprimer l'impôt*, désarmer le roi.

Tout impôt établi depuis 1576, supprimé. Et cependant, la valeur de l'argent ayant infiniment changé, il avait bien fallu que l'impôt montât avec tout le reste.

La seconde pensée des États fut de censurer la *tolérance du roi*. Le jeune Brissac le tint sur la sellette et le chapitra, comme un maître d'école flagelle l'enfant de paroles avant de lui donner le fouet. Plusieurs mots sentaient le sang : « Longue patience méprisée est cause de *rigueur sans pitié.* »

J'ai besoin de rappeler que ces violentes plaintes sur la tolérance du roi s'adressent au pénitent des Jésuites, au confrère des flagellants, à l'homme qui conseilla la Saint-Barthélemy !

Du reste, pourquoi un roi ? Il suffit de l'ambassadeur d'Espagne pour gouverner la république française. La situation rappelle et rappellera de plus en plus la misérable Pologne de la fin du siècle dernier, lorsque l'ambassadeur russe, le sauvage Repnin, régnait sur le roi avec un mélange bizarre de violence et de ruse, d'hypocrisie et de fureur.

L'ancienne Rome avait dix tribuns du peuple ; la France va en avoir mille, sous le nom de syndics. Des syndics de bailliages à ceux de provinces, et de ceux-ci au syndic général qui suivra le roi et le gardera à vue, tout se tient, tout se lie. La tête du système est le protecteur étranger.

On refusait l'impôt, on exigeait la guerre, on forçait le roi à la commencer en disant cette parole (contre le roi de Navarre) : « Jamais roi, *ayant été hérétique,* ne vous gouvernera. »

« Et pourtant, disait Henri III, quand il ne s'agirait que d'une succession de cent écus, encore serait-il juste de s'expliquer avec lui, de savoir ce qu'il pense, s'il ne veut pas se convertir! »

Il faisait venir les députés, s'humiliait, leur parlait *avec respect*, componction : « Je le sais, messieurs, *peccavi*, j'ai offensé Dieu, je m'amenderai, je réduirai ma maison au petit pied. S'il y avait deux chapons, il n'y en aura plus qu'un. Mais comment voulez-vous que je revienne aux tailles de ce temps-là? Comment voulez-vous que je vive? Refuser l'argent, c'est me perdre, vous perdre, et l'État avec nous. »

Les soufflets tombaient comme grêle. L'un disait, comme cette vieille de l'antiquité à Trajan : « Alors, ne soyez donc point roi. » L'autre : « Ses paroles ne sont que vent. » Le roi faisait la sourde oreille.

Il était pris par la famine. Ses gardes n'étaient plus payés. Ses quarante-cinq gentilshommes allaient chercher condition. Cour solitaire, froide cuisine, visages allongés. Dans cette extrémité, il s'adressa à Guise lui-même, le pria de prier pour lui. Guise en effet intercéda, mendia pour le roi. Mais les ligueurs étaient incorruptibles; ils refusaient sèchement. Guise riait. Un autre disait : « La marmite du roi est renversée, messieurs; allons, faites la donc bouillir. »

Il n'y avait eu rien de pareil depuis Chilpéric. Le négociateur Schomberg, ami de Guise, homme de grande expérience, lui dit qu'il risquait gros de pousser un homme à ce point-là; qu'il n'y a bête si lâche qui, tellement mordue, ne se retourne sur la meute. Guise allait son chemin. Il croyait, tous croyaient, que le roi, n'étant plus un homme ni un mâle, pleurerait, projeterait, mais n'aurait jamais la résolution, la pointe, le tranchant. L'ambassadeur de Savoie écrivait : « Le duc sera toujours à temps pour le prévenir. » Le Vénitien Morosini, légat du pape et ami d'Henri III, en écrivait autant à Rome. »

Guise tenait le roi de très-près, logeant dans le château; et, comme grand maître, il en avait les clefs. Son intériorité intime, les moindres détails de sa vie, toutes les petites misères qu'on cache, Guise les savait heure par heure. Comment? Parce qu'il avait la vieille mère et était étroitement ligué avec elle. Elle était logée sous le roi, à même de se faire tout dire, d'entendre même ses démarches et le bruit de ses pas. Elle lui en voulait beaucoup en ce moment pour la seule chose sage qu'il eût faite en sa vie. Avant l'ouverture des États, il avait renvoyé tout son conseil, tous les hommes de sa mère, spécialement ses deux âmes damnées, le *petit coquin* Villeroy, et le très-douteux Cheverny, qui avait une parente mariée chez les Guises. A la place, il fit venir des inconnus, l'avocat Montholon, Ruzé, jadis son homme d'affaires, et un certain Révol, que d'Épernon lui avait désigné comme un homme sûr. Ces braves gens étaient trop subalternes, trop peu fins, pour flairer les choses. Dès lors, il était comme seul.

Il arrive aux mourants d'avoir des moments très-lucides; il avait compris, un peu tard, que sa vraie plaie était sa mère, et que c'était d'elle surtout qu'il fallait se cacher. Il s'enfermait pour ouvrir les dépêches. Elle ne savait rien, ne pouvait plus rien dire aux Guises, n'était plus importante. Elle en était malade. D'autant plus entrait-elle dans le complot général pour réprimer la révolte du roi. Elle voulait ressaisir le conseil, y remettre ses hommes, et, par eux, continuer son rôle de négociatrice éternelle et d'entremetteuse.

Pris ainsi de partout, n'ayant plus même son logis, comme un lièvre entre deux sillons, le roi devint très-clairvoyant et plein de stratégie. La peur fut pour lui un sixième sens. Il avait l'oreille dressée, était attentif à trois choses :

1° A Rome. Il caressa le vieux Sixte par un

grand mariage d'un prince du sang pour sa nièce, et il en tira un bon légat, partial pour lui. C'était le Vénitien Morosini. Henri III adorait Venise et en était aimé. Un tel légat pouvait le servir fort s'il en venait à tuer Guise.

2° Le plus beau eût été de le faire tuer par les siens. Le roi ne fut pas loin de croire qu'il aurait cette joie. Pour une affaire de femme, Guise et son frère Mayenne tirèrent l'épée; ils étaient sur le terrain quand Mayenne jeta la sienne. Telle était cette race lorraine, que tous étaient envieux de tous. Les frères de Guise et ses cousins le jalousaient à mort, le dénonçaient au roi, ne cessaient de lui dire que Guise lui jouerait un mauvais tour.

3° Le roi n'était pas sûr que le pape le soutiendrait contre Guise et l'Espagne. Aussi, en regardant de ce côté à droite, il regardait à gauche vers le roi de Navarre et l'Angleterre. L'affaire de l'Armada prouvait que l'Angleterre pouvait faire la balance. Quelqu'un venant lui dire qu'un homme du roi de Navarre (c'était Sully) était dans Blois, vite il le fit venir, mais bien secrètement. Il lui dit qu'il ne demandait pas mieux que de donner la main à son maître. Mais comment? Il était captif. Guise vivant, il ne pouvait rien.

Une lueur d'espoir vint. Le duc de Savoie

s'était emparé du marquisat de Saluces, du peu que nous avions encore en Italie, et cela par un frère de Guise (frère de mère), devenu général de Savoie.

La France, au bout d'un siècle, enfin chassée de l'Italie! bravée par un si petit prince! Cruelle injure! Pour qu'on la sente mieux, le Savoyard en frappe une médaille, le *Centaure* (franco-italien) *qui, du pied, foule la couronne de France.*

Cela fut amèrement senti. Ce singulier pays de France, qui parfois ne sent rien, puis est sensible tout à coup, avait fait peu d'attention à la conduite des ligueurs à Boulogne, à Calais, au Havre, dans le moment si grave du passage de l'Armada. Nos ports ouverts à l'Espagnol, c'était bien autre chose que cette petite et lointaine affaire de Saluces, question surtout de vanité. Celle de la noblesse s'éveilla, s'indigna; elle en voulut à Guise, qu'elle croyait auteur de la chose.

Loin de là, l'affaire de Saluces, brusquée sans son avis, le contrariait réellement. Il n'y trouva remède, sinon de dire que c'était le roi qui avait tout fait, qui conspirait contre lui-même, livrait ses places. Mais lui, Guise, allait les reprendre « aussitôt que l'hérésie serait extirpée en France. » A quoi le Savoyard fit une étrange réponse, et qui étonna tout le monde : « Qu'il était prêt de mettre tout dans les mains du frère de M. de Guise. »

Mot terrible qui porta un grand coup à sa popularité et le montra tout Espagnol. Mot précieux pour Henri III. Il crut que son homme était mûr, et qu'on pouvait le tuer.

CHAPITRE XVII.

Mort d'Henri de Guise. Décembre 1588.

Le 30 novembre, sur les quatre heures du soir, un fait singulier arriva. Les pages et domestiques, bruyants, malfaisants, ferrailleurs, qui attendaient leurs maîtres dans les cours, passaient leur temps à se battre. Mais, ce jour-là, ce fut une bataille en règle; les pages royalistes et les pages guisards se poussèrent l'épée à la main; il y eut des morts et des blessés. Le bruit alla jusqu'à la ville; on y crut que les princes se massacraient et se taillaient en pièces. Le cardinal de Guise, qui logeait en ville, jeta son habit de prêtre, et marcha sur le château avec ses bandes. Le duc de Longueville et le maréchal d'Aumont vinrent pour sauver le roi. Les ligueurs des États vinrent aussi, l'épée nue. Au château, il y eut panique. On se battait dans l'antichambre du roi. Il endossa la cuirasse et sortit de son cabinet. Guise ne bougeait pas. Il était chez la reine mère et jasait avec elle, disant toujours froidement : « Ce n'est rien. » Ses gentilshommes venaient voir s'il donnerait un signe, et se demandaient ce qu'il fallait faire. Ils le trouvaient toujours les yeux baissés et tournés vers le feu. Enfin Crillon s'indigna, et, avec les gardes, finit la ridicule affaire. On fit rengaîner ces héros, et on mit à l'ordre du jour que ceux qui bougeraient auraient la prison et le fouet.

On avait cru que Guise n'eût pas été fâché si le roi était tué par hasard. Mais savait-il ce qu'il voulait? Il était très-flottant, ennuyé, dégoûté. Au dehors, l'Espagne le ménageait peu, ayant poussé le Savoyard à contre-temps, et l'ayant compromis. Au dedans, la noblesse devenait froide. Paris n'était pas sûr. Les États ne se hâtaient pas de le faire nommer connétable.

Qui était sûr? Pas même la famille. Son frère Mayenne, qui avait occupé Lyon et voulait le garder, se rapprocha du roi, et reçut amicalement le Corse du roi, Ornano, homme d'exécution, qui conseilla la mort de Guise.

La sœur du duc d'Elbeuf, duchesse d'Aumale, alla publiquement le dénoncer au roi. Le maréchal d'Aumont, allié (par mariage) des Guises, était un fervent royaliste. Guise, pour le gagner, lui avait offert la Normandie, qu'avait le duc de Montpensier, espérant les brouiller et les opposer l'un à l'autre. Il voulait lui signer la promesse de son propre sang, dépouilla son bras jusqu'au coude, et tira son poignard pour se saigner. D'Aumont n'en fut pas dupe; il l'arrêta et dit tout au roi.

Guise commençait ainsi à être connu, et on ne se fiait guère à lui. Il visait toujours à brouiller. Il était non-seulement dissimulateur et menteur, mais inventeur aussi et riche en fictions, soutenant un premier mensonge par un autre et ne tarissant plus. Pris sur le fait, il se justifiait aux dépens de ses amis. Cela lui avait ôté beaucoup d'hommes. Les dames, il est vrai, ne l'en aimaient que plus pour ces petites scélératesses; parmi elles, c'était un proverbe, la *malice de M. de Guise.*

Cette malice avait été parfois quelque peu loin. Sans parler de la petite malice de la Saint-Barthélemy, des affaires de Salcède et autres assassins d'Alençon, d'Orange ou Navarre, il usait largement d'une liberté qu'on avait en ce siècle, de faire tuer en duel ceux qu'on n'assassinait pas. Les duels à mort des premiers mignons ne furent nullement des hasards.

L'homme qu'on voulait tuer en duel à ce moment, et que l'on commençait à picoter, c'était un bien petit favori, le Gascon Longnac, capitaine des quarante-cinq. Déjà un des bâtards des Guises le cherchait et le provoquait, tâchait de le faire dégaîner.

Le 18 décembre, toute la cour étant en fête chez la reine mère pour un mariage, le roi, espérant être moins espionné, fit venir deux personnes qui passaient pour sûres et honnêtes, le maréchal d'Aumont et M. de Rambouillet, homme de robe, qui avait montré de la fermeté à Chartres, et s'était fait élire malgré la Ligue. Il leur dit qu'il ne pouvait plus souffrir les bravades du duc de Guise, et que le duc ou lui mourrait.

L'homme de robe, un peu étonné, dit qu'il fallait lui faire son procès. Le roi haussa les épaules : « Et où trouverez-vous des témoins, des gardes, des juges? » Le maréchal dit : « Il faut le tuer. »

Le roi fit entrer Ornano et le frère de Rambouillet, qui furent de l'avis du maréchal.

L'homme le plus brave qu'il eut était Crillon. Il le fit venir. Mais le bon capitaine dit qu'il y avait répugnance, que ce genre de besogne ne convenait pas « à un homme de sa condition, » mais qu'il serait charmé de le tuer en duel.

On approchait de la Noël, et chacun était en dévotion. Le 21 décembre, jour de la saint Thomas, le duc suivit le roi, pour vêpres, à la chapelle du château, et lut pendant l'office. Le roi, qui l'avait vu, lui dit à la sortie : « Vous avez été bien dévotieux. » Le duc avoua que c'était un pamphlet huguenot, une satire contre le roi, et il voulait l'obliger de la lire.

Il suivit le roi au jardin, et là le mit au pied du mur, lui disant que, puisqu'il n'était pas assez heureux pour avoir ses bonnes grâces, il le priait de recevoir la démission de ses charges et se retirait chez lui; en d'autres termes, partait pour déchaîner la guerre civile.

Le roi le pria fort d'y penser, et fit bonne mine; mais, rentrant dans sa chambre, il exhala son désespoir, sa fureur, jeta son petit chapeau. Guise le sut un quart d'heure après, et, le soir, un conseil se tint pour savoir ce qu'on devait faire. Guise leur dit les avis qu'il avait, qu'il était perdu s'il ne se sauvait.

Il y avait là son frère, le bouillant cardinal de Guise, l'archevêque de Lyon, le vieux président de Neuilly, Marteau, le prévôt des marchands, et la fine pensée de la Ligue, le froid et rusé Menneville.

M. de Lyon, qui allait être cardinal, mais qui eût manqué le chapeau si l'on eût lâché prise, se montra le plus brave. Il dit qu'il fallait passer outre. Qui quitte le jeu perd la partie. Comment revenir jamais à ce point si difficile qu'on avait gagné, d'avoir des États tout ligueurs? Le roi y songera plus d'une fois et sera sage; il ne voudra pas se perdre en faisant une folle tentative sur M. de Guise.

Le président Neuilly, qui larmoyait toujours, pleura et bavarda pour les deux avis à la fois : « Si vous vous perdez, monsieur, nous sommes perdus... — Oui, je suis bien d'avis de passer outre... Mais surtout prenez garde à vous. » C'était après souper, et le vieillard était plus tendre encore qu'à l'ordinaire.

Marteau dit rudement : « Nous sommes les plus forts, nous ne devons rien craindre. Néanmoins il ne faut pas se fier; il faut prévenir. » Comment? Il ne le disait pas.

Menneville, impatienté, sortit de son caractère; il jura, il dit : « M. de Lyon n'y entend rien. Il parle du roi comme d'un sage, d'un prince bien conseillé. Mais c'est un fou... Il n'aura pas de prévoyance et pas d'appréhension. Il exécutera son dessein. Il ne fait pas bon ici, point sûr. Il nous faut nous lever, et *agir avant lui.* »

Guise dit : « Menneville a raison, et plus que tous les autres... Néanmoins, au point où sont les affaires, quand je verrais entrer la mort par la fenêtre, je ne fuirais pas par la porte. »

Il répondait ainsi à ce qu'on ne disait pas. Marteau et Menneville ne proposaient pas de fuir, mais d'*agir*, apparemment de susciter un mouvement dans les États pour s'emparer du roi et le lier décidément.

Guise n'était pas en train d'agir. Il n'avait pas grand espoir. Il était fatigué de lui-même et de son rôle, et fatigué de ses amis.

Il était malin comme un singe, menteur comme un page, mais peu propre à l'hypocrisie. La pesante tartuferie espagnole, la cafarderie monastique, la dévotion de cabaret des bas ligueurs, lui avaient donné la nausée. Il avait eu un grand malheur pour un chef de parti, c'était de voir son parti à plein, au grand jour et sans ombre.

Son élégance princière et son insolence intérieure l'éloignaient des petites gens, et il avait horreur de se remettre à toucher les mains sales. Le célèbre Montaigne, très-fin observateur, qui avait fort connu Guise et le roi de

Navarre, disait au jeune de Thou que le premier n'était guère catholique, et le second guère protestant. Guise, s'il n'eût été condamné dès l'enfance au rôle de chef des catholiques, aurait incliné plutôt à la religion des reîtres du Rhin, à la confession d'Augsbourg, que son frère et son oncle, le cardinal de Lorraine, avaient un moment paru adopter.

De Thou, dans ses Mémoires, apprend une chose curieuse. Comme il passait à Blois, l'entremetteur Schomberg lui demanda pourquoi, après avoir présenté ses hommages au duc, il s'en allait si vite. Le jeune magistrat répondit avec de grands respects pour la personne de Guise, mais avoua franchement qu'il s'éloignait parce que, autour de lui, il ne voyait presque que des gens ruinés et des coquins. Schomberg le dit à Guise, qui n'y contredit pas. « Que voulez-vous? dit-il, j'ai toujours perdu mes avances auprès des honnêtes gens. Il me faut des amis, et je prends ce qui vient à moi. »

Cet indigne entourage le condamnait à chaque instant à plaider de mauvaises causes, à appuyer des scélérats. Par exemple, à ce moment même, il soutenait un La Motte-Serrant, horrible brigand de château, qui faisait métier d'enlever et de mettre chez lui dans des basses fosses tout ce qu'il trouvait de gens aisés; il les disait protestants et les faisait mourir de faim, les torturait, pour les faire financer. Le grand prévôt du roi, Richelieu, voulait aller lui faire visite et informer. Mais le coquin s'était donné à Guise, et, sans même se présenter, il avait obtenu par lui une évocation qui réservait l'affaire au Conseil même, autrement dit, la mettait à néant.

Avec une telle cour et de tels amis, Guise ne se sentait pas bien et n'était pas son propre ami. Il tâchait d'oublier. Il ne buvait pas; il cherchait une autre ivresse, qui n'est pas moins funeste. Il prenait par derrière, mais sans trop de mystères, les distractions mondaines, qui ne se présentaient que trop. Les dames, toujours tendres pour l'homme du jour, avaient trop de bontés pour lui. A son néant moral s'ajoutaient les fatigues de ses campagnes nocturnes, souvent des défaillances. Comme d'autres beaux de l'époque, il portait sur lui un drageoir pour prendre quelque chose et se raffermir le cœur quand ces faiblesses le prenaient.

Sa grande affaire à ce moment (dont il n'entretenait pas son conseil), c'était madame de Noirmoutiers, nouvelle et charmante aventure, dont il était enveloppé. Cela l'enracinait à

Blois et dans ce fatal château. Il voyait fort bien chaque jour qu'il fallait s'en aller, et plus tôt que plus tard. Chaque nuit, il disait : « Pas encore. »

Le médecin du roi, Miron raconte, pour l'avoir ouï d'Henri III peu après l'événement, que le 22 décembre Guise avait pris son parti, et, dans une scène violente, donné une démission définitive, dit qu'il partait le lendemain.

De sorte que ce fut lui qui fixa le roi, flottant encore, et le força d'agir.

La chose n'était pas aisée, parce qu'il ne venait que fort accompagné, et que tout son monde entrait jusqu'à la chambre du roi. Celui-ci était donc obligé de se confier à beaucoup de gens, et aussi de prendre un jour de conseil, parce que, le conseil se tenant dans une grande pièce de passage entre l'escalier et l'antichambre du roi, Guise était obligé, ces jours-là, de laisser son monde au haut de l'escalier, de rester isolé. Si alors le roi l'appelait chez lui, il devait se trouver séparé par deux pièces (celles du conseil et de l'antichambre) de ceux qui l'auraient défendu.

Le roi, comme on a vu, s'était ouvert à Crillon, qui se chargea de garder les dehors et de fermer à temps les portes du château. Il fit venir Larchant, capitaine des gardes, et lui dit de se mettre sur le passage de Guise avec une requête pour le payement des gardes, de manière à l'isoler de sa suite.

Puis il avertit le conseil que, le lendemain, il voulait de bonne heure tenir conseil, expédier les affaires et emmener tout son monde à une petite maison près Notre-Dame-des-Noyers, au bout de la grande allée, où il voulait faire ses dévotions et préparer son Noël. Il ordonna que son carrosse l'attendît le matin à la porte de la galerie des Cerfs. Entre dix et onze heures du soir, il s'enferma dans son cabinet avec M. de Termes, parent du duc d'Épernon. A minuit, il lui dit : « Mon fils, allez-vous coucher, et dites à l'huissier Du Halde qu'il ne manque pas de m'éveiller à quatre heures, et vous-même trouvez-vous ici. » Puis il prit son bougeoir et alla coucher chez la reine.

Pendant ce temps, Guise soupait. En un moment, il lui vint jusqu'à cinq avis. Et il était déjà couché (chez sa maîtresse) qu'il lui en venait encore. « Ce ne serait jamais fini, dit-il, si on voulait faire attention à tout cela. » Il fourra le dernier sous le chevet et renvoya l'avertisseur : « Dormons, et allez-vous coucher. » Il faisait ainsi le brave pour rassurer sa dame, ne pas gâter sa nuit d'adieux. Au souper, il avait été (comme parfois on l'est devant les femmes) insolemment audacieux, rejetant sous la table un des billets mystérieux où il avait écrit : « Il n'oserait. » Ce qui n'était pas mépriser seulement le péril, mais le provoquer.

De qui venaient ces billets? On ne le sait. Mais l'homme de la reine mère, Cheverny, retiré chez lui, avait dit à de Thou : « Le roi le tuera. » La reine mère elle-même, qui connaissait très-bien son Henri III et le savait frère de Charles IX, elle qui, de son lit, suivait de près les choses par la domesticité et voyait à travers les murs, elle dut apprécier les nuances de chaque jour, les degrés successifs de désespoir et de fureur, deviner le moment où la corde devait casser.

« Quatre heures sonnent. Du Halde s'éveille, se lève et heurte à la chambre de la reine. Demoiselle Louise Dubois de Prolant, sa première femme de chambre, vient au bruit, demande ce que c'est. « C'est Du Halde; dites au roy qu'il est quatre heures. — Il dort et la reine aussi. — Éveillez-le, répondit Du Halde; il me l'a commandé, ou je heurterai si fort, que je les éveillerai tous deux. » Le roi, qui ne dormoit point, ayant passé la nuit en belles inquiétudes, entendant parler, demande à la demoiselle ce que c'est. « Sire, dit-elle, c'est M. Du Halde qui dit qu'il est quatre heures. » — « Prolant, dit le roi, mes bottines, ma robe et mon bougeoir. » Il se lève, et, laissant la reine dans une grande perplexité, va en son cabinet, où étoient déjà le sieur de Termes et Du Halde, auquel le roi demande les clefs des petites cellules qu'il avait fait dresser pour des capucins; les ayant, il y monte, le sieur de Termes portant le bougeoir. Le roi en ouvre une et y enferme le sieur Du Halde et successivement les quarante-cinq qui arrivoient; puis les fait descendre en sa chambre. »

« Surtout, disait le roi, ne faisons pas de bruit, de peur que ma mère ne s'éveille. »

Il était ému, comme on pense, et fort capable d'émouvoir, pâle et misérable figure qui priait, mendiait. Il leur dit qu'il était perdu si le duc ne périssait; qu'il était arrivé au bout; prisonnier dans sa maison, n'ayant plus rien de sûr, à peine son lit; qu'il avait toujours compté sur leur épée et fait pour eux tout ce qu'il avait pu, mais qu'il ne pouvait plus rien, et qu'ils allaient être cassés... Que cependant il était roi, avait droit de vie et de mort, et leur donnait droit de tuer.

Toutes ces têtes gasconnes prirent feu. Ils ne se plaignirent que d'attendre. Un Périac, frappant de la main contre la poitrine du roi : « Cap de Jou! Sire, je bous le rendrez mort. »

Ils parlaient si haut et si fort, que le roi en eut peur. Il tremblait, disait-il toujours, d'éveiller la reine mère.

« Voyons, dit-il tout bas, voyons d'abord qui a des poignards. » Il s'en trouva huit; celui de Périac était d'Écosse. Le capitaine Longnac prit seulement ceux-là, qui étaient au complet, ayant le poignard et l'épée. Il les plaça dans l'antichambre. Et les autres furent mis ailleurs.

Le roi, dans son cabinet même, garda son Corse, et une lame de première force, le Gascon La Bastide, avec le secrétaire Révol, homme d'Épernon. Le parent d'Épernon, le comte de Termes, se tint dans la chambre pour être sûr que le roi ne changerait pas de résolution. Il n'y songeait point. Il était préparé à tout, bien décidé et confessé; il avait eu l'attention d'avoir son aumônier dans un cabinet pour mettre ordre à sa conscience.

Tout cela ne prit pas beaucoup de temps, de sorte qu'il resta une assez longue attente à ne rien faire. Le roi allait, venait et ne pouvait durer en place. Parfois il entr'ouvrait la porte et passait la tête dans l'antichambre, disant aux huit :

« Surtout n'allez pas vous faire blesser; un homme de cette taille-là peut se défendre... J'en serais bien fâché. »

Le conseil, à cette heure si matinale, ne se forma pas vite. Les royalistes arrivèrent bien, et, avant le jour, les cardinaux de Vendôme et de Gondi, les maréchaux d'Aumont et de Retz, d'O et Rambouillet. Mais les autres, M. de Lyon et le cardinal de Guise, arrivèrent tard. Et l'on ne voyait pas le duc, quoique logé dans le château.

Il faisait un fort vilain jour d'hiver, très-bas et très-couvert; il plut du matin jusqu'au soir. Il n'était pas loin de huit heures quand on osa frapper pour éveiller Guise. Les adieux avaient été longs. Il passa à la hâte un galant habit neuf de satin gris, et, le manteau sur le bras, se rendit au conseil. Dans la cour, et sur l'escalier, sur le palier, partout, il rencontra nombre de gardes, dont il s'étonna peu, averti de la veille, par leur capitaine Larchant, que ces pauvres diables viendraient le prier d'appuyer au conseil leur requête pour être payés. Larchant, qui était malade, maigre à faire peur, faisant d'autant mieux son personnage de mendiant, disait d'une voix lamentable : « Monseigneur, ces pauvres soldats vont être obligés, sans cela, de s'en aller, de vendre leurs chevaux; les voilà perdus, ruinés. » Tous le suivaient, le chapeau à la main.

Il promit poliment, passa. Mais, lui entré et la porte fermée, la scène changea derrière lui. Les gardes nettoyèrent l'escalier des pages et de la valetaille, et s'assurèrent de tout. Crillon ferma le château.

Le secrétaire du duc, Péricard, eut la présence d'esprit de lui envoyer un mouchoir, et dedans un billet avec ce mot : « Sauvez-vous! ou vous êtes mort! » Mais rien ne passa, ni mouchoir ni billet.

Guise, entrant et assis, lut du premier coup sur les visages, et se troubla un peu. Il se vit seul, et, soit frayeur, soit épuisement de sa nuit, il ne fut pas loin de se trouver mal : « J'ai froid, » dit-il. Son habit de satin expliquait du reste cette parole : « Que l'on fasse du feu. » Et puis : « Le cœur me faut... Monsieur de Morfontaine, pourriez-vous dire au valet de chambre que je voudrais avoir quelques bagatelles des armoires du roi, du raisin de Damas ou de la conserve de rose. » On ne trouva que des prunes de Brignoles, dont il lui fallut se contenter.

Son œil, du côté de sa balafre, pleurait. Sous ce prétexte, il dit au trésorier de l'épargne : « Monsieur Hotman, voudriez-vous voir à la porte de l'escalier s'il n'y a pas là un de mes pages ou quelque autre pour m'apporter un mouchoir. » Hotman sortit, mais il paraît qu'il ne put passer ni rentrer. Un valet de chambre du roi apporta un mouchoir au duc.

Le roi, étant alors bien sûr que son homme était là, dit à Révol : « Allez dire à M. de Guise qu'il vienne parler à moi en mon vieux cabinet. » Révol fut arrêté aux portes par l'huissier dans l'antichambre intermédiaire, et rentra tout tremblant. « Mon Dieu! s'écria le roi, Révol, qu'avez-vous? Que vous êtes pâle! Vous me gâterez tout; frottez vos joues, frottez vos joues, Révol. — Il n'y a point de mal, sire, dit-il; c'est l'huissier qui ne m'a pas voulu ouvrir que Votre Majesté ne le lui commande. » Le roi commanda de lui ouvrir et de le laisser entrer et M. de Guise aussi. Le sieur de Marillac rapportait une affaire de gabelle quand le sieur de Révol entra; il trouva le duc de Guise mangeant des prunes de Brignoles. Et lui ayant dit : « Monsieur, le roi vous demande, il est en son vieux cabinet, » il se retire, rentre comme un éclair et va trouver le roi. Le duc de Guise met des prunes dans son drageoir, jette le reste sur le tapis : « Messieurs, dit-il, qui en veut? » Il se lève; il trousse son manteau sous le bras gauche, met ses gants et son drageoir sur la main de même côté, et dit : « Adieu, messieurs. »

Il heurte à la porte. L'huissier, lui ayant ouvert, sort, ferme la porte après soi.

Le duc entre dans l'antichambre, salue les huit. Il n'y avait qu'eux, ni pages, ni gentilshommes. Il voit Longnac, assis sur un bahut, qui ne daigne pas se lever. Les autres, qui étaient debout, le suivent comme par respect.

« A deux pas de la porte du cabinet, il prend sa barbe avec la main droite, et tournant le corps et la face à demi, pour regarder ceux qui le suivaient, fut tout soudain saisi au bras par le sieur de Montsériac, qui étoit près de la cheminée, sur l'opinion qu'il eut que le duc vouloit reculer pour se mettre en défense. Et tout d'un temps il est par lui frappé d'un coup de poignard dans le sein gauche, disant : « Ah! traître, tu en mourras. » En même instant le sieur des Affravats se jette à ses jambes et le sieur de Semalens lui porte par derrière un grand coup de poignard près la gorge dans la poitrine, et le sieur de Longnac un coup d'épée dans les reins, le duc criant à tous ses coups : « Eh! mes amis! Eh! mes amis! Eh! mes amis! » Et, lorsqu'il se sentit frappé d'un poignard sur le croupion par le sieur de Périac, il s'écria plus haut : « Miséricorde! » Et, bien qu'il eût son épée engagée dans son manteau et les jambes saisies, il ne laissa pas pourtant de les entraîner d'un bout de la chambre à l'autre, au pied du lit du roi, où il tomba.

« Ces dernières paroles furent entendues par son frère le cardinal, n'y ayant qu'une muraille de cloison entre deux : « Ah ! on tue mon frère. » Et, se voulant lever, il est arrêté par M. le maréchal d'Aumont, qui, mettant la main sur son épée : « Ne bougez pas, dit-il, mordieu ; monsieur, le roi a affaire de vous. » Alors l'archevêque de Lyon, fort effrayé et joignant les mains : « Nos vies, dit-il, sont entre les mains de Dieu et du roi. »

« Après que le roi eut su que c'en était fait, il va à la porte du cabinet, hausse la portière, et, ayant vu M. de Guise étendu sur la place, rentre et commande au sieur de Beaulieu de visiter ce qu'il avait sur lui. Il trouve autour du bas une petite clef attachée à un chaînon d'or, et dedans la pochette des chausses il s'y trouva une petite bourse où il y avait douze écus d'or et un billet de papier où était écrit, de la main du duc, ces mots : « Pour entretenir la guerre en France, il faut sept cent mille livres tous les mois. » Un cœur de diamant fut pris, dit-on, en son doigt par le sieur d'Antragnet.

« Pendant que le sieur de Beaulieu faisait cette recherche, apercevant encore à ce corps quelque petit mouvement, lui dit : « Monsieur, pendant qu'il vous reste quelque peu de vie, demandez pardon à Dieu et au roi. » Alors, sans pouvoir parler, jetant un grand et profond soupir, comme d'une voix enrouée, il rendit l'âme, fut couvert d'un manteau gris, et au-dessus mis une croix de paille. Il demeura bien deux heures durant en cette façon ; puis fut livré entre les mains du sieur de Richelieu, lequel, par le commandement du roi, fit brûler le corps par son exécuteur en cette première salle, qui est en bas à la main droite en entrant dans le château, et, à la fin, jeter les cendres à la rivière. »

D'autres ajoutent que le roi, le voyant couché à terre, se mit à dire : « Ah! qu'il est grand! Encore plus grand mort que vivant! » Prophétie involontaire que la Ligue sut bien relever, ou que, peut-être, elle inventa.

D'autres prétendent que, dans la furieuse gaieté d'un lâche tout à coup rassuré, le roi ne se contint pas et lui lança un coup de pied au visage. Chose qui n'est pas invraisemblable. Ce personnage original avait tout à la fois du Borgia et du Scapin; avec beaucoup d'esprit, des mouvements très-bas, un violent farceur dans un capucin d'Italie.

Sa grande affaire était de s'assurer du pape,

de savoir ce qu'en dirait son bon légat, le Vénitien Morosini. Il lui avait envoyé Révol. L'homme de Venise fut un peu étonné; il n'attendait pas tant du roi. Il vint, vers les onze heures, lui faire visite et causa amicalement, voulant seulement profiter de son émotion pour l'assurer au pape, l'empêcher de se rapprocher du roi de Navarre. Ils allèrent ensemble à la messe.

Sur le passage, le roi vit, entre autres gentilshommes, un ami de ce La Motte-Serrant qui trafiquait de chair humaine et que protégeait Guise; il dit à cet ami : « Monsieur, la loi revit, puisque le tyran est mort. Que votre homme s'y conforme et qu'il se présente en justice. »

Puis, voyant l'évêque de Langres, qui, par Guise, avait extorqué un arrêt du conseil contre sa ville : « Monsieur l'évêque, dit-il, vous avez fait condamner ceux de Langres sans qu'on les entendît; vous serez condamné vous-même. »

On avait arrêté plusieurs des principaux ligueurs et les princes de la maison de Guise. Le roi les relâcha fort imprudemment, sur les promesses qu'ils firent de calmer Paris.

Des hommes, comme Brissac, qui lui avaient fait des outrages personnels, n'en furent pas moins lâchés.

Le plus embarrassant était ce terrible cardinal de Guise, le frère du mort, que le roi tenait sur sa tête dans un grand galetas qu'il avait fait partager en cellules pour y loger des capucins. Il jetait feu et flamme, « ne souffloit que la guerre, ne ronfloit que menaces, ne haletoit que sang. » Ce prêtre était un militaire ; de temps à autre il jetait la soutane, prenait l'épée ; récemment, à la tête d'un parti de cavalerie, il avait surpris Troyes. Avec tout cela, il ne s'en croyait pas moins couvert par la tonsure. Les gens qui entouraient le roi et qui avaient participé à l'acte avaient à attendre du cardinal de grandes vengeances. Ils lui dirent ces menaces, et, cela ne suffisant pas, ils régalèrent le roi des brocards dont il le criblait. Un jour que quelqu'un lui disait : « Vous piquez trop le roi. — Il ne marche qu'autant qu'on le pique. » Et, voyant aux armes du roi les deux couronnes de France et de Pologne : « Le tondeur fera la troisième. » Et il ajoutait en grinçant : « Oui, je tiendrai sa tête entre mes jambes, pour lui faire, avec un poignard, sa couronne de capucin. »

L'hésitation du roi dura tout le 23 et toute la nuit. Le 24 était la veille de Noël ; s'il eût passé ce jour, la fête l'eût sauvé. Mais, le matin du 24, on dit au roi qu'il continuait à se démener dans son grenier, à jurer, menacer. Le roi réfléchit qu'après tout il avait le légat pour lui, qui avait fort bien pris la mort de Guise, que, quant à la tonsure et à la pourpre, on excuserait tout sur l'urgence et le danger, que le mariage avec la nièce du pape laverait tout, qu'enfin les temps étaient changés et qu'on n'en ferait pas tant de bruit que de saint Thomas de Cantorbéry. Donc : « Expédions-le, dit-il, qu'on ne m'en parle plus. »

Le capitaine Du Gast, qui n'avait pas été de l'autre affaire, se chargea de celle-ci, qui était plus dure, peu de gens voulant tuer un cardinal. Quatre cents écus en firent l'affaire; on eut quatre soldats. Le haut prélat s'y attendait si peu, que, quand il les vit venir, il dit à M. de Lyon, enfermé avec lui : « Monsieur, ceci vous regarde; pensez à Dieu. — Non, monseigneur, c'est de vous qu'il s'agit. » Le cardinal se confessa, suivit les hommes, et, dans le couloir, fut tué.

Le roi n'avait pas eu la patience d'attendre tout cela pour aller voir la figure de sa mère. Dès le 23, sur l'acte même et Guise étant tout chaud, il s'était donné ce bonheur. Par son escalier dérobé qui conduisait chez elle, il descend; il la trouve au lit, qui était malade : « Madame, comment vous portez-vous ? — Oh! mon fils, doucement. — Moi, très-bien, je suis roi de France, j'ai tué le roi de Paris. »

Elle fit une terrible grimace. Mais, se contenant : « Je prie Dieu que bien en advienne!... Mais donnez-moi un don. — C'est selon, madame... — Donnez-moi son fils et M. de Nemours. — Leurs corps? Oui, mais je garde leurs têtes. » Du reste, il ne voulait que la mortifier par le refus; il ne les fit pas tuer.

Elle avait espéré que, Guise ayant l'avantage, mais un avantage incomplet, elle replacerait dans le conseil son Villeroy et son Cheverny, les deux béquilles par qui, tant bien que mal, boitant de ci, de là, elle continuerait de marcher. Mais, voyant Guise mort, elle se retourne vite : « Mon fils, dit-elle, il faut vous saisir d'Orléans. » Quelques-uns même assurent qu'elle lui conseillait d'appeler le roi de Navarre.

Cela n'empêcha pas qu'elle ne se levât et ne se fît porter chez le cardinal de Bourbon pour se laver les mains de ce qui s'était fait et lui protester de ses sentiments invariables. Le vieil homme la reçut avec des pleurs, avec des cris, une fureur épouvantable, de ces colères apoplectiques, comme en ont les vieillards ou les petits enfants : « Madame! madame! voilà encore un de vos tours... Vous nous faites tous mourir! » Il lui parla comme si elle avait tout arrangé et conseillé, mis doucement le cerf au filet, lâché la meute. Il la maudit, appela sur elle toutes les foudres. Et, ce qu'elle craignait plus, il lui fit voir que, cette fois, des deux côtés, elle était prise et trop connue, qu'elle n'avait plus rien à faire en ce monde, qu'elle pouvait fermer boutique, s'en aller intriguer là-bas.

Elle eut beau protester, jurer, il n'en tint compte, n'entendit rien. Elle vit que c'était fini et qu'on ne la croirait plus. Toutes ses paroles lui rentrèrent, lui restèrent à la gorge, l'étouffèrent. Elle s'en alla; et, comme elle avait déjà une petite fièvre, la pauvre femme n'en releva pas. Brantôme, son admirateur, dit crûment « qu'elle creva de dépit. »

Son fils, pendant les quelques jours qu'elle vécut (jusqu'au 5 janvier), ne quitta guère son chevet, soit par un reste d'attachement et d'habitude, soit par curiosité de voir si, en mourant, elle n'intriguerait pas encore et ne ferait pas quelque coup fourré. Il la pleura d'un œil, et pas longtemps; il avait bien d'autres affaires.

Ses domestiques aussi pleuraient, la voyant criblée de dettes, et pensant que la succession ne payerait pas leurs legs, quoiqu'on vendît ses riches meubles et ses grands domaines à l'encan.

Elle n'avait jamais cru qu'à l'astrologie, et

toujours ses astrologues lui avaient dit de se défier de Saint-Germain. Voilà pourquoi elle n'aimait guère à habiter Saint-Germain-en-Laye, ni même le Louvre sur la paroisse Saint-Germain-l'Auxerrois. Aussi elle bâtit, tout près, l'hôtel de Soissons (Halle au-Blé), dont on voit encore la tourelle. Mais voici que ce Saint-Germain, qui devait l'enterrer, n'était pas un lieu, mais un homme. Quand elle fut très-bas, tout le monde la laissa là, et il n'y eut qu'un bon gentilhomme, Julien de Saint-Germain, homme doux et honnête, pourvu d'une abbaye, qui s'inquiéta de la vieille âme et l'assista de ses prières jusqu'à ce que cette âme s'envolât on ne sait trop où.

Il n'y avait pas à songer à la transporter à Paris, où on l'eût jetée à la voirie comme ayant fait tuer Guise. On la mit provisoirement à Saint-Sauveur de Blois. Et ce provisoire dura très-longtemps. Son fils n'eut guère le temps d'y songer, Henri IV encore moins.

Le plus désagréable, dit Pasquier, fut que, comme, à Blois, on n'avait pas ce qu'il fallait pour bien embaumer, ce corps sentit bientôt si mauvais dans l'église, qu'il fallut l'enlever de nuit; on le mit en terre avec les premiers venus, et, par précaution, dans un endroit dont personne ne se doutait.

Ce ne fut que vingt et un ans après que ses os furent apportés à Saint-Denis dans le splendide tombeau d'Henri II, qui est, à lui seul, une sorte de chapelle, et où elle s'était fait sculpter classiquement, c'est-à-dire toute nue.

Le cœur, s'il y en avait, ou si on put le retrouver, fut mis aux Célestins dans cette urne dorée qu'on voit maintenant au Louvre, soutenue par trois gentilles et moelleuses figures de Germain Pilon, qui certainement sont des portraits. Ces belles sont là chargées de figurer les trois vertus théologales, qui furent, comme on sait, dans le cœur de Catherine, la Foi, l'Espérance et la Charité.

Si l'inscription ne le disait, on verrait plutôt dans la ronde gracieuse qu'elles font en se donnant la main la danse des saisons et des heures, le chœur insouciant qu'elles mènent en se moquant de nous.

CHAPITRE XVIII.

Le terrorisme de la Ligue. 1589.

Peu avant l'événement, le jeune de Thou (l'historien), retournant de Blois à Paris et prenant congé du roi, l'attendit au passage dans un couloir obscur, où le roi l'arrêta longtemps. Longtemps il lui tint la main, comme ayant beaucoup à lui dire, et finalement ne lui dit rien. Si grandes étaient son irrésolution et les perplexités de son esprit.

Mais, après l'événement, sa route était toute tracée, directe, s'il avait su la voir. Ayant tué le cardinal, il avait réellement rompu avec Rome, avec les fervents catholiques. Il devait appeler Épernon, en tirer les deux mille arquebusiers qu'il eut trop tard. Il eût imposé aux États, enfoncé dans les esprits la terreur de la mort des Guises. En un mois, il aurait eu le secours du roi de Navarre, sa vaillante cavalerie. Avec cela, il fondait sur Paris, nullement approvisionné; en huit jours, il était au Louvre, et proclamait à main armée son édit de 1577, l'édit de tolérance et de pacification. Eût-il réussi? Je ne sais. Mais il n'aurait pas tombé sans honneur.

Qui l'empêchait d'agir? Qui le liait? Sa conscience. Elle lui rendait intolérable la vue des huguenots, lui faisait croire qu'il n'y avait pas de réconciliation possible avec eux, lui rappelait qu'il était, qu'il serait éternellement l'homme de la Saint-Barthélemy.

Une autre chose aussi très-sérieuse le paralysait. Appeler à soi le roi de Navarre, c'était appeler contre soi le roi d'Espagne. Le premier si faible! le second si grand!

Si la puissance de l'Espagne avait eu comme une éclipse par le revers de l'Armada, la redoutable armée espagnole du prince de Parme, le génie invincible du grand Italien étaient la terreur de l'Europe. Toutes les combinaisons de la politique du temps étaient modifiées d'avance, en résumé, annulées par ce mot final qui détruisait tout : « Et quand nous aurions réussi, rien ne serait fait encore; car alors viendrait l'Espagnol. »

On a ridiculement exagéré la puissance de la Ligue. Elle se développa partout, parce que, dans l'universelle faiblesse, elle ne trouvait pas d'obstacle. Mais elle-même se jugeait très-faible. Et, dès le premier moment, elle ne crut pas pouvoir durer sans l'assistance de l'Espagne. Les factions diverses de la Ligue étaient d'accord là-dessus. Mayenne, dès le mois de janvier, demande une armée espagnole. Les Seize, ennemis de Mayenne, n'obéissent qu'à l'Espagnol. Le fils de Guise, qui vient plus tard, n'a d'espoir de réussir que par un mariage espagnol. Philippe II est obligé de venir sans cesse à l'aide de ce grand parti, qu'on dit si populaire, qu'on dit tout le peuple même; sans cesse, il faut qu'il intervienne, et non-seulement au Nord, par les grandes expéditions du prince de Parme, mais partout, et en Bretagne, et en Languedoc, et à Paris, par la constante présence de ses armées, sans lesquelles la Ligue tombait cent fois par terre.

Je m'ennuie de me répéter, mais je le dois, puisque je trouve le public imbu d'idées fausses.

Qui ne sentira la faiblesse intrinsèque de la Ligue, cette grande machine de Marly à cent grosses roues sans action, obligée de prier toujours qu'on lui donne un tour de main? Qui sera tenté de comparer ce mouvement forcé, pulmonique, poussif, qui ne peut faire un pas sans le bras de l'Espagnol, avec le vrai mouvement national, si robuste, de 93, qui d'un bras rembarra l'Europe, de l'autre étouffa la Vendée?

Revenons à Henri III. Le pauvre homme avait entièrement manqué son coup, perdu ses peines. Les États furent irrités et ne furent point effrayés. Ils lui refusèrent toutes ses demandes. Même le procès des Guises, qu'il faisait, lui fut impossible. Il tenait leur confident, l'archevêque de Lyon, l'homme qui savait le mieux les manipulations secrètes de leur double corruption, l'argent qu'ils recevaient d'Espagne et le trafic de conscience auquel servait cet argent. Cet archevêque, Espinac, qui couchait avec sa sœur, n'en était pas moins terrible pour les mœurs du roi ; il avait écrit sur lui et sur Épernon, en langage de Sodome, le *Gaveston*, livre effroyable, qui appelait sur Henri III l'obscène punition d'Édouard empalé par sa bonne femme. L'auteur d'un tel livre, que le roi tenait, avait bien quelque chose à craindre. Mais il voyait le roi dans les mains du légat. Le drôle se rassura, se rengorgea, ne daigna répondre en justice et pas même comme témoin.

Le roi était au plus bas, malade des hémorroïdes, pleurant; tout le monde riait, personne n'en tenait compte. Ses gens le quittaient un à un. Retz (Gondi) ne fut pas le dernier ; ce célèbre conseiller de la Saint-Barthélemy, qui avait aidé à arrêter le cardinal de Guise, était inquiet de son audace. Il alla se cacher à Lucques, laissant son maître devenir ce qu'il pourrait.

Donc, il était là, dans son lit, à peu près seul, devenu, de roi de France, « roi de Blois et de Beaugency. »

Entendant dire qu'il y avait à Blois un petit mercier de Paris qui allait y retourner, il le fait venir, le matin, près de son lit et il lui montre la reine : « Mon ami, ce que tu vois, dis-le à tes Parisiens. Puisque je couche avec la reine, il faut bien que je sois le roi. »

La reine même, il ne l'avait pas. Elle était de cœur avec ses parents, et, sous main, écrivait aux Guises.

Il n'y avait pas eu encore de créature plus dénuée que ce pauvre hémorroïdeux, depuis le bonhomme Job.

Les Parisiens en faisaient si peu de cas, que quand ils apprirent la mort de Guise, le 24 (veille de Noël), ils ne voulurent jamais le croire capable d'un tel coup. Mais, le 25, la nouvelle étant confirmée, il y eut un prodigieux mouvement. Et celui-ci naturel. On courut à l'hôtel de Guise, où la duchesse était enceinte.

Pour donner l'impression de vengeance et de cruauté, rien n'est meilleur que d'entamer les choses par l'attendrissement ; un peuple attendri est terrible ; les larmes sont près du sang. On avait la grande machine dramatique, la duchesse même, que ce bon duc de Guise avait confiée à sa chère ville de Paris, voulant que le petit naquît Parisien. Tout se précipite là ; il faut que la dame se montre ; en deuil, éplorée, très-enceinte et à son huitième mois, elle apparaît à la foule, se traînant à peine, défaillante. Mais elle est soutenue sur le cœur de tous ; tout le monde crie, tout le monde pleure ; on bénit, on salue ce ventre qui contient sans doute un sauveur (c'était le jour de Noël), on l'adopte ; point de marraine que la ville de Paris. Tous en revinrent les yeux rouges, exaspérés contre Henri III ; pas un, dans ce premier accès de pitié furieuse, qui ne lui eût donné de son couteau dans le cœur.

Le mouvement était lancé ; pour chef, il suffisait d'un homme quelconque. La duchesse de Montpensier, qui était malade, au lit, fit venir les Seize dans sa chambre à coucher et leur dit que le seul prince à Paris, son cousin le duc d'Aumale, qui était un imbécile, faisait son Noël aux Chartreux, qu'il fallait aller le prendre. Il n'en faut pas plus pour drapeau.

Les choses allèrent droit et roide. Le 29, le Gascon Guincestre, qui s'était emparé d'une cure en chassant le curé, traita de même le roi ; il le destitua par un calembour. Il dit qu'il avait trouvé le mystère d'*Henri de Valois*, que ce nom, par son anagramme, donnait le *Vilain Hérode*, qu'on ne pouvait plus obéir à un Hérode empoisonneur et assassin. Cela à Saint-Barthélemy, paroisse du Parlement, devant le Palais de Justice. La foule, en sortant, se mit en devoir d'arracher du portail les armes de France et de Pologne, de les briser et de marcher dessus.

Opération qu'on répéta bientôt dans toutes les églises; spécialement à Saint-Paul, où la foule s'amusa à casser le nez, la tête, à Caylus, Maugiron et Saint-Mégrin, que le roi avait fait représenter en marbre sur leurs tombeaux.

Le 7 janvier, la Sorbonne consultée déclara le peuple délié du serment de fidélité, le roi ayant violé la foi, violé la Sainte-Union, violé la « naturelle liberté des trois ordres du royaume. »

Le Parlement continuait de rendre justice au nom du roi. Le 16 janvier, l'ex-procureur Leclerc, qui se faisait appeler M. de Bussy, entre au Parlement avec une vingtaine de coquins et le pistolet à la main. Il donne ses ordres aux magistrats, qu'il eût à peine, naguère, osé saluer, et leur intime de le suivre. Il fait l'appel, mais ceux même qui n'étaient pas sur la liste veulent suivre les victimes désignées et tous s'en vont à la Bastille.

A la Grève, et sur la route, il y avait des charbonniers, porteurs d'eau et portefaix, qui auraient assez aimé à les assommer, pensant que, la Justice tuée, on pourrait se donner fête, du pillage, s'amuser. Mais les Seize voulaient un pillage méthodique, un rançonnement régulier. Il leur fallait un parlement. Le président Brisson, le plus savant homme de France, était aussi le plus timide; on l'empoigna, on le mit sur les fleurs de lis; on le fit jurer, agir, parler, comme on voulut. Brisson prit toutefois une précaution. Il avait peur de la Ligue, mais il avait peur du roi; à tout hasard, il crut être habile en faisant en cachette une protestation où il assurait qu'il était là par peur, qu'il avait voulu se sauver, n'avait pu. Ce fut cette pièce prudente qui bientôt le perdit.

Ce ne fut qu'un mois après que le duc de Mayenne vint enfin prendre à Paris la direction du mouvement (15 février). C'était un gros homme, assez lent, qui avait beaucoup de mérite, moins faux que son frère Henri, et sans comparaison le meilleur des Guises; on ne lui reprochait qu'un assassinat. Le fils du chancelier Birague lui ayant demandé sa fille et avoué qu'il en avait une promesse de mariage, le prince lorrain, indigné, dégagea sa fille en le poignardant. C'est cet homme si orgueilleux qui va se trouver le chef des va-nu-pieds de Paris.

Il y venait à regret, se sentant infiniment peu propre à ce rôle. Mais sa furieuse sœur, la duchesse de Montpensier, était sortie de son lit pour l'aller chercher en Bourgogne et pour l'amener. Elle voulait qu'il s'avançât hardiment, reprît le rôle de son aîné et se fît roi. Chose extravagante. Le long travail du parti clérical pour faire un héros, un dieu, de Henri de Guise, avait eu justement pour effet de mettre son cadet dans l'ombre, et d'établir dans les esprits une solide opinion de sa médiocrité. Les talents réels de Mayenne ne pouvaient le tirer de là. Il eût eu peu de gens pour lui, et il aurait eu contre lui certainement le roi d'Espagne, secrète pierre d'achoppement de tous les prétendants.

Mayenne, qui venait organiser un gouvernement, en trouva un, celui des Seize et de la ville. C'est des Seize qu'il reçut la liste toute préparée du *Conseil général de l'Union* que Paris créait pour la France. Il y eut trois évêques, six curés de Paris, sept gentilshommes, vingt-deux bourgeois, Mayenne président, Sénault secrétaire (un des Seize), en tout quarante membres. Le secrétaire à lui seul pesait autant que le conseil. Mayenne obtint bien d'ajouter quinze hommes de robe (Jeannin, Ormesson, Villeroy, etc.), pour guider l'inexpérience de ces quarante rois. Mais le secrétaire Sénault n'écrivait que ce qu'il voulait. Des autres, presque toujours, il faisait des rois fainéants, les arrêtant à chaque instant par un petit mot : « Doucement, messieurs, je proteste au nom de quarante mille hommes. »

De sorte que le vainqueur, le *Conseil général*, était presque aussi dépendant que le vaincu, le Parlement.

Pour consoler un peu le *Conseil* de sa nullité, on le payait grassement. Chacun des quarante membres avait cent écus par mois, forte somme qui ferait bien mille ou douze cents francs aujourd'hui.

Le *Conseil* avait commencé par diminuer d'un quart les tailles pour toute la France. Mais cela n'eut pas grand effet; le roi avait fait déjà la diminution. Et personne d'ailleurs ne payait, du moins nulle taxe générale. Chaque ville avait assez à faire de suffire aux *razzias* locales que faisaient les gouverneurs de province, ou les commandants de place, ou les chefs de faction, toute autorité, tout le monde, pour tous les besoins ou prétextes de la guerre civile.

Mais ce qui rendit le *Conseil de l'Union* bien autrement populaire, ce qui le fit adorer à Paris, ce fut *l'autorisation donnée aux locataires de ne plus payer le loyer.* Il y eut réduction expresse d'un tiers. Mais on ne paya plus rien.

Le peuple était misérable, tout commerce ayant cessé; les pauvres vivaient de hasard, d'aumônes plus ou moins forcées, de soupe ecclésiastique. Mais cette grande délivrance de n'avoir plus de loyer, de ne plus chercher sou à sou, de ne plus calculer le terme, d'avoir perdu le souci et la notion du temps, cela seul faisait de la misère un paradis relatif.

Le clergé, quoique forcé de donner beaucoup, trouvait aussi une grande douceur financière à la guerre civile. Elle le dispensait de la charge qui, depuis près de trente ans, le faisait gémir, celle de payer les rentes de l'Hôtel de Ville. Cette charge, c'était la blessure profonde, la navrante plaie qui, jour et nuit, perçait le cœur de cet infortuné clergé, pour la guérison de laquelle il avait en vain appelé tous les médecins, et Guise, et l'Espagne, et le ciel!

De sorte qu'une intime union se trouva formée entre ces deux classes qui l'une à l'autre se donnèrent dispense de payer : *le clergé dis-*

pensa le peuple de payer impôts et loyers; le peuple dispensa le clergé de payer la rente publique.

Donc, l'État ne reçut plus rien. Donc, la masse des propriétaires et rentiers ne reçut plus rien.

Ces propriétaires et rentiers étaient eux-mêmes un grand peuple. Les uns vivaient des loyers d'une unique petite maison. Les autres avaient petite part à la rente de l'Hôtel de Ville. Ces rentiers de cent francs, ou moins, étaient de maigres boutiquiers, de pauvres personnes ruinées, des veuves, etc. On a vu en 1579 (page 132 de ce volume) la singulière émeute qui faillit avoir lieu quand le clergé essaya de se dispenser de payer la rente.

Il échoua en 1579, réussit en 1589. Il vint à bout d'étouffer le mécontentement des petits rentiers, des petits propriétaires, de ce qu'on pourrait appeler les meurt-de-faim de la bourgeoisie.

Le clergé, le grand et gros propriétaire du royaume, dut cette victoire définitive à son alliance d'une part avec les mendiants robustes, de l'autre avec les gagne-deniers d'Auvergne, Limousin, etc., charbonniers et porteurs d'eau, population campagnarde au milieu de Paris, braves gens, honnêtes, crédules, sujets à suivre l'impulsion d'un *bon* patron qui les occupe et leur fait gagner leur vie. Ils comprennent peu, ne parlent guère, entendent mal la langue française. Mais ils s'attachent aux personnes, et ne sont que trop dévoués; ils ont bon cœur, et leurs *pratiques* peuvent les faire aller loin; ils ne joueraient pas du couteau, à moins d'avoir un peu bu, mais bien aisément du bâton.

La bourgeoisie, qui avait pris parti contre les protestants, comme contre des gens de trouble, qui leur avait reproché surtout de faire enchérir les vivres, qui même, on l'a vu, en 1568, les voyant à Saint-Denis, s'était battue et fait battre, qui enfin avait eu une part à la Saint-Barthélemy, — la voilà, cette bourgeoisie catholique qui voit tomber d'aplomb sur elle le Terrorisme de la Ligue. Seule, elle payera désormais et ne sera plus payée. Maisons, rentes, rien ne rapporte; encore moins les biens de campagne, à chaque instant ravagés.

Ce Terrorisme ressemblait-il à celui de 93? Oui, par les instincts niveleurs qui sont éternels. En 1589, aussi bien qu'en 93, les pauvres voyaient volontiers les dames en robes de toile aller porter à manger à leurs époux en prison et raccommoder leurs culottes (L'Estoile).

Mais le point essentiel qui faisait l'originalité du Terrorisme de la Ligue, c'est qu'il entrait dans un détail, une intériorité domestique où celui de 93 ne put arriver jamais. Ce dernier agissait du dehors, non du dedans. Il n'avait pas l'instrument admirable de la grande police ecclésiastique; n'ayant pas la confession, il n'allait pas au fond même, il ne siégeait pas en tiers entre le mari et la femme, ne savait pas ce qu'on mangeait, ce qu'on disait sur l'oreiller; il ne voyait pas à travers les murs, au foyer, au pot, au lit. Le curé et le commissaire, le pasteur et le mouchard, unis en la même personne, pinçant au confessionnal, par les rapports de servantes, ceux que, comme prédicateur, il terrifiait du haut de la chaire, c'est un bien autre idéal que celui des Jacobins.

Une famille faillit périr parce qu'une servante rapporta que, le jour du Mardi-Gras, sa maîtresse avait ri. Les femmes se pressaient aux églises, ayant peur que leur absence ne fût dénoncée. Mais, quand elles étaient là, elles avaient encore plus peur que le maître du troupeau qui les regardait tremblantes du haut de la chaire, qui les recensait une à une, ne leur appliquât quelque mot. Nommées, elles étaient perdues. Et même, vaguement désignées, elles craignaient à la sortie les outrages manuels de la bande des coquins à travers de laquelle il fallait passer, et qui menaçaient toujours leurs personnes ou leurs maisons.

Comment s'étonner si la Ligue devint populaire, avec ces moyens énergiques? Comment demander pourquoi on ne voit plus qu'entre les nobles des ennemis de la Ligue? La raison en est bien simple. Parce qu'il fallait, pour cela, non-seulement porter l'épée, pouvoir se défendre, mais encore pouvoir s'isoler, avoir un trou à soi pour se retirer; tout au moins avoir un cheval, comme la noblesse affamée qui suivait le roi de Navarre. Quant aux misérables habitants des villes, dans les tenailles atroces d'une police si serrée, à quoi comparerai-je leur sort? Les cachots et les basses-fosses sont plus libres, parce qu'au moins le prisonnier y est seul. Le grand cachot de Paris, le grand cachot de Toulouse, ces villes, devenues prisons, multipliaient la terreur dans une proportion horrible par quelques cent mille témoins, s'espionnant les uns les autres, par la profondeur d'une inquisition mutuelle, domestique, intime, jusqu'à s'accuser soi-même et se dénoncer à force de peur.

Ce terrorisme clérical différait encore en ceci du terrorisme jacobin de 93, que, le clergé divisé en corps divers et divers ordres, tous jaloux les uns des autres, on ne contentait ceux-ci qu'en mécontentant ceux-là. A Auxerre, vivait retiré un homme de lettres illustre, ancien aumônier de Charles IX, Amyot, l'excellent traducteur de Plutarque. Ce bon homme était resté naturellement attaché au roi, son bienfaiteur. Mais, dans sa peur de la Ligue, il avait imaginé d'appeler les Jésuites, pour le protéger, et de leur faire un collége. D'autant plus furieux contre lui furent les Franciscains de la ville. Ces moines mendiants, en rapport avec les flotteurs de bois, les vignerons, les tonneliers, etc., leur firent croire, quand Amyot revint des États de Blois, qu'il avait conseillé au roi de faire assassiner les Guises. Amyot, tremblant, signa l'Union. Cela ne servit à rien. Le prieur des Franciscains l'avait pris pour texte; chaque soir, dans ses sermons, il donnait la chasse à l'évêque, le condamnait, l'exécutait. Un moine, sur la grande place, s'avisa aussi de prêcher le peuple, une hallebarde à la main en place de crucifix. Amyot, ayant un jour hasardé de mettre le pied hors de l'Évêché, tout le monde lui courut sus, à coups de fusil. En vain le pauvre vieillard obtint une absolution de la plus haute autorité, du légat. Il ne trouva de repos que dans la mort.

Une des scènes les plus odieuses en ce genre fut la mort de Duranti, premier président, à Toulouse. C'était un fervent catholique, qui avait fait venir les Jésuites et les Capucins, avait logé ceux-ci chez lui, avait institué des confréries de pénitents à l'instar d'Avignon. Il était mortel ennemi des protestants. Il avait écrit un livre des cérémonies catholiques, à l'exemple de Durandi, l'auteur du *De divinis officiis*, des temps albigeois. Ce livre fut imprimé à Rome aux dépens de Sixte-Quint.

Eh bien, ce parfait catholique n'en fut pas moins tué par la Ligue.

L'évêque de Comminges, échappé de Blois à la mort de Guise, se mit à la tête du peuple pour la déchéance du roi. Duranti y résista. Le peuple fit des barricades. Il fut pris et enfermé par l'évêque aux Dominicains. Sa femme s'enferma avec lui. On dit au peuple que Duranti, tout prisonnier qu'il était, trahissait et livrait la ville. Le 10 février, à quatre heures de nuit, on voulut forcer le couvent; on brisa, on brûla les portes. Le magistrat, intrépide, embrassa sa femme évanouie, et alla aux massacreurs. Il demanda ce qu'ils voulaient, et de quoi on l'accusait. Pas un mot. Mais une balle lui perça le cœur. On le traîna à la place, on l'accrocha au pilori, où pendait un Henri III. Alors, ne sachant plus que faire, ils se divertirent tout le jour à lui arracher la barbe.

Nous avons déjà vu (dès 1528) ce que les

grandes processions, violentes et tumultuaires, ajoutent aux effets de terreur. Ce sont des revues où l'on va en masse, où chacun a peur de manquer, où l'on passe sous l'œil perspicace des tyrans du jour, notant un à un leurs moutons, tenant compte des maigres et des gras, ajournant l'un, désignant l'autre.

Grand amusement aussi pour le peuple de voir la dévotion improvisée des mondains et leur sainteté subite.

A Paris, la fin du carême augmenta la fermentation. Une série de processions s'ouvrit qui ne finit plus, à grand bruit, à cri et à cor. On commença innocemment, comme on fait, par les enfants, fils et filles, allant deux à deux, avec des chandelles, chantant des hymnes et litanies, que leur arrangeaient les curés. On continua par le Parlement qu'on traîna et par les moines qui le traînaient à la queue. Puis vinrent les processions de paroisses par tous les paroissiens de tout âge, sexe et qualité; plusieurs, pour se faire bien noter, avaient l'air d'aller en chemise. Mais cela manquait d'entrain, et aurait bientôt langui. On voulut réchauffer la chose par une haute mise en scène. Un curé s'avisa de dire que, dans ces processions sur le dur pavé de Paris, rien n'était plus méritoire, rien de plus agréable à Dieu que les petits pieds délicats des femmes qui en souffraient davantage. Sur-le-champ, des filles dévotes se dévouèrent, et, pour souffrir, parurent nues sous un simple linge qui ne s'appliquait que trop bien. Ces Madeleines, criardes et malpropres, firent rire plus qu'elles n'édifièrent. Alors la duchesse de Montpensier, la Judith du parti, se décida sans hésiter. Elle mit bas les robes et les jupes, passa le drap de pénitence, ne l'ayant pas même au sein, mais une simple dentelle. On s'étouffa pour la voir. Pressée, foulée, l'héroïne ne se déconcerta pas. Elle avait lancé la mode.

Dames et demoiselles y passèrent. Les seigneurs, aussi fort dévots à ces sortes de processions, lançaient par des sarbacanes des dragées aux belles qu'ils reconnaissaient à travers ce léger costume.

Beaucoup y venaient malgré elles, mais c'était l'épreuve du jour et la pierre de touche de dévotion. De pauvres femmes ou filles de prisonniers se soumettaient, craignant de marquer par l'absence; honteuses, elles suivaient les hardies, les yeux baissés, s'enveloppant, ce qui les montrait davantage.

Cela prit mauvaise tournure. On en vit les inconvénients. Les garçons voulaient s'y mêler et y allaient pêle-mêle. Les processions étant très-longues, elles finissaient très-tard; si bien qu'à la porte Montmartre, dit l'Estoile, une jeune bonnetière en fut bien malade au bout de neuf mois ; on en accusa le curé qui avait dit : « Les petits pieds douillets sont agréables à Dieu. »

Sans doute pour remonter les choses et rajuster l'innocence compromise des processions, on imagina (peut-être fut-ce une idée de la violente duchesse, qui logeait au Pré-aux-Clercs, et sans doute, de si près, remuait l'Université), on imagina un matin de faire tomber de la montagne l'avalanche, la procession d'un millier de petits écoliers en soutane, de dix à douze ans. Ils tenaient au poing des cierges, passaient rapides et violents avec d'aigres chants de *Dies iræ;* aux haltes ils soufflaient leurs cierges (sauf à les rallumer plus loin), les éteignaient furieusement, mettaient le pied sur la mèche, tout comme ils auraient éteint, foulé, soufflé *le Valois.*

CHAPITRE XIX.

Henri III et le roi de Navarre assiégent Paris. — Mort d'Henri III.
1589.

Dans toutes nos collections de Mémoires, vous chercherez inutilement les meilleurs, ceux d'Agrippa d'Aubigné, œuvre capitale de la langue, âcre et brûlant jet de flamme qui jaillit d'un cœur ému, mais si loyal et si sincère! Vous y chercherez en vain ceux de Duplessis-Mornay, sa vie laborieuse, héroïque et sainte, écrite par une sainte aussi, la pieuse dame de Mornay, écrite en présence de Dieu et pour un enfant, déposition naïve, mais de celles qui emportent la conviction et qui trancheraient tout en justice.

En revanche, vous trouverez tout au long les menteries des secrétaires de Sully, qui lui attribuent tout ce qui se fit, quand à peine il existait.

Vous y trouverez la suspecte Chronologie novenaire du pédant Palma Cayet, ex-précepteur d'Henri IV, écrite sous lui et pour lui, quand la religion du succès l'avait canonisé vivant et déjà érigé en légende. Vous y verrez ce Dieu enfant qui fait leçon à Coligny et qui plus tard éclipse en guerre le génie du prince de Parme.

Ah! pauvre France oublieuse! combien peu as-tu soigné, conservé ta tradition? Combien négligente, insoucieuse, de ton trésor national! J'entends par ce mot ce qui fut toi-même, ta haute vie, aux grandes heures : *les martyrs et les vrais héros!* Tout cela dans la poussière et jeté au vent... En récompense, les Péréfixe d'Henri IV et les Pélisson de Louis XIV, les dentelles et les perruques de la grande galerie de Versailles, ont rempli toute cette histoire. Plus tard, d'autres hochets sanglants.

Ces réflexions nous viennent à l'avénement d'Henri IV. Car, nous le datons ici, et du vivant d'Henri III. Nous le datons du moment où la France, qui n'en pouvait plus, se tourna vers le Béarnais, où la grande masse nationale, stupéfiée, hébétée par les prêtres et l'Espagnol, se mit à leur tourner le dos et commença à regarder du côté du joyeux Gascon.

Nous trouvons fort dur le mot de Napoléon, qui l'appelle sèchement : « Mon brave *capitaine de cavalerie.* » Nous trouvons sévère aussi le mot du prince de Parme : « Je croyais que c'était un roi, mais ce n'est qu'*un carabin.* » Nous dirions maintenant un hussard, bon pour le coup de pistolet.

Ces grands tacticiens italiens ne tiennent pas compte d'une chose : En France, tout est par l'étincelle. Personne ne l'eut plus qu'Henri IV. Un meilleur eût moins réussi. Sa brillante vivacité, qui entraînait tout, le fit fort comme chef de parti, avant de le faire général. Il ne sut pas trop mener les armées, mais il les créait, de son charme, de sa gaieté, de son regard.

Voilà ce que nous devions à la justice. Elle n'est pas facile à trouver dans la limite précise, pour un homme qui a eu la fortune singulière de succéder à une époque de violentes guerres civiles, et qui a été adoré, non-seulement pour ses qualités réelles, mais comme restaurateur de l'ordre et de la paix intérieure. Tout lui fut attribué. Chaque ruine que la société releva, il la releva; il fit tout et créa tout, la France rien. Telle est la justice légendaire et l'idolâtrie stérile qui attribue tout au miracle, à la chance, au hasard des Dieux.

Ce bien-aimé de la fortune, qui lui dut surtout d'être d'abord si rudement éprouvé, eut aussi ce bonheur insigne de naître, j'ose dire, en pleine flamme, au petit brasier héroïque du protestantisme, serré, refoulé, plus ardent. Du moins, ce parti offrait alors une élite sublime. Si la vertu fut ici-bas, sans doute c'est au cœur de Mornay.

La devise de ces gens-là était la simple et grande parole du prince d'Orange au jour de son adversité : « Quand nous nous verrions non-seulement délaissés de tout le monde, mais tout le monde contre nous, nous ne laisserions pas pour cela (jusqu'au dernier) de nous défendre, *vu l'équité et justice* du fait que nous maintenons. »

Cependant, de quel instrument ces grands cœurs se servaient-ils? De celui que Coligny fut obligé d'adopter lorsque le parti faiblit, lorsqu'une armée de gentilshommes voulait un prince pour chef. Il trouva à la Rochelle ce petit prince de montagne, Gascon qui ne doutait de rien. Le sérieux et profond regard de Coligny s'y trompa peu; il paraît avoir compris tout ce qu'on avait à craindre du douteux enfant. Il lui refusa de combattre à Montcontour et le fit tenir à distance. Pourquoi? Si l'on eût vaincu avec le petit Béarnais, l'armée des martyrs fût devenue une armée de courtisans; le parti aurait perdu tout son nerf moral. Si l'on était vaincu sans lui, il restait comme ressource. Cela arriva et le jeune Henri dit qu'il eût gagné la bataille, si on l'avait laissé faire.

Coligny le tint avec lui, lui apprit la patience ; la vertu ? Non. La créature était d'étrange race, très-ferme comme militaire; pour tout le reste, fluide, aussi changeante que l'eau. « L'eau menteuse, » a dit Shakspeare.

Tâchons de saisir ce protée.

Il était petit-neveu du plus grand hâbleur de France et de Navarre, *du grand garçon qui gâta tout.* Je veux dire de François Ier,

Il était petit-fils de la charmante Marguerite de Navarre, si flottante dans son mysticisme, qui ne sut jamais si elle était protestante ou catholique.

Son grand-père, Henri d'Albret, qui, sans doute, lisait le Gargantua (paru en 1534), répéta exactement à sa naissance (1553) le récit rabelaisien. Il lui donna du vin à boire et du vin de Jurançon. Pour plaire au grand-père, sa mère Jeanne, en sa douleur, avait chanté un petit chant béarnais à la Vierge de Jurançon.

Et son précepteur assure qu'à la seule odeur du piot, le digne fils de Rabelais se mit à branler la tête. Son grand-père, ravi, lui dit : « Tu seras un vrai Béarnais. »

Il fit effectivement ce qu'il fallait pour le rendre tel. Il défendit qu'on le fît écrire. C'est pour cela qu'il est devenu un si charmant écrivain. Ses billets sont des diamants.

Il n'en eut pas moins une éducation assez forte. Il apprit tout verbalement, le latin par l'usage seul, comme une langue maternelle. Ainsi fut élevé *par l'usage*, par l'effet de l'entourage, de l'air ambiant, cet autre fils de la nature, le grand paresseux Montaigne. Nulle peine, nulle obligation, fort peu d'idée de devoir.

Son devoir essentiel était de courir les champs, de se battre avec les enfants, d'aller tête nue, pieds nus. Éducation assez ordinaire chez les princes des Pyrénées; on se souvient de Gaston de Foix, le marcheur terrible, qui força ses chevaliers à se faire tous *va-nu-pieds* à l'assaut de Brescia.

Quand le roi de Navarre, dit d'Aubigné, avait lassé hommes et chevaux, mis tout le monde sur les dents, alors *il forçait une danse*. Et lui seul, alors, dansait.

Le mouvement, c'était tout l'homme, et de maîtresse en maîtresse et de combat en combat. On lui attribue follement de longues pièces, ouvrages laborieux, éloquents, de Forget ou de Mornay. Il n'avait pas la patience, ni l'haleine; il n'écrivait que quelques lignes (hors de rares occasions), un ordre à quelque capitaine, un rendez-vous, un mot d'amour.

Résumons :

Premièrement, c'était un mâle, et, disons mieux, un satyre, comme l'accuse son profil.

Deuxièmement, un Français, fort analogue à son grand-oncle ; un François Ier, mais plus familier, jasant volontiers avec toute sorte de gens.

Troisièmement, c'était un Gascon, avec la pointe et la saillie que cette race ajoute au Français. Il avait extrêmement le goût du terroir, et dégasconna lentement. Ce qu'il en garda le mieux, ce fut la plaisanterie, la sobriété et la ladrerie, trouvant mille pointes amusantes qui dispensaient de payer.

On dit qu'enfant il avait eu huit nourrices et bu huit laits différents. Ce fut l'image de sa vie, mêlée de tant d'influences.

Coligny et Catherine de Médicis furent deux de ses nourrices. Malheureusement il profita bien peu du premier, infiniment de la seconde.

Il n'en prit pas la froide cruauté, mais l'indifférence à tout.

Ce qui trompait le plus en lui, c'était sa sensibilité, très-réelle et point jouée, facile, toute de nature. Il avait des yeux très-vifs, mais bons, à chaque instant moites ; une singulière facilité de larmes. Il pleurait d'amour, pleurait d'amitié, pleurait de pitié, et n'en était pas plus sûr.

N'importe. Il y avait en lui un charme de bonté extérieure qui le faisait aimer beaucoup. Son précepteur en rapporte une anecdote admirable (peut-être un conte d'Henri IV), mais si bien contée, que je ne puis pas m'empêcher de la reproduire.

Charles IX, près de sa fin, restant longtemps sans sonner mot, dit en se tournant, comme s'il se fût réveillé : « Appelez mon frère. » La reine mère envoie chercher le duc d'Alençon. Le roi, le voyant, se retourne, dit encore : « Qu'on cherche mon frère. — Mais le voici. — Non, madame, je veux le roi de Navarre; c'est celui-là qui est mon frère. » Elle l'envoie chercher, mais dit qu'on le fasse passer sous les voûtes où étaient les arquebusiers. Celui qui le conduisait lui dit qu'il n'avait nulle chose à craindre. Et cependant il avait bien envie de retourner. Par un degré dérobé, il entre dans la chambre du roi, qui lui tend les bras. Le roi de Navarre, ému, pleurant, soupirant, tombe au pied du lit. Le roi l'embrasse étroitement : « Mon frère, vous perdez un bon ami; si j'avais cru ce qu'on disait, vous ne seriez plus en vie, mais je vous ai toujours aimé. Ne vous fiez pas à... — Monsieur, dit alors la reine mère, ne dites pas cela. — Madame, je le dis, c'est la vérité... Croyez-moi, mon frère, aimez-moi; je me fie en vous seul de ma femme et de ma fille. Priez Dieu pour moi... Adieu ! »

Les mourants voient très-clair. Effectivement, Charles IX avait vu qu'entre tous ceux qu'il avait autour de lui, celui-ci, seul, était homme.

Revenons. Et voyons-le à ce moment décisif de sa vie, le lendemain de la mort des Guises.

Il en parla sensément, sans vouloir qu'on se réjouît, disant seulement : « J'avais prévu, dès le commencement, que MM. de Guise n'étaient pas capables de remuer telle entreprise, ni d'en venir à la fin sans le péril de leur vie. »

Un mois après, il fait venir Mornay, le mène seul à sa galerie et lui dit que, de toutes parts, on l'appelle, on lui fait des propositions ; les bourgeois, même catholiques, voulaient lui ouvrir leurs villes.

« On veut me livrer Brouage. Et d'autres me proposent Saintes. Qu'est-ce que vous me conseillez ?

— Sire, dit Mornay, ce sont là de belles choses. Mais elles vous prendront deux mois. Et cependant se perd la France !... Pensons donc à la sauver. Si j'étais à votre place, je marcherais droit à la Loire avec tout ce que j'aurais de force. On vous a parlé de Saumur. Si cette chance vous favorise, vous avez le passage du fleuve ; sinon, vous aurez les villes jusque-là. Le roi, pris entre deux armées, et ne pouvant résister, s'accordera avec celui qu'il a le moins offensé, c'est vous. »

Le roi fut charmé du conseil, mais il en sentait si peu la portée, qu'il se laissa persuader, au lieu de traiter avec le roi de France, de traiter avec un lieutenant du capitaine de Saumur, qui parlait de vendre la place.

Idée, à vrai dire, pitoyable dans l'héritier de la couronne, qui devait trouver son compte à se rapprocher du roi. Mais Mornay l'en fit rougir et écrivit (le 4 mars), en son nom, un manifeste éloquent et pathétique, un manifeste de paix. Il y rappelle sans orgueil que dix armées en quatre ans ont été levées pour l'exterminer et qu'elles se sont dissipées, sans rien faire que ruiner le royaume. Il y parle avec une modération magnanime du sort des Guises, avec une douleur sentie des maux universels, plus douloureusement encore de la nécessité qu'il a d'avoir toujours les armes à la main. Il demande la paix, mais solide, avec le respect de l'honneur, de la conscience.

Le roi fut d'autant plus touché, que le roi de Navarre était le plus fort, qu'à Loudun, à Thouars, à Châtellerault, les catholiques l'appelaient, lui ouvraient les portes. Un frère de Mornay vint d'abord de la part d'Henri III, puis, madame

Diane, sa sœur naturelle. Le roi de Navarre marchait toujours, il était à trois lieues de Tours, où était le roi. Celui-ci hésitait encore, craignant surtout le légat, qui négociait pour lui avec la Ligue. Mais cette négociation n'arrêtait guère les ligueurs, qui se mettaient en devoir d'avancer et de le prendre. La peur, qui est, dit l'Écriture, le commencement de la sagesse, le fit sage enfin; décidément il appela le roi de Navarre.

L'entrevue, non pas des rois, mais des deux armées, des deux Frances, eut lieu sur les bords d'un ruisseau, à trois lieues de Tours. Les uns et les autres, huguenots, catholiques, réconciliés sans traité, sans savoir la pensée des rois, se rapprochèrent, débridèrent leurs chevaux et les firent boire au même courant. Ces nouveaux amis étaient ceux qui, depuis vingt ans, se faisaient si âpre guerre, qui avaient tant souffert les uns par les autres. Leurs familles exterminées, leurs maisons ruinées, leurs personnes usées, vieillies, les plaies du corps, les plaies du cœur, tout disparut en ce moment. La Saint-Barthélemy elle-même pâlit dans les souvenirs. Qui s'en serait souvenu en voyant le colonel général de l'infanterie du roi de Navarre, M. de Châtillon, fils de l'amiral, le plus ferme dans la guerre et le plus ardent pour la paix?

Noble et vénérable jeune homme qui, dans ce moment solennel, influa plus qu'aucun autre, commanda, par son exemple, l'oubli magnanime, immolant ce grand héritage de deuil dont son cœur avait vécu, donnant son père à la Patrie !

Il était le fils de cette femme admirable (la première de Coligny), qui, d'un mot, le précipita à prendre la défense de ses frères égorgés, à supprimer les délais : « Ne mets pas sur ta tête les morts de trois semaines » (1562).

Je ne passerai pas ce moment sans dire un mot de cette famille tragique. La seconde femme de Coligny, martyre dans un cachot de Nice, y resta trente ans prisonnière, immuable dans sa foi. Les quatre neveux de l'amiral, fils de Dandelot, périrent dans une même année, de blessures et de misère (1586), et furent enterrés ensemble à Taillebourg. Le fils, enfin, de Coligny, Châtillon, dont nous parlons, déjà vieux soldat, meurt à trente-quatre ans (1591). Il laisse un enfant qui, lui-même, avant vingt ans, sera tué sous le drapeau tricolore de la république de Hollande.

Revenons. Il fut convenu (3 avril) qu'on donnerait aux huguenots pour sûreté et pour passage la ville de Saumur. Mais, quand le roi voulut la donner, il ne l'avait pas. Le capitaine de la place en voulait de l'argent, qu'aucun des deux rois n'avait. Des deux côtés, ce furent les officiers huguenots et catholiques qui se cotisèrent pour acheter Saumur. On y mit l'homme qui donnait même confiance aux deux partis, l'irréprochable Mornay.

Cette union inattendue donnait au parti royaliste une force redoutable. Les ligueurs, qui semblaient maîtres de la meilleure partie du royaume, n'en sentaient pas moins leur infériorité. Ils imploraient à grands cris le secours de l'Espagnol. Mayenne n'ayant pas réponse à sa lettre du 28 janvier, écrit de nouveau à Philippe, le 22 mars. Il lui dit, pour le piquer, qu'Élisabeth va secourir le roi de Navarre. Mais Philippe ne bouge pas. Le 12 avril, il écrit à Mendoça qu'il suffit d'animer les catholiques, « avec toute finesse, toute dissimulation. » Ce qui le rendait si lent, c'était la sage opposition du prince de Parme qui, déjà embarrassé à défendre les Pays-Bas contre la Hollande, craignait extrêmement d'être engagé par son maître dans la grande affaire de France.

Une chose met dans tout son jour la faiblesse des ligueurs, c'est qu'en Normandie leur homme, le comte de Brissac, hors d'état de résister, imagina d'appeler à son aide les *Gaultiers*. On nommait ainsi des bandes de paysans qui s'étaient armés, non pas pour la Ligue, mais contre les soldats pillards de tous les partis. Le secours de ces pauvres diables fut inutile à Brissac ; il les jeta en avant, ne les soutint pas ; ils furent massacrés.

Le 30 avril, un mois après le traité signé, Henri III flottait encore, entouré des pestes de cour, de Villeroy, d'O, d'Entragues, qui avait peur et horreur de la réconciliation de la France. Au contraire, Aumont, Crillon, le suppliaient de voir le roi de Navarre. Pendant ce débat pour et contre, il arrive et le voici.

Si nous en croyons de Thou, la chose avait été surtout préparée par Châtillon, par celui à qui la réconciliation dut coûter le plus. Je le crois. Sur les beaux portraits gravés que j'ai sous les yeux, sa figure mélancolique dit assez ce grand sacrifice.

Le roi de Navarre aussi fut admirable comme fermeté courageuse et vive décision d'esprit. Les conseils de femmelettes et de courtisans, les avis de ceux qui voulaient qu'il amenât toute une armée, il les rembarra loin de lui par quelques mots de bon sens. Il se recommanda à Dieu, et, sans hésiter, s'engagea avec sa noblesse sur cette pointe étroite et dangereuse que fait le confluent de la Loire et du Cher, près du Plessis-lez-Tours. Il était fort désigné. Seul, il avait un panache blanc ; seul, un petit manteau rouge qui ne couvrait pas trop bien son pourpoint usé par la cuirasse et ses chausses de couleur feuille morte. Petit, ferme sur ses reins, la barbe mêlée, avant l'âge, de quelques poils gris, la figure très-énergique, d'un profil arqué fortement, où la pointe du nez tendait à rejoindre un menton pointu, c'était l'originale figure du parfait soldat gascon.

Henri III venait d'entendre vêpres aux Minimes du Plessis et se promenait dans le parc, quand on l'avertit. Une grande foule des campagnes se précipitait, et les arbres même étaient chargés d'hommes. Pendant quelques moments, les rois se virent, sans pouvoir s'approcher, se saluant, se tendant les bras. Enfin ils se rejoignirent, et le roi de Navarre se jeta à genoux avec un mot pathétique et flatteur : « Je puis mourir, j'ai vu mon roi. » Tous s'embrassèrent pêle-mêle, huguenots et catholiques, sans distinction de parti, d'armée et de religion. Il n'y avait plus que des Français.

Le lendemain matin, le roi de Navarre alla voir le roi de France avant son lever, tout seul, n'étant suivi que d'un page.

Le bienfait de cette alliance fut senti bientôt. Le roi de Navarre, qui n'obtenait rien que par sa présence, était allé un moment vers le Poitou pour faire avancer les siens. Épernon était à Blois, Montpensier ailleurs. Henri III avait peu de monde à Tours. Mayenne fut averti par un président qui était avec le roi, mais homme de la maison de Guise, ancien chancelier de Marie Stuart.

Une belle nuit, voilà Mayenne qui, avec sa cavalerie et tout ce qu'il a de plus leste, fait d'une traite onze lieues. Le matin il apparaît à Saint-Symphorien, le faubourg de Tours au nord de la Loire, qui tient à la ville par le pont. Le roi, justement, y avait été conduit par les traîtres pour voir les travaux de défense. Un meunier le reconnaît à son habit violet, lui dit : « Sire, où allez-vous? Voilà les ligueurs! »

L'attaque commence; il était dix heures du matin. Les ligueurs ont un grand avantage. Crillon entreprend de les déloger, n'y parvient pas, est blessé, rentre presque seul, ferme de ses mains les portes. Cependant le roi de Navarre, qui n'était pas encore loin, est averti. Il envoie quinze cents arquebusiers, qui, le soir, sous Châtillon, arrivent dans Tours. Ces nouveaux venus, sans se reposer, vont fondre sur les ligueurs. « Braves huguenots, disaient ceux-ci, ce n'est pas à vous que nous en voulons, c'est au roi qui vous a trahis, qui vous trahira encore. » Nulle réponse qu'à coups de fusil.

Le roi voulut sortir de Tours; il alla se montrer au feu dans son habit violet. Mais il n'osait y envoyer tout ce qu'il avait de forces, pensant que Mayenne avait beaucoup d'amis dans la ville. On ne reprit pas le faubourg. Les huguenots, ayant perdu un tiers de leurs hommes, repassèrent le pont sous le feu des ligueurs, mais lentement et à petits pas. Crillon, qui s'y connaissait, se déclara, depuis ce jour, « passionné pour les huguenots. »

D'eux-mêmes, les ligueurs s'en allèrent, laissant au faubourg une trace terrible de leur passage. Cette nuit, le duc d'Aumale et autres chefs avaient couché dans l'église, et l'avaient salie d'une scène infâme et épouvantable.

Repoussée à Tours, la Ligue le fut plus rudement encore à Senlis, qu'elle assiégeait. Deux chefs, Aumale et Menneville, étaient allés fortifier l'armée assiégeante. Ils amenaient avec eux, avec force cavalerie, des canons et douze cents bourgeois parisiens. L'aventurier Balagny, qui s'était fait prince de Cambrai, leur avait amené encore, en pillant tout le pays, quelques milliers d'hommes. Mais le duc de Longueville, La Noue, et nombre de seigneurs, furieux du pillage de leurs vassaux, tombent sur cette grosse armée, la mettent en pleine déroute. Menneville tué, Aumale éperdu qui se cache à Saint-Denis; Balagny court jusqu'à Paris. Le ridicule fut immense, la perte aussi. Paris en pleura tout haut, rit tout bas; il en fut fait des chansons, une pleine de verve : « Il n'est que de bien courir... »

En récompense de sa fuite, on fit Balagny gouverneur de Paris. C'était la confier à l'Espagne. Il était parfait Espagnol.

Le roi cependant avait réuni ses forces, et arrivait devant Paris. Le très-habile Sancy, envoyé par lui sans argent aux Suisses, leur avait persuadé de lever des troupes contre la Savoie, puis leur avait fait sentir que, si le roi était vainqueur, il les garantirait mieux de leur ennemi le Savoyard qu'ils ne le faisaient eux-mêmes. Il amena cette grosse armée, quinze mille Suisses, au roi, qui déjà, par Épernon, Montpensier et le roi de Navarre, avaient presque trente mille Français. Et le plus beau, dans cette armée, n'était pas le nombre, c'était l'union. Il semblait que toutes les vieilles haines eussent cessé par enchantement.

Mayenne, au contraire, fondait, se perdait, venait à rien. Il appelait les Espagnols, les Allemands, les Lorrains, et rien n'arrivait. Il n'avait plus que huit mille hommes; puis cinq mille, dit-on; et, de ces cinq mille, beaucoup commençaient à regarder par quelle porte ils sortiraient.

Les ligueurs avaient tout à craindre. Henri III sur son chemin s'était montré impitoyable pour les villes qui résistaient. On dit que, du haut de Saint-Cloud, regardant Paris de travers, il avait dit : « Cette ville est grosse, beaucoup trop grosse; il faut lui tirer du sang. »

Cependant une grande partie de Paris, la majeure peut-être, était fort contraire à la Ligue. On commençait à parler très-librement dans les rues.

Il y avait nombre d'hommes marqués par les Barricades, par l'attaque projetée du Louvre, par tout ce qui se fit depuis, qui se sentaient bien mal à l'aise. Les moines mêmes, avec leur tonsure, n'étaient pas trop rassurés; beaucoup portaient le mousquet. Le sort du cardinal de Guise les faisait fort réfléchir sur l'inefficacité du privilége de clergie.

Dans le Paris du Midi, celui des couvents et des séminaires, on disait tout haut qu'il fallait un miracle, un grand coup de Dieu. Plusieurs moines prêchaient le miracle, entre autres le petit Feuillant, qui, peu après, envoya un assassin au roi de Navarre. Trois jeunes gens, dit-on, juraient qu'ils imiteraient Judith, et que le nouvel Holopherne ne périrait que de leur main.

Si l'on en croit la duchesse de Montpensier,

sœur des Guises, ce fut elle qui détermina la chose et la fit passer des paroles à l'acte. Cette dame était logée rue de Tournon, au Pré-aux-Clercs, au passage des descentes tumultuaires que les écoles et séminaires faisaient souvent de la montagne (voir septembre 1561). De là, elle était à même, sans sortir, et de son balcon, de passer les grandes revues. Et sans doute ces fanatiques, qui, après tout, étaient jeunes et hommes, s'enivraient du regard d'une grande princesse, sœur des héros et des martyrs. Elle avait déjà trente-sept ans, mais la passion la relevait; elle ne pouvait manquer d'être puissante par la colère, le désir et la peur, belle de la beauté des f...s.

Il y avait parmi les trois un jeune imbécile dont tout le monde riait. « Je l'ai vu, dit Davila; ses confrères, les Jacobins, s'en faisaient un jeu. Ils l'appelaient, par ironie, le capitaine Clément. » C'était un moine bourguignon fort charnel, qui, en province, avait eu le malheur de faire un gros péché de couvent; et c'est pour cela sans doute qu'on avait trouvé bon de le perdre à Paris, où tout se perd. Le prieur d'ici lui dit que, pour un si grand péché, il fallait faire un grand acte. On assure qu'ils exaltèrent son faible cerveau par une nourriture spéciale, comme on avait fait jadis pour préparer Balthasar Gérard, l'assassin du prince d'Orange.

Clément était un paysan. On ne craignait pas d'employer avec lui les moyens les plus grossiers. On lui donna des recettes pour être invisible. Et, pour en prouver l'efficacité, ses confrères restaient devant lui et le heurtaient au passage, affectant de ne le point voir.

On le fit passer aussi par une épreuve très-forte pour une tête chancelante. C'était de le faire jeuner et de le tenir longtemps dans ce qu'ils appelaient la *chambre de méditation*, toute peinte de diables et de flammes. On le prit tout à la fois par l'enfer, par le paradis; je veux dire par la princesse, qui, dit-on, voulut le voir, et lui parla un langage à mettre hors de lui un homme jeune, charnel, un peu fou. Elle lui dit que sa fortune était faite, qu'on le ferait prisonnier sans doute, mais qu'on n'oserait pas le tuer, parce que, le jour même, on s'assurerait de cent têtes de modérés qui répondraient pour la sienne; alors qu'il faudrait bien le rendre, qu'il aurait tout ce qu'il voudrait, le chapeau de cardinal. Et ce n'était pas le meilleur.

Une princesse ne ment jamais. Il avala tout cela. Il acheta un beau couteau neuf, à manche noir. Il se procura deux lettres de royalistes pour lui servir de passe-port. Le soir du 31 juillet, il s'achemina vers Saint-Cloud.

Arrêté, puis introduit, on lui dit qu'il était tard. Le procureur du roi, La Guesle, le garda. Il soupa bien, dormit mieux, et, le lendemain, mardi 1ᵉʳ août, à huit heures, La Guesle le conduisit au roi.

« Il étoit environ huit heures du matin, dit Lestoile, quand le roi fut averti qu'un moine de Paris vouloit lui parler; il étoit sur sa chaise percée, ayant une robe de chambre sur ses épaules, lorsqu'il entendit que ses gardes faisoient difficulté de le laisser entrer, dont il se courrouça et dit qu'on le fît entrer; et que, si on le rebutoit, on diroit qu'il chassoit les moines et ne les vouloit voir. Incontinent le Jacobin entra, ayant un couteau tout nud dans sa manche; et, ayant fait une profonde révérence au roi, qui venoit de se lever et n'avoit encore ses chausses attachées, lui présenta des lettres de la part du comte de Brienne, et lui dit qu'outre le contenu des lettres, il étoit chargé de dire en secret à Sa Majesté quelque chose d'importance. Lors le roi commanda à ceux qui étoient près de lui de se retirer, et commença à lire la lettre que le moine lui avoit apportée, pour l'entendre après en secret. Lequel moine, voyant le roi attentif à lire, tira de sa manche son couteau et lui en donna droit dans le petit ventre, au-dessous du nombril, si avant, qu'il laissa le couteau dans le trou; lequel le roi ayant retiré à grande force, en donna un coup de la pointe sur le sourcil gauche du moine, et s'écria : Ha! le méchant moine, il m'a tué! »

Le moine avait tourné le dos et regardait la muraille. Le procureur général (fort étrange magistrat), portant l'épée comme chargé de la justice du camp, lui passa cette épée au travers du corps, et d'un même coup tua le procès qui eût compromis les moines et sans doute de grands personnages.

Le roi de Navarre, averti, vint, et trouva le blessé en situation assez bonne, qui avait écrit pour rassurer la reine. Il retourna à son camp. Mais, pendant la nuit, la réalité se fit jour. Les médecins dirent qu'il avait peu d'heures à vivre. Il se confessa, fit entrer toute la noblesse, et les exhorta à se soumettre au roi de Navarre, qui ne tarderait pas à se convertir. Il expira (le 2 août 1589). Dernier des Valois, il laissait le trône aux Bourbons.

CHAPITRE XX.

Henri IV. — Arques et Ivry. 1589-1590.

Quand le nouveau roi de France entra, les yeux pleins de larmes, dans la chambre mortuaire, « au lieu des Vive le roi et des acclamations ordinaires, il trouva là le corps mort, deux minimes aux pieds, avec des cierges, faisant leur liturgie, d'Entragues tenant le menton. Mais tout le reste, parmi les hurlements, enfonçant leurs chapeaux ou les jetant par terre, fermant le poing, complotant, se touchant la main, faisant des vœux et promesses, desquelles on oyoit pour conclusion : « Plutôt mourir de mille morts! »

Il n'y eut jamais un pareil avénement.

Le jour même, pour comble de mauvais augure, pendant que le mort était encore là, un combat eut lieu entre un huguenot, un vaillant homme de guerre, et un très-adroit ligueur. Celui-ci avait dit : « Je lui mettrai la lance dans la visière. » Il le fit comme il le disait. L'autre tomba roide mort.

Pendant l'agonie du roi, les grands seigneurs catholiques n'avaient pas perdu le temps à pleurer. Ils s'étaient tous arrêtés à ne pas reconnaître le roi de Navarre.

Pourquoi? Outre sa naissance, il avait pour lui la désignation, l'adoption d'Henri III, ses dernières paroles. S'il n'était pas catholique, il s'était mis entièrement dans la main des catholiques. On ne voyait qu'eux autour de lui, si bien que beaucoup de huguenots l'avaient abandonné. De longue date, à mesure qu'il avançait au Nord, la noblesse protestante du Midi le délaissait. Dès 1587, à Coutras, il avait déjà fort peu de Gascons; sa force était dans les nobles de Poitou et de Saintonge. Enfin, ayant passé la Loire, ses Poitevins furent recrutés par des Bourguignons, des Bretons, par quelques Picards, Champenois, Normands, hommes isolés dans ces provinces redevenues catholiques.

Nul prétexte à la défection. Ces catholiques trahissaient gratuitement celui qui n'avait rien fait que de les préférer aux siens et de les aider admirablement par de vaillants coups de main, par exemple, celui qui sauva le roi à Tours.

Pour couvrir leur ingratitude, ils avaient besoin de jouer les fervents catholiques. Voilà pourquoi, devant le mort, ils donnaient cette comédie.

Creusons la situation, et disons-la comme elle est, comme elle va se révéler bientôt, quand ces gens se vendront au roi. La France, en ce moment, morcelée en provinces que les gouverneurs s'étaient impudemment appropriées, la France était réellement dans la main de douze coquins.

Ces rois n'avaient garde d'accepter un roi.

Ils avaient horreur d'un roi pauvre. Le Béarnais, pauvre comme Job, n'eût pas pu porter le deuil d'Henri III si Henri lui-même n'eût été en deuil. Dans son pourpoint violet, il se fit tailler le sien, le rogna, étant plus petit. Sur les épaules du nouveau roi, chacun reconnut l'habit de l'ancien.

Il ne payait pas de mine. On voyait pourtant fort bien que c'était un capitaine, un ferme soldat. Ils auraient bien mieux aimé un énervé comme Henri III. Ils faisaient semblant de le mépriser, en réalité le craignaient.

La dispersion, la guerre civile, leur étaient bonnes pour que chacun d'eux s'affermît *dans sa maison*. Ils appelaient déjà ainsi leurs gouvernements, leurs grandes villes capitales de provinces, un Lyon, un Rouen, un Toulouse.

Finalement, ils calculaient les chances de la Ligue. Si faible, en ce moment, dans son armée de Paris, elle n'en tenait pas moins une infinité de villes. L'argent espagnol arrivait déjà. Philippe II, lent, patient, mais fixe comme le destin, faisait alors en Allemagne des levées d'hommes pour Mayenne; et, si ces Allemands ne suffisaient pas, l'invincible armée espagnole du prince de Parme apparaissait dans le lointain comme une réserve de la Ligue.

A cela ajoutez l'épée suspendue de la Savoie, ajoutez l'argent du pape et des princes italiens que l'Espagnol saurait bien obliger de financer. Élisabeth, au contraire, se faisait prier pour aider très-peu, très-mal, la république de Hollande.

Toutes les chances étaient pour la Ligue, et pas une pour le Béarnais.

Ils résolurent bravement de prendre leur roi à la gorge, de le sommer de se faire catholique sur l'heure, sans répit, sans instruction qui couvrît la chose, qui rendît la conversion décente. S'il refusait, ils se tenaient déliés et le quittaient.

Quoiqu'il y eût parmi eux de fort grands seigneurs, même un prince, celui qui porta la parole pour cette sommation effrontée fut un certain d'O, mignon d'Henri III, insecte de garde-robe, qui avait grossi, engraissé, on n'ose dire comment. Son cynisme audacieux et sa langue de fille publique avaient continué sa faveur. Il avait brillé au conseil comme un gaillard qui avait toujours au sac des expédients et des ressources, des moyens nouveaux de tondre le peuple jusqu'au sang, qui inventait de l'argent pour lui, même un peu pour le roi. Aussi, par un tact propre à ce sage gouvernement, d'O, comme archivoleur, fut fait ministre des finances. Ce fut cet homme de bien, ce saint homme, qui déclara que sa conscience, la conscience de tous ceux qui étaient là, ne leur permettait pas d'obéir à un roi hérétique.

Le roi pâlit, et ne fit pas, à coup sûr, le discours hautain, hardi, que lui prête d'Aubigné.

Il vit toute leur perfidie, et que la lâcheté qu'on lui imposait ne servait de rien. S'il l'eût faite, ils l'auraient quitté tout de même, converti, mais déshonoré. Il dit qu'il lui fallait du temps, qu'il ne demandait qu'à se faire instruire, que, dans six mois, il assemblerait un concile à cet effet et réunirait les États généraux.

Mais, avant même qu'il fît cette réponse politique, plusieurs, indignés de la bassesse des autres et de leur hypocrisie, se rallièrent d'autant plus à celui qu'on abandonnait. Givry embrassa son genou avec cette vive parole : « Sire, vous êtes le roi des braves, et ne serez abandonné que des poltrons. »

Cela ne les arrêta guère. Le majestueux d'Épernon partit le premier pour son royaume d'Angoumois et de Provence, prétextant une querelle avec Biron, disant qu'un homme comme lui ne pouvait faire, sous un tel roi, des campagnes de brigand.

On l'imita. En cinq jours l'armée avait fondu de moitié, et elle fondait toujours. Le roi s'éloigna de Paris, n'ayant que quinze cents cavaliers, six mille fantassins. Il s'achemina vers Rouen, où on lui donnait quelque espoir. Il avait pu, en partant, voir les feux de joie de la Ligue, entendre la terrible explosion, l'immense clameur que souleva la mort d'Henri III. Rien ne put tromper davantage sur le sentiment du peuple. Cependant l'exagération même des ligueurs, l'apothéose bizarre et grotesque qu'ils firent de Jacques Clément, étaient propres à faire douter s'ils étaient aussi fanatiques qu'ils le paraissaient ou qu'ils le croyaient eux-mêmes. Qu'auraient dit de vrais croyants, des chrétiens du douzième siècle, s'ils eussent entendu les ligueurs dire que ce coup de couteau était le plus grand coup de Dieu après l'Incarnation de Notre-Seigneur, ou bien encore mettre sur l'autel une trinité nouvelle, les deux Guises assassinés et le moine bourguignon?

Madame de Montpensier, en recevant la nouvelle, sauta au cou du messager : « Ah! mon ami, est-ce bien sûr? Dieu! que vous me faites aise!... Et pourtant je regrette bien qu'il n'ait pas su que c'était moi qui le faisais mourir. » Elle monta en carrosse, alla chercher sa mère à l'hôtel de Guise en criant par les portières : « Bonnes nouvelles! le tyran est mort! » Elle tira parti de sa mère d'une manière bien étonnante, la menant aux Cordeliers, où la vieille dame monta à l'autel, et, des degrés, prêcha le peuple à grands cris et sans pudeur. On fit venir de Bourgogne la mère de Clément; elle logea chez madame de Montpensier, fut bénie, caressée, comblée, adorée; on lui chanta des hymnes, les cierges allumés, comme on eût fait à la Vierge Marie. On célébra « le ventre qui l'avait porté, le sein qui l'avait allaité, » etc., etc.

La véhémente duchesse voulait que son frère se fît roi. Chose impossible. Les troupes de Philippe II entraient dans Paris, à savoir, quatre mille Allemands, six mille Suisses. Mendoça, avec cette force, ne l'eût pas souffert, ni peut-être les ligueurs; ils étaient divisés, jaloux.

Mayenne prit un moyen d'attendre, ce fut de faire roi un vieillard, le cardinal de Bourbon.

La première chose pour lui était de mériter la royauté, au lieu de la prendre; et, pour cela, il fallait jeter Henri IV à la mer. Il y était acculé, au plus bas. Et jamais, en réalité, son courage ne parut plus haut.

Regardons-le dans ce moment. La légende ici n'est rien que l'histoire, et la fiction n'eût pu ajouter à la vérité.

On lui donnait le sot conseil de s'en aller en Gascogne, ou bien de solliciter un partage de la royauté avec le vieux cardinal, ou encore de se réfugier en Allemagne, d'attendre les événements.

Il attendit, mais à Arques, l'épée à la main, et, sans s'étonner de la grande meute que la Ligue lançait après lui, il justifia la devise qu'il prit enfant : « Vaincre ou mourir. »

Il semblait qu'il n'eût plus en France que les quelques toises du camp retranché qu'il se fit près de Dieppe, sous le château d'Arques. Roi sans terre, il n'avait plus qu'une armée, plutôt une bande.

L'inaction du Tiers parti, partout muselé, tremblant, l'extrême éloignement des provinces protestantes, le réduisaient à cette extrémité. Si pourtant on eût écarté cette terreur par laquelle la Ligue l'isolait, une grande partie de la France, et déjà la majorité, se serait ralliée à lui.

C'est ce qui fait ici la beauté, le sublime de la situation. Il n'avait rien, il avait tout. Dans sa faiblesse et son petit nombre, il avait, en réalité, la base immense d'un peuple, dont, seul, il défendait le droit.

La Ligue, dans sa fausse grandeur et dans sa force insolente, achetée par l'assassinat, elle n'arrivait à lui, pourtant, qu'avec le secours étranger. Ces drapeaux qui flottaient au vent, c'étaient ceux du roi d'Espagne. Auxiliaires? non, mais déjà les drapeaux de la conquête. Lorsque le légat du pape tâta les chances de Mayenne pour la royauté, Philippe II, très-franchement, *dit qu'il réclamait la France comme héritage de l'infante*, fille d'une fille d'Henri II, qu'il la croyait reine de droit et *reine propriétaire*.

De sorte qu'en combattant ces idiots de ligueurs et ce gros Mayenne, Henri IV les défendait eux-mêmes avec toute la France, les préservait de l'étranger et les sauvait malgré eux.

« Mais, dira-t-on, si la Ligue appela l'Espagnol, Henri IV appela l'Anglais. »

Oui, et notez la différence. La Ligue, maîtresse du royaume, en vint à le diviser ou à l'offrir à l'Espagne. Et Henri, maître de rien, n'ayant plus rien en ce monde que son camp entre Arques et la mer, poussé dans l'eau, près d'y tomber, refusa à Élisabeth, dont il attendait son salut, un simple petit papier, la promesse de rendre Calais. Ce Calais qu'il n'avait pas, ce Calais aux mains des ligueurs, il le défendit contre celle qui semblait tenir dans les mains sa vie et sa mort.

Cependant le secours anglais ne venait pas. Le roi appelait à lui un détachement de la Champagne qui ne venait pas non plus. Il avait sept mille hommes en tout, et il allait avoir sur les bras trente mille hommes. Tout le monde le croyait perdu. On était sûr à Paris qu'il serait ramené par Mayenne pieds et poings liés, si bien qu'on louait des fenêtres dans la rue Saint-Antoine pour voir passer le Béarnais. Mais Mendoça assurait qu'on ne le verrait pas passer. Pourquoi? Parce qu'il était tué. Et il l'écrivit à Rome.

Voilà une situation terrible. Il devait être fort ému? Point du tout. Aux portes de Dieppe, où le maire voulait lui faire un discours, il dit avec sa gaieté ordinaire : « Mes amis, point de cérémonies; je ne demande que vos cœurs, bon pain, bon vin, et bon visage d'hôtes. »

Et il écrit à sa maîtresse, Corisande : « Mon

cœur, c'est merveille de quoi je vis, au travail que j'ai... Je me porte bien; mes affaires vont bien... Je les attends; et, Dieu aidant, ils s'en trouveront mauvais marchands. Je vous baise un million de fois. De la tranchée d'Arques. »

Le vieux maréchal de Biron, homme de grande expérience, qui dirigeait tout, était sûr de la résistance par le seul choix de ce camp. Il ne voulut pas que le roi s'enfermât dans une place, encore moins dans une mauvaise petite place comme Dieppe. Il choisit cet emplacement, couvert à droite par le canon d'Arques, à gauche et derrière par une petite rivière marécageuse, devant par un bois épais et difficile à passer; le bois passé, on rencontrait une tranchée que fit Biron, en laissant seulement ouverture pour lancer de front cinquante chevaux.

Il y avait encore l'avantage d'isoler dans ce désert une armée douteuse dont un tiers était catholique, un tiers suisse, un tiers huguenot. Des catholiques comme ce d'O, dont j'ai parlé tout à l'heure, eussent pu tramer dans la ville, comploter, peut-être organiser quelque trahison. Notez qu'ils quittaient à peine les catholiques de Mayenne, et qu'à la première rencontre des compliments s'échangèrent entre gens des deux partis.

Les Suisses très-probablement n'étaient pas

payés. Le roi était si pauvre, que le plus souvent sa table manquait; il s'invitait ici et là chez ses officiers, mieux pourvus.

La grosse armée de Mayenne était fort chargée de princes, qui tous avaient des bagages. Il y avait Aumale et Nemours, il y avait le fils du duc de Lorraine, et ce prince de Cambrai, ce gouverneur de Paris. Des troupes de toute nation : outre les Allemands et Suisses payés par Philippe II, la cavalerie des Pays-Bas et des régiments wallons. La grande affaire qui épuisait l'attention de Mayenne était de nourrir cette armée mangeuse, exigeante. Il lui fallut prendre une à une les petites places de la Seine, pour assurer derrière lui ses convois de vivres, ce qui donna à Biron plus de temps qu'il ne voulait pour se fortifier.

Mayenne arrive au faubourg de Dieppe, et le trouve peu attaquable. Il se tourne vers le camp, veut passer la petite rivière; il y rencontre le roi, qui l'arrête à coups de canon. Enfin, le 21 septembre, par un grand brouillard, il tente le passage du bois. De vives charges de cavalerie se font par l'étroite trouée. Cependant les lansquenets de Mayenne avaient traversé le bois, touchaient le fossé; là, se voyant tout à coup à trois pas des arquebuses, ils se déclarèrent royalistes; si bien qu'on les aida pour leur faire passer le fossé. Biron, le roi, tour à tour, vinrent, et leur touchèrent la main. Il y eut cependant un moment où la cavalerie de Mayenne pénétra jusque dans le camp. Ces lansquenets, trop habiles politiques, se refirent ligueurs à cette vue, tournèrent contre les royalistes. Il y eut un grand désordre. Biron fut jeté à bas de cheval. Un de ces perfides Allemands présenta l'épieu à la poitrine du roi en lui disant de se rendre. Telle était sa force d'âme et sa douceur naturelle, même dans cette extrême crise, que, sa cavalerie survenant pour sabrer le drôle, il dit : « Laissez cet homme-là. »

Le roi, jusque-là, n'avait pas fait usage des huguenots; il les tenait en réserve. Il dit au pasteur Damours : « Monsieur, entonnez le psaume! »

Ce chant des victoires protestantes, qui, dans ce temps, sauva Genève de l'assaut du Savoyard, qui, plus tard, fit les camisards si fermes contre les dragons, ce chant que nos régiments ont si glorieusement chanté, et en Hollande, et en Irlande, où fut encore une fois tranchée la question du monde, commence par ces paroles :

Que Dieu se lève seulement !
Et bientôt l'on va voir comment, etc.

Le fils de Coligny, Châtillon, avec cinq cents vieux arquebusiers huguenots, prit de côté les ligueurs; les lansquenets furent écrasés, et la cavalerie refoulée. Le brouillard, à ce moment, se leva. Le château d'Arques, qui, jusque-là, n'osait tirer, commença à parler d'en haut; quelques volées de boulets saluèrent l'armée de la Ligue; le soleil avait reparu et la fortune de la France.

Au moment où Mayenne se décourageait et se retirait, se couvrant d'un régiment suisse et d'une forte cavalerie, Biron s'avisa de lui mettre au dos quelques pièces de canon qui le suivirent de très-près, et mordirent dans ce carré un cruel morceau, quatre cents hommes, des meilleurs.

Mayenne alors en vint à Dieppe. Mais on n'avait plus peur de lui. Sa prudence, ses haltes fréquentes, si contraires au génie français, faisaient l'amusement d'Henri IV. Il se jeta dans la place, et il y parut à la vigueur des coups. Biron, tout vieux qu'il était, sort avec des cavaliers. Mayenne croit pouvoir le couper; mais la cavalerie s'ouvre : deux coulevrines attelées paraissent et tirent à bout portant. Un corsaire normand (Brisa) avait imaginé la chose : c'était déjà l'artillerie légère du grand Frédéric.

Mayenne était si malade de sa déconvenue, qu'il n'osa pas se montrer à Paris. Il s'en alla à Amiens, se rapprocher de ses maîtres, les Espagnols, et recevoir un secours que lui envoyait le prince de Parme. Son armée lui échappait, s'en allait à la débandade. Après ce secours, il se trouva plus faible qu'auparavant.

Le roi n'était pas bien fort. De grandes jalousies divisaient sa petite armée. Les catholiques, plus nombreux, y opprimaient les huguenots. Leur haine paraît dans leurs écrits. Le bâtard de Charles IX (Angoulême), qui a laissé un récit de la bataille, supprime la part des huguenots, bien attestée cependant par le catholique de Thou, aussi bien que par d'Aubigné. A Dieppe, où ils essayèrent d'avoir un prêche, les catholiques d'O, Montpensier, ameutèrent contre eux les Suisses, vinrent troubler les huguenots; plusieurs furent battus et blessés. Le roi, les larmes aux yeux, les emmena avec lui, et ils allèrent chanter leurs psaumes en plein champ.

Ce fut pour lui un grand secours moral, contre les siens mêmes, de recevoir d'Élisabeth quatre mille protestants anglais, écossais. Les catholiques se moquèrent du costume des montagnards d'Écosse. Mais la majorité dès lors n'en était pas moins changée, et les protestants plus nombreux. Henri saisit l'occasion, alla dîner sur la flotte, fut salué du canon de tous les vaisseaux. A chaque toast, l'artillerie tira. Cette bruyante et éloquente reconnaissance d'Henri IV dut avertir les malveillants. Ils sentirent que le Béarnais, avec son pourpoint percé, n'en avait pas moins de fortes racines, que l'Angleterre, l'Allemagne, la Hollande, allaient regarder vers lui.

En réalité, il n'y eut pas de cœur, même chez les nations catholiques, que la petite affaire d'Arques n'intéressât vivement. Telle est la générosité instinctive de l'homme, sa partialité pour le faible héroïque contre le fort. Cela produisit un coup de théâtre bien inattendu. Un allié se déclara pour ce général de bandits (comme l'appelait d'Épernon), un allié catholique, un allié italien, de cette tremblante Italie! Et quel? Le sénat de Venise.

Dans quelle mer de réflexions, dans quel nouveau monde d'idées, cela dut jeter l'Europe!

Quoi! cette sage compagnie, ce gouvernement si parfaitement informé et tellement circonspect, ce gouvernement de vieillards qui a tant à ménager la caducité de Venise, il a risqué ce pas hardi! Le roi d'Espagne est donc bien bas! Ceci donnait la mesure de sa chute depuis l'*Armada*.

Venise, du jour où elle eut l'imprudence de donner à Philippe la gloire de son règne, la victoire de Lépante, restait triste. Combien plus, lorsque ce roi, ne gardant pas même avec elle les égards qu'on doit aux faibles pour leur laisser croire qu'ils sont forts, saisit et mit dans l'*Armada* douze vaisseaux vénitiens qui partagèrent le désastre!

D'autant plus ardents furent les vœux de Venise contre la Ligue et l'Espagne, ardents pour les deux rois unis, Henri III et Henri IV. A l'assassinat d'Henri III par un Jacobin, la fureur fut telle à Venise, que le soir de jeunes nobles, rencontrant un Jacobin, le jetèrent dans les canaux. Le sénat, à qui on se plaignit, dit que les religieux ne devaient pas sortir le soir.

Le roi d'Espagne, qui, depuis sept ans, ne daignait pas avoir un ambassadeur à Venise, en envoie un qui, de plus, amène avec lui un légat. Le sénat ne veut rien entendre. Il dit qu'il n'a à consulter que la succession naturelle, qu'il reconnaîtra Henri IV.

Des transports éclatent. On cherche un portrait de ce nouveau roi. Un brocanteur prétend l'avoir; il offre je ne sais quelle toile demi-effacée; on la lave, et c'est Henri IV. Mais chacun veut avoir le sien. On copie, on peint, on barbouille. Les Henri IV sont partout. L'ambassadeur d'Espagne ne sait plus où se mettre pour les éviter. On expose ce nouveau saint sur les portes de Saint-Marc.

La France fut fort surprise de voir un ambassadeur de Venise qui la traversa lentement. Sa venue fut une ère nouvelle. Ce beau salut de l'Italie mettait bien haut Henri IV. Si faible encore, il n'en était pas moins désigné le protecteur de la liberté en Europe contre Philippe II, protecteur des catholiques aussi bien que des protestants. Venise proclamait son grand rôle, son droit et sa raison d'être, la certitude infaillible et la fatalité de sa victoire.

Mayenne avait promis de l'amener à Paris. Mais il y vient de lui-même. Dès octobre, gaiement il arrive, vient faire sa cour à cette ville; il en est, dit-il, amoureux. Il donne une aubade à sa dame. L'ingrate résiste; n'importe. Il ne se décourage pas; c'est le *non* des belles auquel on ne doit jamais s'arrêter.

D'abord, par une vive attaque, il emporte les faubourgs du sud. Bourgeois, moines armés, se culbutent, s'étouffent à la porte de Nesle, où ils ne peuvent rentrer. La Noue, à cheval, se lance dans la Seine et va pénétrer dans Paris; son bras gauche qu'il n'avait plus, assez mal suppléé par un bras de fer, ne soutient pas bien la bride au cheval ; il manque de se noyer.

Cependant le fils de Coligny est maître du faubourg Saint-Germain, l'ancien faubourg protestant. Les psaumes furent de nouveau chantés au Pré-aux-Clercs, comme au premier jour de la lutte, en 1557, il y avait plus de trente années.

Le roi n'emmena son armée que quand elle se fut refaite, enrichie du pillage des faubourgs, entièrement et proprement déménagés et nettoyés. Il alla de là recevoir à Tours l'ambassadeur de Venise. Le grand duc de Toscane, celui de Mantoue, les Suisses, le favorisaient déjà plus ou moins ouvertement. Le premier s'adressait sous main à de Thou, notre envoyé pour marier en France sa nièce, Marie de Médicis.

Mais les succès d'Henri IV semblaient devoir être arrêtés. Le prince de Parme, forcé par son maître d'être généreux, avait donné à Mayenne six mille mousquetaires, la fleur de l'armée des Pays-Bas, et douze cents lances wallones sous le fils du comte d'Egmont. Il reçut encore une petite armée de Lorraine. En tout, il eut vingt-cinq mille hommes. Le roi n'avait guère que le tiers. Poussé par Mayenne à l'ouest, il ne voulut pas, cette fois, reculer jusqu'en Normandie.

Il fit ferme au couchant de l'Eure, à Ivry, et attendit. Là, point de retranchements, comme à Arques, et devant soi une armée d'Espagne. Cela était fort sérieux. De très-loin, des huguenots vinrent à la bataille, Mornay entre autres, qui, après, dit au roi : « Vous avez fait, sire, la plus brave folie qui se fit jamais. Vous avez joué le royaume sur un coup de dé. »

Une singularité de cette mémorable bataille, c'est que l'infanterie française y reparaît fort nombreuse. Mais la cavalerie fit tout.

Il était dix heures du matin (13 mars 1590). Il faisait froid et mauvais. Mayenne avait eu la pluie toute la nuit. Le roi, au contraire, avait attendu, dormi, soupé dans les villages voisins.

Henri IV était (comme toujours à de tels moments) d'une gaieté merveilleuse, qui répondait de la journée. Il avait mis sur son casque un énorme panache blanc et un autre gigantesque à la tête de son cheval. Il dit : « Si les étendards vous manquent, ralliez-vous à ce panache. Vous le trouverez toujours au chemin de la victoire. »

Cette gasconnade, un peu forte, aurait été ridicule, s'il n'avait su que les Suisses de Mayenne disaient, n'étant pas payés, qu'ils ne donneraient pas un coup.

En tête de l'armée espagnole, un moine,

avec une grande croix, faisait force signes, ayant promis qu'à cette vue les ennemis se rendraient. L'artillerie le fit détaler. Celle du roi eut un effet terrible. Et, au contraire, celle de Mayenne porta peu sur les royalistes, dont le terrain était plus bas.

D'Egmont alla tête baissée, renversa tout, vint aux canons, et, par bravade, faisant tourner son cheval, donna contre eux de la croupe. Cependant la cavalerie du roi, Biron, Aumont et Givry, tombèrent sur celle d'Egmont et la détruisirent. Les reîtres ne furent guère plus heureux. Après leur charge, ils revenaient se replacer dans les rangs de Mayenne. Mais ces rangs étaient serrés. Ils y jetèrent le désordre. Le roi le vit, et, à ce moment, fondit, enfonça Mayenne et le balaya. Restaient les Suisses, qui n'avaient rien fait et qui se rendirent.

Les reîtres, seuls, furent massacrés, en souvenir de leur trahison à Arques. Le roi criait : « Sauvez les Français, et main basse sur l'étranger! »

CHAPITRE XXI.

Siége de Paris. 1590-1592.

La mort du roi de la Ligue, du vieux cardinal de Bourbon (9 mai 1590), éclairait la situation autant que la victoire d'Ivry. La [Ligue se révéla comme un parti à deux têtes, mais dont l'une, celle des Guises, allait maigrissant. La tête espagnole, au contraire, grossit, grandit, devint la seule. Le clergé, abandonnant son roman toujours avorté d'un capitaine de l'Église, se rallia franchement, nettement à l'Espagne, inscrivit sur son drapeau, comme son but et sa devise, *la royauté de l'étranger.*

L'Espagnol remplit tout en France. L'ambassadeur ordinaire Mendoça et son second, Ybarra; l'ambassadeur extraordinaire, le duc de Feria;

voilà les rois de Paris. Nous allons les voir y frapper monnaie, gouverner et nourrir le peuple ; les *chaudrons des Espagnols* et les sous jetés du balcon, ce sont les moyens éloquents qui convertiront la foule à la royauté de l'Inquisition.

Le légat Cajetano, envoyé par Sixte-Quint, qui le croit très-modéré, devient violent à Paris, pur instrument des Espagnols.

La mort du roi de la Ligue fut sue d'abord des personnes qu'elle intéressait le plus. La mère et la sœur de Mayenne vinrent, palpitantes, l'apprendre à l'ambassadeur Mendoça, qui leur dit froidement « qu'il fallait attendre les ordres du roi d'Espagne. » Alors, ces pauvres princesses coururent au légat, qui dit « qu'on ne pouvait rien faire sans les ordres du roi d'Espagne. »

Philippe II dut se féliciter d'avoir si mal payé ses Suisses. Il avait été battu à Ivry, mais sur le dos de Mayenne. Le Béarnais lui avait rendu le service signalé d'humilier et de ravaler le chef de la maison de Guise.

De toutes parts, la France ligueuse, dans le cours de cette année, se précipita vers l'Espagne. Et, d'elle-même, l'Espagne entrait de tous les côtés.

Le père Matthieu, un Jésuite, était venu assurer les Seize de sa haute protection.

Le frère Basile, capucin, avait obtenu des troupes espagnoles pour le Languedoc.

Le duc de Mercœur, qui eût été le chef des Guises (à ne consulter que l'aînesse), n'agissait pas avec eux. Seul, retranché dans sa Bretagne, il ne s'adressait qu'à Philippe II, et il en reçut un très-beau secours de deux ou trois mille Espagnols.

La Gascogne le sollicitait pour en obtenir aussi, et disait que, sans cela, « les loups affamés auroient bientôt dévoré les pauvres brebis catholiques. »

Le parlement d'Aix appela en Provence le duc de Savoie, gendre de Philippe II, et ce prince, gracieusement, se rendit à la requête avec une armée mêlée d'Espagnols et de Savoyards. Aix le reçut, mais non Marseille, qui, sous ses consuls, s'en tint à être Espagnole de cœur.

Admirable unanimité. La France veut être Espagnole, c'est-à-dire ne plus être France.

Les Guises, seuls, en tout cela, ne parlaient pas nettement. Ils auraient voulu de l'argent espagnol plutôt que des hommes. Le duc de Nemours, au nom de la Bourgogne et de Lyon, sollicitait seulement une légère solde pour ses troupes, « une petite somme de deniers, »

Plus tard, Mayenne sollicite de quoi payer une armée *française*.

On n'attrapait pas ainsi Philippe II.

Il y avait des gens plus francs qu'il écoutait plus volontiers. Par exemple, un Boisdauphin, qui se disait gouverneur de l'Anjou et du Maine, parla intelligiblement. Dans sa petite pétition pour avoir deux mille Espagnols, il dit nettement au roi d'Espagne : « Les provinces et gouverneurs reconnaissent aujourd'hui *qu'il n'y a de roi en France que Votre Majesté.* »

Tout à l'heure, au nom de Paris, les Seize en diront autant.

Dès le mois de mars, les ambassadeurs d'Espagne avaient fait crier dans Paris une lettre de leur maître où il ordonnait à l'archevêque de Tolède de dresser un état des bénéfices du royaume pour aviser à soulager les pauvres catholiques de France.

Belle, mais bien lointaine espérance. Cet enragé Béarnais s'acheminait vers Paris. Déjà il avait pris Mantes. On en répandait mille contes. Le lendemain de sa bataille, il était si peu fatigué, qu'il avait tout le jour joué à la paume. On l'appelait en Gascogne (du nom d'un de ses moulins) *meunier du moulin de Barbaste*. A Mantes, ce roi meunier fit fête aux boulangers de la ville, qui lui gagnèrent son argent à la paume et lui refusèrent revanche. Toute la nuit il fit faire du pain et le vendit à moitié prix. Les boulangers éperdus vinrent lui offrir sa revanche.

C'était justement par le pain qu'il voulait prendre Paris. Il faisait la guerre aux moulins, aux greniers, aux petites places d'en haut et d'en bas qui nourrissent la grosse ville. Ce terrible Gargantua, diminué et délaissé d'un grand nombre de ses habitants, avait cependant encore deux cent vingt mille bouches, et, quoique le roi y vint assez lentement, on y amassa peu de vivres.

La ville, en récompense, était bien pourvue de prédicateurs, riche en sermons. Aux Rose, aux Boucher, étaient venus s'adjoindre les Italiens du légat, qu'on admirait sans les comprendre, le grave Bellarmino, le pathétique et amusant Panigarola qui, avec le petit Feuillant, partageait l'enthousiasme des dames. On assure qu'au début d'un sermon il s'écria : « C'est pour vous, belle, que je meure... » Et comme toutes se regardaient, il ajouta avec componction : « dit Jésus-Christ à son Église. »

Le 8 mai, le roi commença à tirer contre Paris. Le 14, dans ses murs, commencèrent les processions de l'armée sainte, où les moines, fièrement troussés, le capuchon renversé pour mettre le casque, plusieurs affublés de cuirasse, soufflant sous leurs armes, menèrent la milice bourgeoise. Quelques-uns, non sans tremblement, se hasardèrent à charger et tirer leurs arquebuses pour saluer le légat, ce qui fit un grand malheur ; ils tuèrent son aumônier.

Mais, outre ces belles troupes, les ducs de Nemours et d'Aumale, qui commandaient la défense, avaient dix-sept cents Allemands, huit cents fantassins français, cinq ou six cents cavaliers ; de plus, un grand nombre d'hommes de la milice bourgeoise qui avaient tout à craindre, si le roi entrait, étant connus et désignés aux vengeances des huguenots ou des royalistes. Henri IV, si clément pour lui-même, livra toujours à la justice ceux qui avaient comploté contre Henri III. Le prieur de Jacques Clément, qui, disait-on, l'avait endoctriné au meurtre, fut jugé, sur la requête de la reine veuve, et, par sentence du parlement de Tours, tiré à quatre chevaux.

Les Crucé, les Bussy-Leclerc, qui, en 87, voulaient enlever le roi et qui, aux barricades de 88, voulaient le forcer dans le Louvre, auraient fort bien pu aussi être mis en jugement. Et même les vieux massacreurs de 1572, étaient-ils sûrs d'être oubliés ? Ceux qui emportèrent les faubourgs après la bataille d'Arques, huguenots pour la plupart, avaient pour cri de combat : « Saint-Barthélemy ! Saint-Barthélemy ! » Neuf cents bourgeois avaient péri dans cette si courte attaque. Et les faubourgs avaient été si exactement démeublés, déménagés, dépouillés de tout objet petit ou grand, que les royalistes même n'eussent pas voulu voir entrer le roi à ce prix.

Du reste, ce n'était pas avec une si petite armée (douze mille hommes et trois mille chevaux) qu'Henri pouvait prendre cette énorme ville. La mouche, pour rappeler le vieux mot déjà cité, n'avale pas un éléphant.

Mais l'éléphant souffrit beaucoup. En un mois, il eut tout mangé. Il fallut commencer des visites domiciliaires. On fouilla les riches greniers des couvents, malgré l'étrange et plaisante prétention des Jésuites, qui voulaient fermer leurs portes. On dit, au contraire, qu'on ferait sur les religieux ce qu'on fait en mer dans un vaisseau affamé, où l'on mange les plus gras.

On en vint au son d'avoine. On en vint aux chiens, aux chats. L'ambassade d'Espagne frappa des liards, qu'on jetait par les fenêtres. Mais on ne mange pas du cuivre. Alors, aux portes de l'hôtel, on fit la cuisine en plein vent. Des marmites gigantesques témoignaient de la charité des Espagnols. Ils soulageaient par aumône ceux qu'ils faisaient mourir de faim.

Le roi serra de plus près. Il prit les faubourgs, les fortifia. Le peuple, qui y allait chercher de l'herbe, fut clos comme dans un tombeau. Lestoile assure qu'on alla jusqu'à faire du pain de la poussière d'os qu'on prenait aux cimetières, qu'un soldat mangea un enfant, qu'une dame dont le fils était mort, le sala, avec sa servante, et qu'elles vécurent quelque temps de cette nourriture.

Nulle doute qu'en cette extrémité la ville ne se fût rendue, si elle n'eût été comprimée par une effroyable terreur. Une grande foule s'était portée au parlement pour crier : Du pain! Plusieurs croyaient en profiter pour faire sauter le gouverneur, délivrer la ville. Brisson en savait quelque chose. Il n'y eut pas d'entente, et tout échoua. Plusieurs furent saisis, pendus. Les moines et les massacreurs eussent égorgé le parlement; mais Nemours sentit qu'un tel coup ferait Paris tout Espagnol et mettrait à rien les Guises.

Cependant, des tours, des murs, on voyait flotter la moisson. Les pauvres gens risquaient leur vie pour aller couper des épis. On les battait, on les blessait, sans pouvoir les décourager. Henri IV, ici, fut très-beau. Il déclara qu'il prendrait ou ne prendrait pas Paris, mais qu'il laisserait aller tous ceux qui voudraient sortir.

Des foules en profitèrent, trois mille hommes en une fois. Puis d'autres, tant qu'ils voulurent, des gens aisés aussi bien que le peuple. Des femmes grosses s'en allèrent sans difficulté. Le roi même fit aux princesses la galanterie de laisser entrer des vivres pour elles.

On prétend que ce bon prince, qui ne perdait jamais son temps, se désennuyait à faire l'amour à l'abbesse de Montmartre. Puis il transporta ses quartiers à l'abbaye, ou, comme on disait alors, à *la religion* de Longchamp, autre monastère de filles. Biron disait : « Qui peut encore reprocher à Sa Majesté de ne pas changer de *religion?* »

Cependant le prince de Parme, qui ne s'amusait jamais, avait, à la longue, terminé ses préparatifs; à l'instante prière de Mayenne et sur l'ordre de son maître, il venait secourir Paris. Malmené par les Hollandais, qui lui avaient pris Bréda, il venait malgré lui en France, n'ayant nulle bonne opinion de cette affaire gigantesque où le chimérique solitaire de l'Escurial le jetait imprudemment. Il avait osé lui écrire : « Vous lâchez la proie pour l'ombre. »

Il fallut bien que le Béarnais laissât son siége et ses abbesses. Longtemps on lui avait fait croire, pour l'amuser et le flatter, que le prince de Parme ne viendrait pas, qu'il enverrait seulement quelque secours. Mais il était venu,

il était à Meaux. Et le roi en doutait encore!
(De Thou.)

Ce redoutable capitaine avait fait sa marche en vingt jours, traversé le nord de la France dans un ordre admirable. Les soldats espagnols, si indisciplinés sous le duc d'Albe, marchaient en toute modestie sous ce grave Italien. C'était une singularité de son génie d'avoir dompté les bêtes féroces; ils en avaient peur et respect comme d'un esprit de l'autre monde. Ces Espagnols, si difficiles, à vrai dire, étaient peu nombreux; l'Espagnol d'Espagne était presque un mythe; ce qu'on appelait ainsi, c'étaient des Comtois, des Wallons, surtout des Italiens. Cette diversité de nations, loin de gêner Farnèse, le servait fort; elle les tenait tous en grande humilité sous cet homme ferme, froid, au besoin, cruel. En le voyant si valétudinaire, porté dans une chaise, exécuter pourtant cette triste expédition de France qu'il avait franchement blâmée, toutes ces nations victimes apprenaient la résignation, et, devant ce malade, personne n'eût osé murmurer.

Il suivait strictement l'ancienne discipline romaine, exigeant chaque soir du soldat le travail d'un camp retranché. Au bout de chaque marche, avant tout, on fermait le camp d'une enceinte de chariots, et, si l'on restait, de fossés.

L'armée était une citadelle mouvante. Le général, qui ne dormait jamais, passait la nuit à tout régler pour le lendemain, à recevoir les rapports, les espions. Sans bouger de sa chaise, il savait à toute heure ce qui se passait chez l'ennemi, et chez lui sous chaque tente.

Il était envoyé pour deux choses, une de guerre, une de politique et de révolution : 1° sauver Paris, détruire la renommée militaire du Béarnais; 2° éclipser, énerver Mayenne, subordonner les Guises, mettre l'Espagnol à Paris.

Henri IV brûlait de combattre. Son armée n'était pas à lui, comme celle de l'autre; elle était quasi volontaire, elle s'était formée pour cette belle affaire de Paris; elle pouvait s'ennuyer, se disperser (ce qui arriva). Il envoya un trompette à Mayenne et à Farnèse retranchés près de Chelles, leur fit dire de sortir de leur tanière de renard, de venir lui parler en plein champ. A quoi l'Italien répondit froidement qu'il n'était pas venu de si loin pour prendre conseil de son ennemi. Peu après cependant il dit qu'il donnait la bataille, se mit en marche sans dire son secret à personne. Et pendant que l'armée royale ne voyait que son avant-garde, pendant que Mayenne bravement menait celle-ci au combat, le centre avait tourné, devenant lui-même avant-garde et tombant sur Lagny, grande position pour la guerre et pour l'arrivage des vivres. Lagny fut emporté sous les yeux d'Henri même, Paris ravitaillé, l'armée découragée, et elle se fondit en partie.

Le duc de Parme n'avait rien fait s'il n'assurait aux Parisiens Charenton et Corbeil. Mais Corbeil l'arrêta longtemps. Cela lui fit du tort. Paris, quelque reconnaissant qu'il fût, trouvait fort dur que ses amis ruinassent les campagnes que l'ennemi, le Béarnais tant maudit, avait épargnées. Corbeil fut pris et mis à sac. Farnèse le livra aux soldats. Il tenait fort l'armée; mais il connaissait cette bête sauvage et ce qu'elle attendait; il la lâchait parfois, lui passait par moments ces horribles gaietés du crime.

Des dames de Paris, qui y étaient réfugiées, en revinrent plus mortes que vives. La pauvre femme de Lestoile, qui venait d'y accoucher, ne put encore être rendue à son mari qu'en payant aux soldats une rançon de cinq cents écus.

L'enthousiasme des Parisiens fut fort calmé pour leurs amis d'Espagne. Toute leur peur était qu'ils ne restassent. Ils prièrent Mayenne de raser les châteaux trop près de Paris. Quand le prince de Parme voulut laisser garnison dans Corbeil, on résista, on lui montra les dents.

Donc, on se quitta sans regret. Les ligueurs, qui avaient cru voir entrer un fleuve d'or et les trésors des Indes avec l'armée d'Espagne, restaient à sec et furieux. Mayenne, qui avait vu de près son odieux auxiliaire, qui sentait bien qu'on n'avait aucune prise sur cet homme de marbre, et qui lui en voulait de l'avoir fait ridicule à Lagny, fut obligé pourtant, dans sa grande faiblesse, d'en accepter trois régiments.

Le prince de Parme s'en alla, suivi de près et harcelé des cavaliers du Béarnais. Il n'était pas à vingt-cinq lieues, que celui-ci emporta Lagny et Corbeil. Et Paris n'était guère plus délivré qu'auparavant.

CHAPITRE XXII.

Avortement des Seize et de l'Espagne. — Siége de Rouen.
1591-1592.

« Le 20 décembre 1590, mourut à Paris, en sa maison, maître Ambroise Paré, chirurgien du roi, âgé de quatre-vingt-cinq ans, qui, nonobstant les temps, parloit librement pour le peuple. Huit jours avant la levée du siége, M. de Lyon, passant au pont Saint-Michel, étoit assiégé de gens qui lui crioient : « Du pain! ou la mort! » Maître Ambroise lui dit tout haut : « Monseigneur, ce pauvre peuple vous demande miséricorde... Pour Dieu! monsieur, faites-la-lui, si vous voulez que Dieu vous la fasse. Songez à votre dignité; ces cris vous sont autant d'ajournements de Dieu. Procurez-nous la paix... Le pauvre monde n'en peut plus. »

« En ce même an, mourut aux cachots de la Bastille maître Bernard Palissy, prisonnier pour la religion, âgé de quatre-vingts ans. Il mourut de misère et mauvais traitement... Ce bonhomme en mourant me laissa une pierre qu'il appeloit sa pierre philosophale, qu'il assuroit être une tête de mort que la longueur du temps avoit changée en pierre. Elle est en mon cabinet, et je l'aime et la garde en mémoire de ce bon vieillard que j'ai soulagé en sa nécessité, non comme j'eusse bien voulu, mais comme j'ai pu... Sa tante, qui m'apporta la pierre, y étant retournée le lendemain voir comme il se portoit, trouva qu'il étoit mort. Bussy-Leclerc lui dit que, si elle le vouloit voir, elle le trouveroit avec ses chiens sur le rempart, où il l'avoit fait traîner comme un chien qu'il étoit. »

Près de cet intrépide Ambroise Paré, près du saint, du simple, du grand Palissy, couchons dans le tombeau deux hommes héroïques :

L'un, l'irréprochable, le bon et brave La Noue, *bras de fer*, qui, cinquante ans durant, avait combattu pour le droit et la religion, tant souffert! Toujours gai!... Et récemment encore il avait prédit toute la campagne du prince de Parme. Mais on se moqua du bonhomme.

L'autre, c'est le fils de l'Amiral, assassiné comme son père, non par l'épée, mais par la bassesse, la désolation morale du temps.

Nous l'avons vu admirable soldat et Français magnanime, oublieux de sa grande injure. Il suivait à la fois deux pensées de son père, la guerre sainte et la mer, les colonies de l'Amérique où la guerre devait s'épancher. Il s'était fait mathématicien, machiniste, constructeur de navires, ingénieur militaire, et c'est lui qui prit Chartres encore. Mais plusieurs chagrins le rongeaient. Son fils enfant fut tué en servant la Hollande. Sa maison de Châtillon fut prise et pillée. Enfin, au siége de Paris, son jeune frère, nommé Dandelot, fut prisonnier, et tellement caressé par les Guises, qu'il en oublia son nom et son sang, se donna aux tueurs de son père.

Le pauvre Châtillon, assommé de ce coup, avait encore un grand malheur et le plus grand sans doute, le changement d'Henri IV. Il semble que sa fureur de femmes ait redoublé depuis Ivry, l'ait mis au-dessous de lui-même, tué en ce qu'il eut de meilleur. Il souffrait près de lui un voleur connu, d'O, l'âme la plus pourrie de la France. D'O lui fit rappeler l'ombre de Catherine de Médicis, son blême chancelier Chéverny.

Peu après la prise de Chartres, on vint dire au roi que Châtillon était mort. Les larmes lui vinrent : « Et comment? — D'une fièvre, Sire. — Qui la lui a donnée? — Vous, Sire. La dernière fois, vous ne voulûtes lui donner aucun ordre... — Hélas! je l'aimais tant! Il aurait dû me faire parler... »

Mais déjà il avait besoin d'autres serviteurs, de brocanteurs et de marchands pour le grand marchandage et l'achat du royaume.

L'opération était facilitée par l'outrecuidance espagnole, qui voulait faire sauter Mayenne et le rejetait vers Henri IV.

Philippe II, de si loin, voyait très-mal. Ses ambassadeurs, qui vivaient ici en plein volcan, dans la fumée, n'y voyaient guère non plus. Les Seize, les moines et les curés criaient si fort, que Mendoça fut trompé et trompa son maître.

On profita d'abord d'une surprise que le Béarnais avait essayée par de faux fariniers qu'il présenta aux portes, pour dire que Paris serait pris, comme l'avait été Corbeil, si l'on ne se hâtait d'y mettre garnison espagnole.

Cette garnison entrée, le duc de Feria dit que le *Conseil d'union* gênait la liberté, qu'il fallait se fier au peuple. Mais ce peuple, qu'allait-il faire?

Philippe II avait envoyé un Jésuite, le père Matthieu, le *courrier de la Ligue*, toujours courant, ne débottant jamais. Il arriva au moment où le fils du duc de Guise, échappé de capivité, donnait un espoir nouveau à la Ligue. Les Seize imaginèrent de marier Guise avec l'infante. Ils écrivirent (16 septembre) dans ce sens à Philippe II : « Les vœux des catholiques sont de vous voir, Sire, tenir cette couronne de France. Ou bien que Votre Majesté établisse quelqu'un de sa postérité, *et se chosisse un gendre.* »

Pour faire ce projet, il fallait avant tout terroriser les Français obstinés qui repoussaient le mariage d'Espagne. Toute l'année on prêcha le massacre.

Il y eut là une éloquence nouvelle et inconnue, éloquence canine, plutôt qu'humaine, hydrophobique. Quand prêchait le curé Boucher, plusieurs regardaient vers la porte, craignant qu'il ne finît par sauter de sa chaire, pour prendre un *politique* et le manger à belles dents.

En conscience, on a fait beaucoup d'honneur à une telle littérature de l'étudier si finement. La science moderne, que rien ne rebute dans ses curiosités, a analysé, disséqué les cancres les plus horribles, les plus hideux insectes. Je le conçois. Mais, dans ces monstres, rien de comparable aux monstruosités, aux baroques et cruelles fureurs des bouffons sacrés de la Ligue.

Le 2 novembre, dans une première réunion, le curé de Saint-Jacques, dit : « Messieurs, assez connivé... Il faut jouer des couteaux. » On élut un conseil secret de dix hommes qui décrétèrent, exécutèrent. Ils commencèrent par la vente des biens des suspects. Ils épurèrent le conseil de la ville, frappèrent le parlement.

Le prétexte fut l'absolution d'un suspect. Le même curé de Saint-Jacques s'écrie encore, pour la seconde fois : « Assez connivé, messieurs ! il faut jouer des cordes ! »

Dans ce conseil des Dix, si choisi et si pur, plusieurs hésitaient cependant. Bussy-Leclerc alla à la Sorbonne, posa le cas, abstrait, et sans nommer; il obtint une approbation. Il la montra avec un papier blanc, qu'il fit signer aux Dix, puis, dans ce blanc, écrivit la mort du président Brisson. Ce fut le curé de Saint-Côme qui porta le papier à l'Espagnol Ligoreto et au Napolitain Monti, et joignit l'approbation de ces capitaines à celle de la Sorbonne.

Brisson ne donnait nul prétexte, sauf quelques paroles légères. On choisit pour l'exécution certain Cromé qui avait contre lui une vieille *vendetta* de famille ; Brisson, jadis, avait plaidé contre son père, qui était un voleur. Cet homme vint lui dire qu'on l'attendait à l'Hôtel de Ville, lui et deux conseillers. Arrivé au Petit-Châtelet, on les y poussa, et à l'instant on les pend tous trois à une poutre de la prison.

C'était entre six et sept heures, le 15 novembre, et il ne faisait pas encore clair. Cromé, la lanterne à la main, conduisit les trois corps à la Grève et les mit à la potence.

Bussy-Leclerc y était, et quand le jour vint, quand il y eut foule, il commença à crier que ces traîtres voulaient livrer Paris, qu'ils avaient force complices, qu'avant le soir on pouvait être quitte de tous les méchants. Les hommes de Bussy, distribués aux coins de la place, ajoutaient que c'étaient des riches, que leurs hôtels, pleins de biens, appartenaient de droit au peuple.

Mais le peuple ne bougea pas. La place resta morne. Les bras tombaient en voyant le savant et débonnaire magistrat, « l'un des joyaux de la France, » celui qui le premier lui fit un code, pendu en chemise au gibet!

Un des Seize, le tailleur La Rue, en fut saisi d'horreur, se déclara contre les Seize, et dit qu'il leur couperait la gorge.

Au défaut d'un grand massacre populaire, le premier soin des meneurs fut d'organiser un conseil de guerre où siégeaient les colonels espagnols et une chambre ardente pour connaître des conspirateurs. Mais cela avorta aussi. Les curés essayèrent en vain d'obtenir l'aveu de la mère des Guises. Elle était trop épouvantée. Loin d'approuver, elle appela son fils, pria Mayenne de venir et de la délivrer.

Il était fort embarrassé, ayant le roi en tête. Mais ses plus grands ennemis étaient les Seize, qui offraient le trône à l'Espagne. Il prit deux mille hommes, accourut, endura aux portes la harangue des Seize, au souper but d'un vin que l'un d'eux lui avait donné. Le 29, le 30, ils étaient tellement rassurés que l'un d'eux dit chez lui et assez haut : « Nous l'avons fait, nous saurons le défaire. »

Le duc avait en face cette grosse garnison espagnole. Et Bussy tenait la Bastille. Mais ses officiers le poussèrent. Le 1ᵉʳ décembre, il prit les canons de l'Arsenal, menaça la Bastille, que Bussy lui rendit.

Cependant les Seize, alarmés, invoquent les Espagnols, qui ne font pas un mouvement. Cette immobilité encourage Mayenne, qui, le 3, saisit cinq des Seize et les fait étrangler. Cromé se cache parmi les Espagnols.

Ceux-ci avaient manqué Paris. Jamais ils ne s'en relevèrent. Mayenne, qui venait réellement d'y tuer leur parti, les appelait pourtant. Il ne pouvait, sans le prince de Parme, sauver Rouen des mains du roi. Situation bizarre, il négociait avec le roi et avec le prince de Parme, promettait à l'un et à l'autre. Le prince, peu confiant, ne vint le secourir qu'en se faisant payer d'avance. Il exigea, pour arrhes, que Mayenne lui livrât La Fère. Le roi alla reconnaître l'ennemi à Aumale, le 4 et le 5 février. Il approcha très-près et vit avec étonnement l'imposante armée espagnole, l'ordre savant qui y régnait. En tête, dans un petit chariot, le prince de Parme, goutteux, les pieds dans les pantoufles, allait, venait et réglait tout. Ce spectacle l'absorba, l'amusa, si bien qu'il ne s'aperçut pas que la cavalerie légère l'enveloppait. On avait reconnu le panache blanc. Sans le dévouement des siens, plusieurs fois il eût été pris. Il fut blessé légèrement, perdit beaucoup de monde.

L'inquiétude des ligueurs, de Mayenne et de Villars, qui commandait dans Rouen, c'était que les Espagnols ne sauvassent cette ville, pour la garder. Villars voulut les prévenir. Par une furieuse sortie, il tua des milliers d'assiégeants. Le prince de Parme, si prudent, voulait avancer, profiter. Mayenne l'en détourna. Il l'occupa à assiéger une petite place de la Somme. Enfin, il le décida à se placer à Caudebec, assurant que le roi, le voyant, là n'oserait continuer le siége. Ce qui arriva.

Mais ce qui arriva aussi, c'est que le roi, se rapprochant, se trouva tenir et Parme et Mayenne prisonniers dans la presqu'île de Caux, entre lui, la Seine et la mer.

Parme fut blessé au bras; Mayenne était malade. Les vivres ne venaient plus. Henri IV se croyait vainqueur; il avait une flotte hollandaise qui était dans la Seine et qui, au premier signe, pouvait le seconder. Le prince de Parme tenta une chose désespérée. Il fit venir de Rouen force bateaux couverts de planches. La Seine, large comme une mer à cet endroit, fut cependant pontée, traversée en une nuit. Les royalistes, en s'éveillant, virent l'ennemi de l'autre côté (20-21 mai 1591).

Farnèse suivit la rive gauche, très-vite, trop vite pour sa réputation. Chose inouïe pour une armée, il fit quarante lieues en trois jours. Paris lui préparait une réception. Mais déjà il était entré sans bruit dans la ville. Il dîna avec le jeune Guise et les princesses. Fort silencieux, il ne dit guère qu'un mot : « Voilà ce peuple calmé. Le reste ne tient à rien. Tout est fini. Dans un moment, vous n'avez plus besoin de nous. »

Il partit et mourut bientôt. L'Espagne n'avait

guère réussi, lui vivant. Que fut-ce donc après sa mort ? A Paris, elle avait reçu de la faible main de Mayenne un coup terrible qui montrait qu'elle n'avait nulle racine populaire. Le capitan espagnol, naguère si imposant, n'était plus que ridicule.

La conversion du roi était-elle aussi nécessaire qu'on l'a dit généralement ? J'en doute. Mais beaucoup de gens y avaient intérêt et y travaillaient, surtout par un prêtre spirituel, Duperron, qui, sur la gloire de cette royale conversion, avait hypothéqué l'espoir d'un chapeau de cardinal.

C'était un chœur universel autour de lui, que jamais il ne serait roi s'il ne se faisait catholique. Son fou, Chicot, le lui disait : « Allons, mon ami, va à Rome, baise le pape, prends un clystère d'eau bénite qui te lave de tes péchés. Le métier de roi est bon ; on peut y gagner sa vie... Je sais bien que, pour être roi, tu donnerais de bon cœur les huguenots et les papistes aux protonotaires du diable. Vous autres rois, votre ciel, c'est la royauté. Pour l'honneur divin, autre affaire ; vous dites : Dieu est homme d'âge ; il saura bien y pourvoir. »

Si intrépide en paroles, Chicot l'était en action. C'était un riche Gascon, très-brave et qui aimait fort à suivre son maître à la guerre. Il lui arriva une fois une aventure amusante ; il prit de sa main un prince, un des Guises ! Mais vous croyez que Chicot va en tirer une rançon ? Point du tout. Il dit au roi : « Mon ami, je te le donne. » Le prisonnier fut si furieux, que, du pommeau de son épée, frappé à la tempe, il assassina le fou.

Hélas ! il ne restait plus près du roi que Chicot de sage.

CHAPITRE XXIII.

Montaigne. — La Ménippée. — L'Abjuration. 1592 1593.

Le *catholicon* d'Espagne, ou la drogue catholique, cette recette admirable pour faire que le blanc soit noir, le grand charlatan espagnol, le petit charlatan lorrain sur son vieux tréteau, toutes ces farces de la Ménippée sont elles-mêmes moins comiques que la réalité du temps. Ce temps défie toute satyre ; nulle comédie ne peut espérer d'être aussi ridicule que lui.

Le *catholicon* parut avant le siége de Rouen. A cette fiction dans le genre de Lucien ou de Rabelais, l'histoire, à l'instant, répondit par une réalité bouffonne, celle des États de la Ligue, si grotesques, que les satyriques n'eurent plus à imaginer ; ils écrivirent ce qu'ils voyaient et se firent historiens.

Les auteurs de la Ménippée, Rapin, Gillot, Passerat, derrière leur masque comique, semblent cacher quelque chose. S'ils dénigrent la drogue du *catholicon*, c'est visiblement pour vendre leur drogue, qu'ils veulent y substituer. Riraient-ils de si bon cœur, s'ils ne croyaient avoir en poche le remède à tous les maux? Quel? la royauté nouvelle.

Plus vrais encore, historiques sont les *Essais* de Montaigne! Ils disent le découragement, l'ennui, le dégoût qui remplit les âmes : « *Plus de rien. Assez de tout.* »

Ce livre, si froid, avait eu un succès inattendu. Il paraît en 1580, naissance de la Ligue. Au milieu de tant de malheurs réels, de tant de fausses fureurs, il se réimprime, il grossit, augmente à vue d'œil en 1582, en 1587, et il est double de grosseur en 1588. Il semble qu'il revienne toujours comme une risée discrète des vaines exagérations, des mensonges frénétiques, de la grotesque éloquence, une satyre implicite des prodigieux *rictus* des aboyeurs catholiques et de l'emphase ridicule du protestant Du Bartas.

Qui parle? C'est un malade, qui, dit-il, en 1572, l'année de la Saint-Barthélemy, s'est renfermé dans sa maison, et, en attendant la mort qui ne peut lui tarder guère, s'amuse à se tâter le pouls, à se regarder rêver. Il a connu l'amitié ; il a eu, comme les autres, son élan de noble jeunesse. Tout cela fini, effacé. Aujourd'hui, il ne veut rien. « Mais, alors, pourquoi publies-tu ? — Pour mes amis, pour ma famille, » dit-il. On ne le croit guère en le voyant retoucher sans cesse d'une plume si laborieusement coquette. Même au début, ce philosophe, désintéressé du succès, prend pourtant la précaution de publier l'œuvre confidentielle sous deux formats à la fois, le petit format pour Bordeaux et un in-folio de luxe pour la cour et pour Paris.

« La vanité de la science, » c'était déjà un vieux titre, usé par ce siècle savant. Mais personne n'y avait mis cette perfection d'indifférence. Le vieux Jules-César Scaliger, le César et l'Alexandre des érudits de l'époque, mourant, fut frappé de ce coup, et nota ce phénomène d'un si *hardi ignorant*. L'homme qui lui succédait, dans cette dynastie des pédants, comme le haut régent de l'Europe, le grand érudit, Juste-Lipse, flottant de Leyde à Louvain, du protestantisme au catholicisme, proclama ce grand ignorant *bien au-dessus des sept Sages*.

Ce n'est pas tout. Des âmes honnêtes et enthousiastes, une mademoiselle de Gournay, jeune et pure, comme la lumière, haute de cœur et magnanime, encore qu'un peu ridicule, se jettent aux pieds de Montaigne. Avec sa mère, elle traverse toute la France et tous les dangers de la guerre civile pour aller voir son oracle, et elle ne reviendra pas sans avoir tiré du maître le nom de *sa fille adoptive*.

Nul éloge ne le met plus haut. En réalité, une part immense de vérité était dans ce livre, première description exacte, minutieuse, de l'intérieur de l'homme. Ce que Vésale avait fait pour l'homme physique, Montaigne le fait pour le moral, s'attachant, il est vrai, assez tristement à beaucoup de parties basses et de dégoûtants viscères. N'importe, là, il est très-vrai. *Il pose l'individu* en ce qu'il a de plus individuel. Tout à l'heure, sur cette base, les rénovateurs du monde commenceront, bâtiront l'homme collectif.

Les grands et généreux esprits, l'élite rare qui l'adopta (comme mademoiselle de Gournay) semblent pressentir que son doute n'est que le doute provisoire qui rendra la science possible. La foule ne le prit pas ainsi. Et moi, historien de la foule, je ne dois noter ici que ce qu'elle y vit. Qu'y lut-elle? Ce qui répondait le mieux aux plus bas instincts :

1º *Les lois de la conscience, que nous disons de nature, naissent de la coutume.* Rien de fixe et nulle loi morale.

2° *Aussi, si j'avais à revivre, je vivrais comme j'ai vécu.* Inutile de s'améliorer, c'est l'esprit de tout le livre.

3° Je hais toute nouvelleté. Ou il faut se soumettre entièrement à notre police ecclésiastique, ou tout à fait s'en dispenser; *ce n'est pas à nous à établir ce que nous lui devons d'obéissance*, etc.

Les *Essais* furent avidement, âprement saisis par les catholiques. Mademoiselle de Gournay établit qu'ils n'ont été sérieusement attaqués que des huguenots.

Montaigne semble, en effet, faire aux premiers la part très-belle. Ses démonstrations (sophistiques) pour montrer l'impuissance de la raison, les contradictions irremédiables de l'homme, etc., etc., semblent le renvoyer humble et désarmé à l'autorité. Voilà pourquoi, plus tard, Pascal, tout en détestant Montaigne, le saisit comme un noyé saisit une planche pourrie; mais la planche manque, elle tourne, et Pascal n'a saisi rien; le scepticisme livre l'homme, mais le livre anéanti; Pascal peut serrer tant qu'il veut, il serre le vent et le vide.

Pour ma part, ma profonde admiration littéraire pour cet écrivain exquis ne m'empêchera pas de dire que j'y trouve à chaque instant certain goût nauséabond, comme d'une chambre de malade, où l'air peu renouvelé s'empreint des tristes parfums de la pharmacie. Tout cela est *naturel*, sans doute ; ce malade est l'*homme de la nature*, oui, mais dans ses infirmités. Quand je me trouve enfermé dans cette *librairie* calfeutrée, l'air me manque. Hélas ! où est mon ami, où est le bon Pantagruel, le géant qui m'avait fait respirer d'un si grand souffle? Où est le rieur sublime qui, dans les sermons de Panurge, m'associa à la libre circulation de la nature? J'appellerais volontiers le frère Jean des Entommeures pour secouer ce gentilhomme du poing de Gargantua.

Ce livre fut l'évangile de l'indifférence et du doute. Les délicats, les dégoûtés, les fatigués (et tous l'étaient), s'en tinrent à ce mot de Pétrone, traduit, commenté par Montaigne : *Totus mundus exercet histrionem*, le monde joue la comédie, le monde est un histrion. « La plupart de nos vacations sont farcesques, » etc.

De ces illustres farceurs qui remplissent la scène du monde, le meilleur, parce qu'il est de beaucoup le plus sérieux, c'est sans contredit l'Espagnol. Par un grand coup de théâtre, Philippe II, perdant son masque, joue le rôle d'un Cassandre atroce dans sa rivalité galante avec Antonio Pérez. Malice étrange de la fortune! tout cela éclate quand l'âge ajoute au ridicule, quand le malheur est venu, quand l'impuissance est constatée. Cette déroute de réputation, naufrage moral plus profond que celui de l'Armada, lui arrive au moment même où il veut se faire roi de France.

Il n'est guère moins curieux de voir le grand acteur gascon, notre Henri IV, dans son jeu pour amuser jusqu'au bout les protestants qu'il va quitter. Il occupe le bon Mornay d'un colloque des deux églises. Mornay enferme à Saumur, avec force livres, une élite de douze ministres, des plus forts de France, pour préparer ce duel et la victoire infaillible de la vérité.

Mayenne, de son côté, travaillait consciencieusement à duper l'Espagne, le roi, surtout sa propre famille.

Au roi d'Espagne, il s'offrait, pourvu qu'il lui payât une armée *française*, qui, finalement, eût servi à mettre l'Espagnol à la porte.

Au roi de France, il s'offrait, pourvu que le roi lui donnât, avec six cent mille écus, la Bourgogne et le Lyonnais à titre héréditaire, et à sa maison la Champagne, la Bretagne, la Picardie ; ajoutez le Languedoc pour un de ses alliés. Il ne voulait le faire roi qu'en lui gardant le royaume.

Troisièmement, pour son rival, pour le jeune duc de Guise, il avait un si grand zèle, qu'il ne lui suffisait pas qu'il épousât l'infante et fût mari de la reine; il exigeait *qu'il fût roi*. Moyen ingénieux de compliquer les affaires, de ralentir et d'entraver.

Philippe II fit marcher les choses. Il exigea les États généraux, et s'y coula tout d'abord. Les États servirent à mettre dans un beau jour l'impossibilité de l'Espagnol.

Voici ses instructions secrètes aux ambassadeurs : « Vous soutiendrez d'abord l'élection de l'infante ; 2° la mienne ; 3° un archiduc (*jusqu'ici rien pour la France, nul ménagement de la nation*); 4° le duc de Guise ; 5° le cardinal de Lorraine. »

Nous avons la note exacte de ce que ce roi, dans son extrême pénurie, donna d'argent aux États : onze mille écus au clergé, huit mille au Tiers, quatre ou cinq mille à la noblesse; donc, vingt-quatre mille en tout. Ce n'était pas trop pour avoir la France.

L'aide en hommes fut très-peu de chose. Mayenne en fut indigné, et dit qu'un pareil secours ne faisait qu'aggraver les maux.

Sauf quelques âmes dévotes et quelques prêcheurs furieux qui restèrent aux Espagnols, le désert se fit autour d'eux. En vain le curé Boucher, fermant par un calembour la révolution commencée par un calembour, en lance un très-bon : « Seigneur, débourbonnez-nous, *Eripe me de luto.* »

Quand les ambassadeurs d'Espagne lurent fièrement à l'assemblée les propositions de leur maître, *l'infante et un archiduc*, et rappelèrent les services qu'avait rendus le roi d'Espagne, un fou répondit à merveille. C'était le bonhomme Rose, des plus extravagants ligueurs. Il se fâcha jusqu'au rouge : « Dans ces services, dit-il, il n'a rien fait qu'il ne dût faire. Et il aurait dû faire mieux encore pour la religion. Il en sera récompensé, comme il faut, en paradis. Mais, quant à la terre, les lois fondamentales de France énervent sa proposition; ce royaume n'admet pas de fille, encore moins un Espagnol. »

Les ambassadeurs, confondus, se rabattirent les jours suivants sur le mariage du jeune Guise, qui épouserait l'infante. Trop tard. L'affaire était manquée.

Philippe II eut beau promettre deux cent mille écus à donner *après*. Cela ne toucha personne. Cette riche et splendide fiction ne trouva que des incrédules. On le voyait à la veille d'une seconde banqueroute.

Il n'y avait si petit prince qui ne concourût avec lui. Son gendre le duc de Savoie, le fils du duc de Lorraine, le duc de Nemours, se mettaient aussi sur les rangs. On ne voyait que rois futurs trotter autour des États dans la crotte de Paris.

Le vrai roi, en attendant, tenait Paris assez serré. Maître des petites places voisines, il eût pu à volonté empêcher les arrivages. Paris mangeait par sa permission. La culture de la banlieue se faisait par sa bonne grâce. Situation misérable dont Paris voulait sortir. Les savetiers, les crocheteurs, commencent à crier : « La paix! » La milice se déclare. Elle ose provoquer les Seize. Passant devant la fenêtre du fameux greffier de la Ligue, Sénault, qu'on voyait écrire, ils lui crièrent : « Écris-nous tous! nous sommes tous *politiques!*

Ce mouvement inattendu, l'abandon où Philippe II semblait laisser ses Espagnols, l'affaiblissement de Mayenne, menacé des fanatiques, tout cela un matin ou l'autre aurait mis le roi dans Paris. Quiconque connaît la France et ses rapides entraînements sait que, dans ces moments, l'avalanche se précipite; tout obstacle disparaît, tout ménagement; nul soin de ménager les nuances, d'adoucir la transition.

Avec cette vive explosion, cet accès de royalisme, si le roi eût pu quelque peu attendre, je crois qu'on l'eût pris tel quel, huguenot ou Turc, n'importe.

Je sais bien que des protestants, comme Sully, lui disaient qu'il aurait de la peine à se dispenser de se faire catholique.

Mais je vois aussi que des catholiques, très-avisés, très-informés, comme l'ambassadeur de Savoie, pensaient qu'il ne se convertirait pas. Cet envoyé écrivait à la cour : « Pour l'intérêt, le Béarnais ne changera pas de religion. » (*Archives diplomatiques de Turin.*)

Montaigne, le vrai génie du temps, avait dit une chose très-juste : « Les Guises ne sont guère catholiques, et le roi n'est guère protestant. »

Qu'étaient-ils en réalité? Si vous voulez le savoir, demandez à ce dieu du siècle qui le dominait déjà avant son âge tragique, et qui le domine après. Demandez à la divinité que poursuit Pantagruel pour savoir l'énigme du monde. Adressez-vous à la femme. Interrogez dame Vénus.

Le gros Mayenne, plus volage qu'on ne l'aurait attendu de son ventre de Falstaff et de son esprit sérieux, avait eu les tristes hasards, les royales aventures dont mourut François Ier.

Le Béarnais, maigre, leste et de meilleure chance, n'en avait pas moins l'étoffe d'un amant ridicule. On l'avait vu à Coutras quitter l'armée au moment critique où il eût pu rejoindre les auxiliaires allemands, pour mettre ses drapeaux aux pieds de Corisande d'Andouin. Mais il ne fut tout à fait fou que quand il connut Gabrielle. Vrai roman, où les difficultés apparentes ménagèrent, augmentèrent l'amour, de manière à fixer dix ans le plus mobile des hommes, et faire du plus spirituel des rois un bourgeois, un père crédule, assoti de ses enfants.

Le délicieux portrait (qu'on doit regarder d'abord à Sainte-Geneviève) nous donne Gabrielle très-jeune, aussi fine qu'elle deviendra grasse et massive plus tard (dessins Foulon). Elle est étonnamment blanche et délicate, imperceptiblement rosée. L'œil a une indécision, une *vaghezza*, qui dut ravir, et qui pourtant ne rassure pas. Objet très-poétique sans doute, elle n'en annonce pas moins un moral assez prosaïque; cette belle personne est certainement médiocre, judicieuse dans un cercle étroit, assez capable de calcul. Elle ne sera pas trop maladroite à mener sa barque. Chose singulière, dit M. d'Aubigné, elle se fit trèspeu d'ennemis. Je le crois, mais elle en fit de nombreux à Henri IV. Elle le matérialisa, l'abaissa, l'appesantit.

« Voulez-vous voir ma maîtresse? » dit au roi l'imprudent Bellegarde, qui se croyait sûr de la belle, qui se voyait jeune, beau, le roi déjà grisonnant. On arrive, à travers les bois, au château de Cœuvres. Voilà le roi pris, le voilà fou; il ne veut plus que Bellegarde y songe. Il brûle de revenir. Entre deux corps ennemis, déguisé en paysan, un sac de paille sur la tête, il traverse quatre lieues de forêts. Elle, voyant ce petit homme, ce paysan à barbe grise, dont le nez joignait le menton : « Vous êtes si laid, dit-elle, qu'on ne peut vous regarder. »

Ce dédain attise le feu. Et le père l'attise encore en ne souffrant pas les visites du roi. Notre homme, éperdu, imagine, pour l'ôter à ce père terrible, de la marier à un autre. On chercha un sot patient, mais un sot qui fût très-laid; ce fut M. de Liancourt. Gabrielle en fut aux pleurs et aux cris. Le roi lui jura qu'au jour de la noce il arriverait, emmènerait le mari, et qu'elle n'en aurait que la peur. Mais ses affaires le retinrent.

Cela divertit la cour. L'abbé Du Perron en fit une jolie pièce, et plus jolie que décente :

A qui me donnez-vous, vous à qui je me donne?
Seul aimant de mon cœur, où me rejettez-vous? etc.

Stances galantes qui coururent fort, firent honneur à Du Perron, et préparèrent sa fortune. Il devint la grande cheville ouvrière de l'abjuration qui devait lui valoir le cardinalat.

Cependant madame de Liancourt perdit patience. Elle signifia bientôt qu'elle suivrait le roi à la guerre. Le mari fut consigné chez lui, et madame Gabrielle parut courageusement, dans la triomphante fleur d'une beauté épanouie, au siége de Chartres (février 1591). Elle était chaperonnée par sa tante de Sourdis, qui la stylait à son métier. Sans égard à Châtillon, qui, comme on a dit, avait pris la ville, le roi en donna le gouvernement à M. de Sourdis, et Châtillon, éloigné, désespérant de l'avenir, rejoignit son père Coligny dans un monde meilleur.

On croyait que le roi, assez léger jusquelà, se lasserait de Gabrielle. Point du tout. La jalousie maintint, aiguillonna l'amour. Elle gagna beaucoup de terrain. Elle était haute et difficile. Le roi avait toujours à faire pour l'apaiser. Il la craignait. C'est par là qu'on peut expliquer un fait qui ne cadre pas avec sa bonté ordinaire. Il avait eu à la Rochelle la fille d'un honorable magistrat protestant; un enfant naquit, mais mourut. La pauvre Esther (c'était le nom de la huguenote), qui n'avait pu se marier, et, de plus, ruinée par la guerre, vint suppliante à Saint-Denis, ne demandant que du pain. Henri IV ne lui en donna pas. Il eût été grondé, maltraité, mis peut-être pour huit jours à la porte de sa maîtresse. Esther, de douleur, de misère, mourut bientôt à Saint-Denis.

La grande affaire de l'époque désormais, c'est Gabrielle. Laquelle des deux Églises, protestante ou catholique, prononcera le divorce du roi, le délivrera de sa première femme? C'est la suprême question.

Gabrielle avait cru d'abord que les huguenots, ennemis de Marguerite de Valois, pourraient l'aider mieux. Elle en mit dans sa maison, disant « n'avoir confiance que dans ceux de ses domestiques qui étaient de la religion. » Les ministres, peu habiles dans les choses de ce monde, prirent justement ce moment pour éclater contre Gabrielle. Le samedi 1er mai 1592, ils déclarèrent que, les débordements du peuple *et de ceux qui lui commandaient*, ne faisant que continuer et se renforcer chaque jour, ils ne pourraient donner la sainte Cène, mais attendraient qu'on s'amendât et qu'on apaisât le courroux de Dieu.

De l'autre côté, quelle différence! Tout était doux et facile, tout était chemin de velours. L'amour de madame de Liancourt et du mari de Marguerite était un péché sans doute. Mais la miséricorde de Jésus était infinie, tout pouvait s'arranger sans peine, et le péché transformé devenir un doux sacrement.

Quelques ministres, effrayés de l'ébranlement du roi, inclinaient vers la douceur. Mais il y avait parmi eux de vieilles têtes indomptables. Par exemple, ce Damoure, qui avait fait la prière sous le feu d'Arques et d'Ivry, fut aussi hardi en chaire qu'il l'avait été en bataille. Il dit, le roi étant présent, que, s'il abandonnait la foi, Dieu aussi l'abandonnerait, et qu'il avait à attendre un juste jugement. D'O et le cardinal de Bourbon demandèrent que ce prédicant fût mis en justice. « Et que voulez-vous? dit Henri, il m'a dit mes vérités. »

Cependant ceux des royalistes qui poussaient la conversion avaient obtenu de faire à Suresnes des conférences avec la Ligue. Champ très-dangereux d'intrigues. Là se produisait une chose perfide que le légat favorisait : c'était de subir un Bourbon, puisqu'il le fallait, mais de prendre, au lieu d'Henri IV, le jeune cardinal de Bourbon. Celui-ci, on en était sûr, n'était pas huguenot; il était athée. Les d'O et autres royalistes firent peur au roi de cette idée, lui firent croire qu'elle ralliait beaucoup de gens.

Peu après, le roi, dans une conversation de trois heures avec Mornay, lui assura que c'était à cette crainte qu'il avait cédé. « Je me suis trouvé, disait-il, sur les bords d'un précipice; le complot des miens me poussait, et les réformés ne m'appuyaient pas. Je n'ai pas trouvé d'autre échappatoire. »

« Peut-être aussi, ajoutait-il, entre les deux religions, le différend n'est si grand que par l'animosité de ceux qui les prêchent. Un jour, par mon autorité, j'essayerai de tout arranger. » (Vie de Mornay, 261.)

Avant la conversion, il disait aux réformés : « S'il faut que je me perde pour vous, au moins vous ferai-je ce bien de ne souffrir aucune instruction. » Il eût voulu tout prendre en bloc. Mais ce n'était pas le compte des convertisseurs. L'archevêque de Bourges, Du Perron, etc., auraient perdu leur triomphe. Ils le retinrent fort longtemps. Cela ne se passa pas sans impatience de la part d'un homme si vif. A l'article des prières des morts : « Parlons, dit-il, d'autre chose; je n'ai pas envie de mourir... Pour le purgatoire, j'y croirai, parce que l'Église y croit, et que je suis fils de l'Église, et aussi pour vous faire plaisir; car c'est le meilleur de vos revenus. »

Malgré ces légèretés, on fut ravi de voir avec quelle componction il avait reçu le sacrement de pénitence, entendu la messe.

Il prêta sans sourciller le serment d'exterminer les hérétiques (25 juillet 1593).

On sait sa lettre à Gabrielle : « *Je vais faire*

le saut périlleux... Je vous envoie soixante cavaliers pour vous ramener, » etc. Cette lettre courut dans Paris, et chacun en fut charmé. Un catholique pourtant, un magistrat royaliste, dit à un intime : « Hélas! il est perdu maintenant; il est tuable; il ne l'était pas. »

Gabrielle revint le lendemain, revit Henri IV et Bellegarde. Elle devint grosse un mois après d'un enfant qui, légalement, devait être un Liancourt. Mais Gabrielle exigea que le roi l'avouât, le fît prince, duc de Vendôme; de quoi rirent la ville et la cour, et Bellegarde autant que personne.

CHAPITRE XXIV.

L'entrée à Paris. Mars 1594.

« Non, sire, vous n'effacerez pas aisément de votre mémoire ceux qu'une même religion, mêmes périls, mêmes délivrances, tant de services fidèles, ont gravé dans votre cœur par l'acier et le diamant. Le souvenir de ces choses vous suit et vous accompagne. Il interrompt vos affaires, vos plaisirs, votre sommeil, pour vous représenter vous-même à vous-même, non pas l'homme que vous êtes, mais l'homme que vous étiez quand, poursuivi à outrance des plus grands princes de l'Europe, vous alliez conduisant au port le petit vaisseau....

« Nos ennemis veulent faire de votre autorité l'instrument de notre ruine. Plût au ciel que ce fût là tout! Mais ils veulent en nous blesser Dieu... Resterons-nous les bras croisés?... Non, sire, nous leur ferons pratiquer la loi commune. S'ils bannissent Dieu de vos villes, nous bannirons leurs idoles de celles où nous sommes en force. S'ils se vantent d'avoir votre corps, nous nous vanterons de votre esprit. Qu'ils n'espèrent plus de patience. Si vous ne les retenez, si vous n'en faites justice, nous aurons recours à Dieu, qui se chargera de la faire. »

Telle était la plainte navrante, mais hardie, des réformés. Leurs craintes étaient-elles absurdes? Point du tout. Sully avoue qu'au premier mot de l'Espagne, proposition dérisoire d'*épouser l'infante*, le roi y donna tellement, qu'il voulut voir le messager. C'était un certain Ordoño, tellement suspect, que, quand le fourbe Mendoça le fit présenter au roi, on n'osa pas le laisser approcher sans lui tenir les deux mains. Tant le roi avait à se fier au futur beau-père!

L'Angleterre, la Hollande, l'Allemagne, nos réformés, conclurent de son empressement qu'il se précipitait sans réserve dans le parti catholique. On dit et on répéta qu'il allait acheter la paix et l'absolution papale par le sang de ses amis.

De longue date, on savait que cet homme de tant d'esprit, sensible, toujours la larme à l'œil, était le plus oublieux, le plus léger, le plus ingrat.

« En me retirant, dit d'Aubigné, je voulus passer par Agen pour voir une dame qui m'avait servi de mère dans mes malheurs. J'y trouvai un grand épagneul qui couchait sur les pieds du roi, souvent dans son lit. Cette pauvre bête, abandonnée, et qui mourait de faim, m'ayant reconnu, me fit cent caresses. J'en fus si touché, que je le mis en pension chez une femme de la ville, gravant ces vers sur son collier :

« Serviteurs qui jetez vos dédaigneuses vues
« Sur ce chien délaissé, mort de faim par les rues,
« Attendez ce loyer de la fidélité. »

Revenons. Le désappointement fut cruel, non-seulement pour la France protestante, pour tout le protestantisme, alors victorieux dans l'Europe, mais peut-être plus encore pour nombre de catholiques qui n'avaient d'indépendance possible que par celle de la France. La jeune noblesse de Venise, alors dominante, qui l'avait puissamment aidé en le saluant roi au moment d'Arques, au moment où la terre même de France lui manquait sous les pieds, Venise, dis-je, attendait toute autre chose de lui contre le pape et contre l'Espagne. Tout au moins espérait-elle ce qu'un des convertisseurs avait proposé, la séparation de Rome et l'établissement d'un patriarcat. Très-probablement elle-même aurait imité cet exemple.

Loin de là, il envoie à Rome ambassade sur ambassade, de plus en plus suppliantes. Comme si le pape était libre, comme si ce serf de l'Espagnol pouvait traiter tant que son maître n'était pas brisé par ses revers. Jusque-là : « *Vederemo,* » (Nous verrons). C'est la seule réponse que toutes les humiliations du roi pourront obtenir du pape.

Ce n'est pas là ce qu'à ce moment lui offraient les protestants. Ils venaient de saisir les Alpes et de rouvrir l'Italie. Pendant que le duc de Savoie se morfondait en Provence, Lesdiguières passait chez lui, lui prenait, non des places fortes, mais, ce qui vaut plus, un peuple. Le cœur est ému en lisant l'adresse si pathétique que les Vaudois du Piémont adressaient alors à la France : « Sire, ce grand Dieu qui fait les rois a mis dans vos mains le plus beau sceptre du monde. Qui l'eût espéré naguère eût paru faire un vain songe; mais Dieu fait tout ce qu'il veut. Il vous a donné la Gaule; eh bien, la Gaule transalpine, s'il le veut, vous appartient. Saluces va vous revenir, et Milan. Nos vallées, sire, sont vôtres déjà, et servent à votre Dauphiné de murs et de bastions. Murailles murées jusqu'au ciel. Est-ce tout? Non, avec elles vous aurez des murailles vives, nos cœurs, nos corps et nos vies. Nous nous vouons à vous, sire, à jamais, pour vivre et mourir, nous et nos enfants. »

Ainsi le protestantisme, faible à l'intérieur de la France, était fort aux extrémités. S'il eût été appuyé selon les projets de Coligny et de son fils, il se serait associé à la conquête des mers que commençaient alors l'Angleterre et la Hollande. Henri IV se mourait de faim et n'avait pas de chemises. Mais l'or était là tout prêt. La grande chasse aux Espagnols s'ouvrait par les vaisseaux d'Amsterdam et de Plymouth. Longtemps la dîme des prises avait suffi à l'entretien de nos armées réformées.

Histoire douloureuse que cette France touche à tout et manque tout!

La première, au quinzième siècle, elle prépare les stations du voyage d'Amérique. Elle occupe les Canaries, et c'est pour les Espagnols. Puis elle occupe Madère, et c'est pour les Portugais. Dieppe découvre l'Amérique, et cela ne sert à rien tant qu'un Génois n'y arrive sous le pavillon de Castille. La dominante, l'impériale rade de Rio-Janeiro, est saisie par Villegagnon, l'envoyé de Coligny; cela est encore inutile; les Guises parviennent à détruire tout.

Plus tard, c'est aussi un Français qui prend ce paradis terrestre qu'on appelle la Floride. Il y met mille protestants. Dénoncé à l'instant à l'Espagne par Catherine de Médicis! surpris, mis à mort par les Espagnols. Là, il y eut une chose sublime. Un Gascon, M. de Gourgues, ne supporta pas cet outrage fait à sa patrie. Il équipa un vaisseau à ses frais, et massacra les massacreurs. Il méritait une couronne. On tâcha de l'assassiner.

Tout à l'heure, pendant qu'Henri IV fait pénitence à Rome et conquiert un parchemin, Walter Raleigh conquiert son *El Dorado* de la Virginie, et jette la première pierre du futur empire des États-Unis anglais.

Essex prend le port de Cadix, la ville et la citadelle. Il voulait n'en pas sortir, rester maître du grand détroit.

L'habile, le patient Maurice et le profond Barneveldt achèvent l'œuvre capitale de l'art et de la sagesse, la robuste construction des États-Unis de Hollande, cette digue qui arrêtera non plus seulement l'Espagnol, mais les grandes forces du monde, Louis XIV et l'Océan.

En présence de cette gloire de la république hollandaise, du repos profond, redoutable de la république suisse, de la sagesse de Venise, un souffle républicain avait rapidement passé sur la France. Non moins rapidement disparu. La Ligue donne pour deux cents ans l'horreur de la république.

La Ménippée est le grand livre de la nouvelle monarchie, livre de paix, de *bon sens*, d'obéissance et d'égoïsme. Chacun chez soi, chacun pour soi. Il n'est rien de tel qu'un bon maître, etc., etc.

Si la fureur des partis se calme, celle des grossiers plaisirs éclate et déborde. La France tombe à quatre pattes. Un déchaînement d'orgie brutale commence avant même qu'Henri IV soit entré dans Paris. Les moines encore se signalent. Des Cordeliers, au cabaret, pris avec des filles, payent le sergent qui les surprend, puis l'attirent dans leur couvent, le fouettent et le battent à mort.

Les couvents de religieuses ne connaissaient plus de clôture. Ceux de Montmartre, etc., avaient eu garnison royale, et pour père prieur, le roi. Ceux de Paris recevaient tous les seigneurs de la Ligue; les nonnes dépassaient les dames en hardiesse. On en voyait courir les rues, donnant le bras aux gentilshommes, « fardées, masquées et poudrées, s'embrassant en pleine rue et se léchant le morveau » (Lestoile, novembre 93).

Cela se passait à Paris. Mais qu'était-ce donc de la France? Quelles scènes y donnaient les soldats! Aux faubourgs de la capitale, ils forçaient toutes les maisons, maltraitaient tout, filles et femmes; point de vieilles, d'infirmes, de spectre vivant, qui pût les faire reculer.

Un état si violent donnait une faim terrible d'un gouvernement régulier. Devant les quatre mille Espagnols et les pensionnaires de l'Espagne, Paris conspirait pour le roi. Le parlement, corps si timide, osa (janvier 94) donner arrêt « pour que la garnison étrangère sortît de Paris. » Cette garnison ne pouvait plus seulement protéger les Seize. Conspués et maudits du peuple, ils ne se rassemblaient guère qu'aux Jésuites, rue Saint-Antoine, dernière place où la Ligue, le *catholicon* d'Espagne, mort partout, vécût encore.

L'école de l'assassinat, *in extremis*, essaya ce qu'elle avait tenté si souvent dans les grandes crises contre Orange, Alençon, Élisabeth, Henri III, Henri IV. Celui-ci y était fait, et son extrême douceur n'en était pas même altérée. Une fois, en Navarre, un capitaine Gavaret devait faire la chose. Henri lui demande d'essayer son cheval, monte, prend les pistolets aux arçons, les tire en l'air et dit à l'homme stupéfait qu'il sait tout et qu'il le chasse. Ce fut toute la punition.

En 1593, ce fut un certain Barrière, jadis batelier, puis soldat, agent des Guises. Il fut encouragé à Lyon par un prêtre, un capucin et un carme; à Paris par un curé et par le jésuite Varade. Il s'était confié aussi à un père Séraphin Bianchi, jacobin, espion du grand-duc de Toscane, qui fit avertir le roi.

Ces événements auraient pu lui faire comprendre qu'il perdait ses peines à vouloir ramener les fanatiques. Les grandes masses catholiques n'en venaient pas moins à lui, ne voulant que le repos. Partout, les villes étaient impatientes de se rallier. Les gouverneurs, les capitaines, se hâtaient de faire leur traité, de vendre ce qui leur échappait. Orléans, Bourges, ouvrirent leurs portes. Lyon, profitant du conflit entre l'archevêque Espinac et le gouverneur Nemours, emprisonna celui-ci, se fit royaliste. En Provence, les deux factions qui s'assassinaient depuis vingt ans, se rapprochèrent pour le roi et contre Épernon.

Qui livrerait Paris au roi? c'était toute la question. Parmi les Espagnols eux-mêmes, un colonel de Wallons traitait la chose avec le roi.

Le gouverneur, M. Belin, eût voulu traiter lui-même. Mais Mayenne l'expulsa et mit à la place un parfait tartufe, Brissac, qui avait gagné à fond la confiance des Jésuites, du légat, faisant le dévot, le simple, faisant rire l'Espagnol, passant tout le temps du conseil à chasser aux mouches.

D'une part, le prévôt des marchands Lhuillier, d'autre part ce chasseur de mouches, promirent d'ouvrir la ville au roi. Brissac exigea six cent mille francs, vingt mille francs de pension et les gouvernements de Corbeil et de Mantes.

Il n'y eut pas beaucoup de mystère. Dès neuf heures du soir, on avertit nombre de personnes, et pas une ne trahit. A trois heures, force bourgeois, greffiers, procureurs, notre chroniqueur Lestoile, occupaient le pont Saint-Michel en écharpe blanche. Le roi tardait. Enfin, à quatre, les cavaliers de Vitry apparurent à la porte Saint-Denis. Nulle résistance que d'une cinquantaine d'hommes dans la rue Saint-Denis; deux tués. A l'Ouest, les garnisons de Melun et de Corbeil entrèrent par bateau, tandis que, sur le bord de l'eau, des fantassins entraient par la porte Neuve, cette fameuse porte des Tuileries par où sortit Henri III. Des lansquenets s'y opposaient, on les fit sauter dans la Seine.

(1594)

Le roi arrive. Brissac le reçoit, avec Lhuillier et le président du parlement. On lui présente les clefs. Brissac dit : « Il faut rendre à César ce qui appartient à César. » Et Lhuillier : « Rendre et non pas vendre. »

Le roi, entré par la porte Neuve, passa devant les Innocents et tourna au pont Notre-Dame pour aller à la cathédrale. Aux Innocents, on lui montra un homme à une fenêtre qui le regardait fixement et ne voulait pas saluer. Il n'en fit que rire. Au pont, il vit une foule qui criait : *Vive le roi !* « Ce pauvre peuple, dit-il, a été tyrannisé. » Il descendit à Notre-Dame, mais il y avait tant de monde qu'il ne pouvait pas passer. Cependant il ne voulut pas qu'on fît reculer personne, et il entra, à la lettre, porté sur les bras du peuple.

Il avait envoyé le comte de Saint-Pol au duc de Feria lui dire qu'il l'avait sous sa main et pouvait avoir sa vie, mais qu'il aimait mieux qu'il partît. Le duc d'abord le prit mal. Il était fort à Saint-Antoine, et, à l'autre bout, il avait la porte Bucy. Mais le roi avait le milieu, le Louvre, le Palais, Notre-Dame. M. de Saint-Pol parla durement à l'Espagnol, qui comprit enfin, fut reconnaissant, soupira, disant seulement : « Grand roi ! grand roi ! »

Que ferait, cependant, le quartier des robes

noires, la légion sainte de la Ligue et de la Saint-Barthélemy, les pensionnaires de l'Espagne? Ceux-ci étaient quatre mille, rien que dans l'Université. Sénault, Crucé, s'agitèrent, et le curé de Saint-Côme, l'épée à la main, voulait les rejoindre. Mais leur vaillance tomba quand ils rencontrèrent une masse de peuple et surtout d'enfants qui criaient : Vive le roi! Au milieu étaient des trompettes, des hérauts proclamant la paix et le pardon général; derrière venaient les magistrats; on n'eut pas besoin de force; ce dernier débris de la Ligue, comme les murs de Jéricho, tomba, vaincu par les trompettes et le simple bruit.

Le roi ne voulait pas perdre le meilleur de la journée. Il alla à une fenêtre de la porte Saint-Denis pour voir passer les Espagnols. A trois heures, ils défilèrent. Le duc de Feria salua le roi à l'espagnole, « gravement et maigrement. » Le noble caractère de ce peuple apparut dans les paroles d'une femme qui passait avec la troupe. « Montrez-moi le roi, » dit-elle Et alors, le regardant, elle éleva la voix à lui : « Bon roi, grand roi, cria-t-elle, je prie Dieu qu'il te donne toute sorte de prospérité. Quand je serai dans mon pays, et quelque part que je sois, je te bénirai toujours, je célébrerai ta clémence. »

Le roi était si joyeux qu'il se contenait à peine.

Comme on vint au Louvre lui parler d'affaires : « Je suis enivré, dit-il. Je ne sais ce que vous dites ni ce que je dois vous dire. » On s'étonna de lui voir contrefaire, comme un bouffon, le noble et triste salut du duc de Feria.

Il fit rassurer le jour même la mère des Guises et madame de Montpensier ; il alla bientôt les voir et badina avec elles ; excès d'oubli pour Henri III, qu'elle assurait avoir tué ; indifférence trop grande. Ses ennemis l'en méprisèrent, ses amis en furent attristés.

Il restait un autre roi à Paris qui ne reconnaissait pas le roi ; je parle du légat de Rome. Les plus basses soumissions n'obtinrent rien de lui.

Un malheureux capucin qui avait dans son couvent proposé de reconnaître le roi fut battu par ses confrères, déchiré de coups. Un jacobin royaliste fut empoisonné par les jacobins. Le roi refusa l'enquête. On voyait trop qu'il serait très-tendre pour ses ennemis, bien léger pour ses amis. Il caressa la Sorbonne, il caressa le parlement de la Ligue, le légitima, l'affermit sur les fleurs de lis avant l'arrivée de son propre parlement de Tours.

Le peuple, plus sensible que lui, fit une fête à ces magistrats qui avaient témoigné pour la France contre l'Espagnol. Quand ils revinrent, mal vêtus, sur de mauvais chevaux étiques, ils trouvèrent les rues tapissées, toutes les femmes aux fenêtres, des tables devant les portes, chacun se réjouissant, comme si la Justice elle-même, ce vrai roi, était revenue.

CHAPITRE XXV.

Paix avec l'Espagne. — Édit de Nantes. 1595-1598

Au moment même, le roi précipitait, malgré Sully, son traité avec Villars qui tenait Rouen. Ce Villars avait demandé des choses folles, douze cent mille francs, soixante mille francs de pension, la place d'amiral de France, le gouvernement de la Normandie, jusqu'aux abbayes dont le roi avait donné les revenus à ses plus fidèles serviteurs. Il fallait, pour le contenter, qu'il mécontentât tous les siens. Ces conditions insolentes auraient pu être subies avant que le roi eût Paris. Mais après, quand il était roi au Louvre, quand l'Espagnol s'en allait gracié de Paris, quand la Ligue fondait d'elle-même, elles semblaient devoir être repoussées. Henri IV les subit et lui donna un royaume. S'il eût pu attendre six mois, une corde aurait suffi.

Les difficultés, il faut l'avouer, étaient grandes encore. Élisabeth, indignée de l'abjuration, rappelait ses troupes. Le duc de Mercœur établissait l'Espagnol en Bretagne, et Philippe II proclamait sa fille duchesse de cette province. (V. lettres d'Henri IV.) Le duc d'Épernon voulait ouvrir à l'ennemi le port de Boulogne et ceux de Provence. Henri IV n'y trouva remède que de donner ce gouvernement au jeune duc de Guise pour faire battre entre eux les ligueurs.

Chose bizarre, sa pauvreté croissait en proportion de ses succès. On le comprend, à chaque province rachetée, il lui fallait exiger davantage d'un peuple de plus en plus ruiné. Nul moyen de payer des troupes; il n'avait que des volontaires, des gentilshommes, qui, sur ses lettres pressantes, montaient bien à cheval pour faire une course avec lui, mais qui le quittaient « au bout de quinze jours. » (Lettres, IV, 415.)

Jamais il ne montra tant d'esprit, d'activité et de ressources. Ses lettres, ses vives paroles, restent dans la mémoire en traits de feu. Il écrit jusqu'au bout du monde, même à Constantinople, pour en tirer du secours; il veut que le sultan ranime en Espagne les Mauresques contre Philippe II. Il prie le Palatin, il implore la Hollande, il baise le portrait d'Élisabeth, épris de sa beauté; la reine d'Angleterre, à soixante ans, efface Gabrielle. Rien de plus amusant, de plus original. La légende populaire du *Diable à quatre* n'est ici que la vérité.

Diable gascon et pauvre diable, s'il en fut, on l'admire, on en a pitié. Plus malheureux encore chez lui qu'ailleurs, vexé par l'amour et l'argent, amant trompé, roi famélique, il écrit à sa Gabrielle, qui se moque de lui avec Bellegarde, des lettres désespérées. Il adresse à son parlement, qui refuse de l'aider, des gronderies éloquentes et d'une verte familiarité, mais d'un accent de bonté qui emporte le cœur : « Messieurs, vous m'avez, par vos longueurs, tenu ici trois mois; vous verrez le tort qui a été fait à mes affaires. Je m'en vais le plus mal accommodé que peut être prince. J'ai trois armées, et je vais les trouver. J'y porterai ma vie et l'exposerai librement. Dieu ne me délaissera point... Je vous ai remis dans vos maisons; vous n'étiez que dans de sales petites chambres; vous êtes maintenant dans mon Palais... Vous croyez avoir beaucoup fait quand vous m'avez fait de beaux discours; et puis vous vous allez chauffer... Vous dites que je me hasarde trop; j'y suis contraint. Si je n'y vais, les autres n'iront pas. Si j'avais de quoi payer, j'enverrais à ma place... Je vous recommande le devoir de vos charges. Je vous aime autant que roi peut aimer... Le naturel des Français est de n'aimer point ce qu'ils voient; ne me voyant plus, vous m'aimerez; et, quand vous m'aurez perdu, vous me regretterez. » (Lettres, IV, 414-415.)

Du reste, la misère des deux rois était égale. Si Henri IV est forcé de faire en 94 une banqueroute d'un tiers à nos rentiers, Philippe II l'a faite aux siens dès 1575, et il va recommencer encore. En 1594, la limite est atteinte, la terreur ne sert plus de rien; deux cents villes de Castille refusent l'impôt, et l'année de sa mort (1598) on verra Philippe II mendier sur le bord de sa fosse, et faire solliciter de porte en porte une aumône à la royauté.

Cela devait finir la guerre? Point du tout. L'Espagnol, fait à mourir de faim, persévérait; ce spectre, en haillons, restait sur la France. Les Feria, les Fuentes, malmenés par le Béarnais, trouvaient que l'honneur castillan ne permettait plus de se retirer. Henri IV assiégeant la ville de Laon, ils se réunirent à Mayenne, et vinrent pour délivrer cette place. Mais le roi la prit sous leurs yeux (22 juillet 94).

Le meilleur auxiliaire de l'Espagnol était la misère de la France. La campagne, livrée à la fois aux soldats et aux maltôtiers, endurait tous les jours ce qu'on souffre au sac d'une ville. Les paysans, désespérés, s'armèrent contre ces *croquants*, comme ils les appelaient. On les nomma *croquants* eux-mêmes. On ne les dissipa qu'en profitant de leurs dissidences religieuses, et les faisant tuer les uns par les autres.

L'horreur de cette situation des campagnes, l'irritation des villes frappées par la banqueroute, encouragèrent le vieux parti. Il essaya, comme en 84, comme en 89, contre Guillaume et Henri III, de trancher tout d'un coup de couteau.

L'avant-veille de Noël, un garçon de dix-neuf ans, fils d'un marchand de Paris, Jean Chastel, se glisse près du roi et lui porte un coup de couteau à la gorge. Mais, comme le roi se baissait, il n'atteignit que la lèvre. « C'est un élève des Jésuites, » dit quelqu'un. Le roi dit en riant (car il n'était pas fort blessé) : « Il fallait donc qu'ils fussent *convaincus par ma bouche*. Mais laissez aller ce garçon. »

On n'obéit pas au roi. Crillon dit tout haut que cette fois il fallait jeter la Ligue à la Seine. On arrêta les Jésuites. Le père Guéret, régent de Jean Chastel, fut mis à la question et *torturé tout doucement;* on ne voulait pas qu'il parlât. Le roi recommanda qu'on fît le procès à huis clos pour ménager l'honneur des religieux. Le parlement n'en fit pas moins pendre deux Jésuites, Guéret et Guignard, qui ne manquèrent pas en Grève de se proclamer innocents. L'autorisation que leur donne Loyola d'*obéir jusqu'au péché mortel inclusivement* les mettra toujours à même de mentir tranquillement « in articulo mortis. »

Ce coup apprit à Henri IV, à la petite cour intérieure qui influait sur lui, que toutes les avances qu'on faisait au pape ne servaient pas de beaucoup; que, pour se faire aimer de Rome, il fallait se faire craindre. On laissa le parlement prononcer l'expulsion des Jésuites (27 décembre), et on déclara la guerre à l'Espagne (17 janvier 95).

Cela était courageux, politique. Il y avait avantage à prendre la position agressive, à tomber sur l'Espagne par la province réservée jusque-là qui restait riche, entière, et n'avait pas senti la guerre, la Franche-Comté. Gabrielle, dit-on, voulait ce pays pour son fils, comme auparavant elle avait voulu Cambrai. Cela eût acheminé le bâtard à la couronne. Elle n'en désespérait pas. Le roi était de plus en plus faible pour elle.

Le succès fut rapide. Mayenne, qui tenait la Bourgogne, se soumit, livra Dijon. Le roi, à Fontaine-Française, dans une reconnaissance imprudente, étourdie, où il faillit périr, avec deux ou trois cents chevaux, fit reculer l'armée du connétable de Castille. Sa folie le couvrit de gloire (5 juin 95).

Ce héros, ce vainqueur, à chaque succès se jetait à genoux devant le pape. Ses lettres sont uniques en bassesse. Il se livre, il se donne, il se remet comme un petit enfant à son père; il n'agira plus que par les conseils de Rome. Il voulait vivre en réalité, jouir enfin et se reposer. Si brave devant les épées (il l'avoue à Sully), il était *peureux* devant le couteau.

Deux hommes d'esprit, le Gascon d'Ossat et le factotum Duperron, négociaient l'absolution à Rome. Ils trouvèrent des auxiliaires. Qui? Les Jésuites eux-mêmes... Remarquable bonté de ces pères qui rendaient le bien pour le mal! En réalité, ils voyaient l'Espagne usée jusqu'à la corde, et le refus de l'impôt par deux cents villes de Castille finissait cette grande terreur de trente années. Les Jésuites comprirent que le champ de l'intrigue désormais serait la France et l'intérieur même d'Henri IV. Ils tournèrent le dos à l'Espagne; ils rassurèrent le pape et lui dirent de ne pas avoir peur d'un lion mort qui ne mordait plus. Il y avait un Jésuite, le père Tolleto, que le pape avait déjésuitisé pour le faire théologien du saint-siége; il avait tant de confiance en lui, qu'il lui faisait censurer ses propres écrits. Tolleto, quoique Espagnol, se décida pour Henri IV. Voilà celui-ci encore à plat ventre devant ce grand Jésuite qui a daigné le *protéger* (Lettres, IV, 456).

Depuis le jour où un autre Henri vint en chemise sur la neige implorer Grégoire VII, il n'y avait jamais eu traité semblable. Le roi promettait de faire pénitence et de fonder en chaque province, pour monument d'expiation, un monastère. Il s'engageait à exclure ceux qui l'avaient fait roi, les huguenots, de tout emploi public, et déclarait que, s'il ne les exterminait, c'était uniquement « pour ne pas recommencer la guerre. »

Un point grave était de savoir si l'on sacrifierait aussi les gallicans, les parlements, en acceptant le concile de Trente, la monarchie du pape et des évêques. Ce furent encore les Jésuites qui arrangèrent l'affaire, suggérant au roi de promettre d'observer le concile, *sauf les choses qui pourraient troubler le royaume*. L'essentiel pour eux était de rentrer en France, auprès du roi, et de lui donner un confesseur; cela gagné, on gagnait tout.

Duperron et d'Ossat, les deux représentants de la dignité de la France, abjurèrent pour le roi, à deux genoux, et reçurent pour lui la *discipline* des mains du grand pénitencier.

Absous, pardonné, flagellé, ce pénitent, dans sa grande joie et sa sécurité nouvelle, reçut d'Espagne une discipline plus sérieuse. Cambrai, qu'il avait laissé, à la prière de Gabrielle, aux mains d'un cruel gouverneur, appelle, reçoit les Espagnols (octobre 95). Au printemps, l'archiduc Albert, gouverneur des Pays-Bas, prend Calais, que le roi ne peut secourir.

Très-humilié, il assemble les notables à Rouen, et, pour en tirer de l'argent, *se met en tutelle* en leurs mains. *En tutelle*, il se soumit à toutes leurs conditions. Nous reviendrons là-dessus.

Le 10 mars, enfin, le roi reçoit le grand coup, la surprise d'Amiens par les Espagnols. Mais la France entière s'y précipita et reprit la ville. Élisabeth aida au succès. Elle donna au roi quatre mille Anglais, et il lui promit de ne pas traiter sans elle.

C'est justement ce qu'il fit dès qu'il put. Le roi d'Espagne, qui se mourait et d'âge et de misère, avait imploré le pape pour médiateur. Henri IV saisit avidement ces ouvertures de paix, et traita sans l'Angleterre, sans la Hollande, promettant, il est vrai, à celle-ci, de continuer à la secourir d'argent en lui payant les sommes qu'elle lui avait prêtées.

Il venait de renouveler ses alliances, et vingt fois il avait juré qu'il ne traiterait jamais seul. Il se l'était juré à lui-même par ses belles paroles confidentielles qu'il écrit à d'Ossat : « Mon épée et ma foi à mes alliés, qui, après Dieu, m'ont remis la couronne sur la tête!... Que je perde la vie plutôt que de finir la guerre autrement qu'avec honneur! »

Les circonstances atténuantes de ce honteux parjure sont celles-ci : 1° sa guerre était un miracle continuel de vigueur personnelle qu'il ne pouvait plus soutenir; chaque année, il avait quelque grave indisposition; 2° il mourait de faim; ses pourvoyeurs lui déclaraient souvent qu'ils ne pouvaient plus lui donner à dîner; 3° ses armées ne tenaient à rien : quand Amiens fut repris, tout son camp s'écoula en une nuit; le soir, il avait cinq mille gentilshommes; le matin, cinq cents; 4° il était mécontent d'Élisabeth, qui avait demandé qu'on lui livrât Calais et marchandait, dit-on, pour l'avoir de l'Espagne, si elle ne l'avait d'Henri IV.

Cette paix de Vervins (2 mai 1598) n'était autre, pour les conditions, que celle de Câteau-Cambrésis, faite en 1559. Un demi-siècle de guerres n'avait rien fait, — sauf la ruine définitive de l'Espagne, la ruine provisoire de la France.

Mais celle-ci l'était surtout d'honneur, laissant là ses alliés et la cause protestante, ouvrant la carrière aux Jésuites en France et en Allemagne.

Nos huguenots, que deviennent-ils?

L'histoire en est lamentable. Je la reprends d'un peu plus haut.

Ces malheureux, qui voyaient, dès le temps de l'abjuration, le roi chaque jour plus serf du pape, flatteur des moines, courtisan du moindre curé, ami, compère des Guises, étaient dans une inquiétude véritablement légitime. Ils vivaient sur une trêve, n'ayant pas même une paix! Ils demandèrent au moins la protection de Charles IX, l'*édit de Janvier*. Le roi répond, comme un bouffon, par cette fade plaisanterie : « Mais nous sommes en février. »

D'Aubigné dit avec raison : « On voulait que nous eussions confiance... Mais nous nous souvenions de cinq cent mille morts, et nous répondions des vivants. »

Les réformés, comme tout parti en dissolution, avaient parmi eux des traîtres. L'un d'eux proposait cette bassesse de prendre pour protecteur... Gabrielle d'Estrées.

Quelques-uns, plus sérieux, firent arrêter qu'on réclamerait avant tout ce qui était la vie, la sûreté, la garantie des massacrés, à savoir qu'ils pussent se garder eux-mêmes dans ces petites places d'asile qui les avaient déjà sauvés, de n'y pas recevoir un soldat qui ne fût huguenot.

Chose qui, du reste, n'était pas particulière aux protestants. La très-catholique Amiens avait voulu se garder elle-même et ne pas admettre un soldat du roi.

Toute la France réformée fut partagée, à peu près comme elle l'avait été en 1573, en dix départements, lesquels nommaient un directoire de deux ministres, quatre bourgeois, ce qui faisait réellement *six hommes du tiers état*, et seulement quatre gentilshommes. Ils devaient recueillir les plaintes, et les transmettre à Mornay et au duc de Bouillon, qui les présenteraient au roi.

Un fonds devait être toujours prêt. Pour faire la guerre? Un fonds de cent mille francs, à peine de quoi plaider, si on y était contraint.

Les réformés avaient à la Rochelle un important otage, le petit prince de Condé, jusque-là héritier présomptif de la couronne. C'était un grand coup de le prendre, de le faire catholique. Sa mère se convertit d'abord, et, à ce prix, fut déclarée innocente de la mort de son mari, qu'elle avait, dit-on, empoisonné. Elle éleva son fils dans sa nouvelle foi.

Tout cela faisait croire que les huguenots étaient un parti perdu. Même en Poitou, on osa lancer la cavalerie sur un de leurs prêches. Il y eut des entreprises pour enlever ou tuer Duplessis-Mornay, qu'on appelait leur pape.

Leur traité fut le dernier; toute la Ligue comblée, pensionnée, avant qu'ils eussent seulement la paix. Par l'édit de Nantes, ils eurent la liberté de conscience, mais non de culte. Le culte ne leur fut permis que dans leurs villes huguenotes et chez des seigneurs hauts justiciers. Des chambres à part pour les juger. On leur laissait pour huit ans leurs petites places d'asiles.

C'était bien moins que la paix de Charles IX et d'Henri III. Celle d'Henri IV ne les défendait pas; elle les compromettait, les forçant (contre un roi livré à leurs ennemis) de devenir une faction.

Rien n'est plus intéressant que de voir dans d'Aubigné combien ces gens maltraités restaient pourtant, malgré eux, dévoués à Henri IV. Il en parle avec la passion amère, mais inaltérable, qu'un cœur blessé garde à la femme adorée qui l'a trahi. A chaque instant, il rompt, renoue. Tel était l'attrait de cet homme; on avait beau le connaître, le mésestimer, l'injurier, on ne pouvait se l'arracher du cœur. Et, après tant de choses indignes, il reste toujours au cœur de la France... Hélas! par tant de côtés, il fut la France elle-même!

« Le roi, dit d'Aubigné, ayant juré de me faire mourir si je tombais dans ses mains, j'allai sur-le-champ le voir, et je descendis au logis de Gabrielle. Mes amis me suppliaient de repartir. Des officiers délibéraient pour m'arrêter et me livrer au prévôt. Je restai, et me plaçai le soir aux flambeaux quand il descendit de carrosse. « Voici, dit-il, monseigneur d'Aubigné. » Titre d'assez mauvais augure. N'importe, je m'avançai. Il m'embrassa, me fit baiser par Gabrielle et me dit de lui donner la main. Je la menai à son appartement. Il m'y promena plus de deux heures avec sa maîtresse. C'est alors que, comme il me montrait le coup qu'il avait reçu de Chastel, je dis ce mot qui a couru : « Sire, n'ayant renoncé Dieu que des lèvres, il ne vous a percé qu'aux lèvres. Si vous le renoncez du cœur, il vous percera le cœur. — Oh! les belles paroles, dit Gabrielle, mais mal employées! — Oui, madame, répliquai-je, car elles ne serviront de rien. »

Lui cependant, sans s'émouvoir, il fit apporter tout nu son petit César de Vendôme, et le mit en souriant dans les bras de d'Aubigné, n'opposant à cette parole, cruellement prophétique, que cette image d'innocence, que la pitié et la nature.

CONCLUSION

DE L'HISTOIRE DU SEIZIÈME SIÈCLE.

Arrivé à la dernière page de mon histoire de ce grand siècle, je suis frappé de l'insuffisance de l'œuvre devant l'immensité des choses et la gravité de la matière.

Que d'omissions j'ai dû m'imposer! que de faits résumer, abréger, partant obscurcir! Et littérairement, cette violente fresque, qui veut concentrer tant de choses, dans bien des traits sans doute est trop heurtée.

Je crains mes juges. J'entends spécialement ceux qui surent et qui firent, ces grands personnages du seizième siècle, dont les figures imposantes m'entourent et dont les fortes voix me sonneront toujours dans le cœur.

Qu'auraient dit les hommes de la Renaissance, ses sublimes critiques, Rabelais, Shakspeare ou Cervantès? Qu'auraient dit les hommes de la Réforme, comme l'Amiral, si profond et si réfléchi, ou bien le politique et positif Guillaume d'Orange?...

Ils sont mes juges. Et quel bonheur aurait-ce été pour moi si j'avais pu, en échange des éclairs dont ils ont par moments illuminé ma solitude, déposer à leurs pieds une œuvre qui rappelât la moindre partie de leur grande âme!

Ce que j'ai, du moins, je le leur offre, les qualités et les défauts. Et tel défaut surtout qui me fera peut-être trouver grâce devant eux et devant l'avenir :

Je le déclare, cette histoire n'est point impartiale. Elle ne garde pas un sage et prudent équilibre entre le bien et le mal. Au contraire, elle est partiale, franchement et vigoureusement, pour le droit et la vérité. Si l'on y trouve une ligne où l'auteur ait atténué, énervé les récits ou les jugements par égard pour telle opinion ou telle puissance, il veut biffer tout cet écrit.

« Quoi! dira-t-on, nul autre n'est sincère? Réclamerez-vous donc pour vous un monopole de loyauté? » — Ce n'est pas ma pensée. Je dirai seulement que les plus honorables ont gardé le respect de certaines choses et de certains hommes, et qu'au contraire l'histoire, qui est le juge du monde, a pour premier devoir de perdre le respect.

Plaisant juge, celui qui ôterait son chapeau à tous ceux qu'on amène à son tribunal! C'est à eux de se découvrir et de répondre quand l'histoire les interroge; et je dis, à eux tous; tous ils sont ses justiciables, les hommes et les idées, les rois, les lois, les peuples, les dogmes et les philosophies.

Donc ici nul ménagement, nul arrangement conciliatoire et nulle composition. Nulle complaisance pour plier le droit au fait, ou pour adoucir le fait et le raccorder au droit.

Que, dans l'ensemble des siècles et l'harmonie totale de la vie de l'humanité, le fait, le droit, coïncident à la longue, je n'y contredis pas. Mais mettre dans le détail, dans le combat du monde, ce fatal opium de la philosophie de l'histoire, ces ménagements d'une fausse paix, c'est mettre la mort dans la vie, tuer et l'histoire et la morale, faire dire à l'âme indifférente : « Qui est le mal? qui est le bien? »

J'ai dit la moralité de mon œuvre.
Mais qu'est-elle au point de vue de l'art his-

torique? que veut-elle? que prétend l'auteur?

Une seule chose.

De nombreux matériaux avaient été mis en lumière, des travaux estimables existaient sur telle et telle partie du seizième siècle. Plusieurs traits de ce siècle avaient été marqués, plusieurs côtés éclairés. Et la face du siècle restait cachée; elle n'avait été vue (dans l'ensemble) de nul œil encore.

Je crois l'avoir vu au visage, ce siècle, et j'ai tâché de le faire voir. J'ai donné tout au moins une impression vraie de sa physionomie.

Si cet effet était obtenu réellement, cela ne serait dû à aucune adresse d'artiste, à aucun savoir-faire, mais purement et simplement à ce principe d'indépendance morale dont je viens de parler.

L'historien, comme juge, a démenti les deux parties, et, au lieu de les écouter, il s'est chargé de leur dire qui elles étaient.

Au Catholicisme de la Ligue qui dit : « Je suis la liberté, » il a dit sans hésiter : « Non. »

Et il a dit Non encore au Protestantisme, qui se disait le passé et l'autorité. Il l'a relevé, défendu, comme parti de l'examen et de la liberté, intérieurement identique à la Renaissance et à la Révolution.

Luther et Calvin, malgré eux, se sont retrouvés frères de Rabelais et de Copernik, deux rameaux d'un même arbre. Du même tronc fleurissent la Réforme et la Renaissance, aïeules des libertés modernes.

Là est l'unité du seizième siècle. Dès lors il est une personne. On a pu tracer son portrait.

Maintenant parlons de ce volume intitulé *La Ligue*, et du quart du siècle qu'il embrasse, depuis le *massacre de la Saint-Barthélemy jusqu'à la paix de Vervins*.

Dans l'inscription en lettres d'or que le cardinal de Lorraine fit afficher dans Rome à la gloire éternelle de la Saint-Barthélemy, on lisait ces mots remarquables : « La religion se fanait, languissait ; mais, dès ce jour, nous en avons l'augure, elle renaîtra dans sa force et dans sa fleur. »

Mot juste et prophétique. La religion renaît ou naît plutôt, une religion hors de toute dispute : celle du cœur et de l'humanité.

Le cri touchant du pauvre Dolet au bûcher : « Étais-je donc un loup, une bête féroce ? N'étais-je pas un homme ? » on ne l'avait pas senti alors ; mais il perce les cœurs le lendemain de la Saint-Barthélemy. Chacun trouve en soi une plaie.

Quels que soient les retards, l'idée paradoxale hasardée par Luther, celle de la *tolérance religieuse*, ira se fortifiant, s'étendant et gagnant toujours, et elle deviendra la foi du monde au dix-huitième siècle.

Eh! qui ne pardonnerait à ses voisins une dissidence d'opinion, lorsque Guillaume d'Orange et le roi de Navarre pardonnent à leurs ennemis les plus traîtreuses entreprises? Vivant sous les couteaux, et quotidiennement assassinés, nous les voyons cléments autant que fermes. Voilà déjà l'homme moderne.

Oui, un grand changement se fera peu à peu, depuis cette ère de 1572. L'avant-scène tombée dans le sang, une scène tout autre apparaît avec des perspectives infinies.

Les victimes sans doute n'étaient qu'une minorité, mais derrière fut le genre humain.

Non-seulement le protestantisme assassiné dure et durera, invincible en Hollande, victorieux en Angleterre, créateur en Amérique, — mais un bien autre protestantisme surgit qui embrasse le monde même, celui de la raison, de l'équité, de la science.

Vainqueur dans l'âme humaine par Rabelais, Shakspeare, par Bacon et Descartes. Vainqueur dans le droit de l'Europe par la paix de Westphalie. Vainqueur jusqu'aux étoiles par Keppler et par Galilée.

Une trinité éclate vraiment une, qu'aucune argutie n'ébranlera : le droit, la pitié, la nature.

Dans un mortel dégoût des fatales abstractions qui amenèrent une réalité si barbare, la science s'en va seule par sa voie. Elle tourne le dos décidément aux scolastiques byzantines dont le moyen âge a vécu, et ne veut plus seulement en entendre le nom.

A toute argutie de ce genre le grand Cujas, du haut du droit antique, répond : « Qu'importe à l'*Équité?* » (*Nihil hoc ad Edictum prœtoris.*)

Plus solitaire encore, le bon artiste Palissy, cuisant ses *tuileries* dans le jardin royal, commence, le lendemain de la Saint-Barthélemy, un musée d'histoire naturelle, qui sera tout à l'heure le texte du premier enseignement de la nature.

Tout à l'heure, un ouvrier de Hollande, avec deux verres mis l'un sur l'autre, va nous ouvrir deux infinis, l'abîme de l'atome et l'abîme des cieux. L'esprit nouveau y plonge, y monte, et d'un tel vol, qu'il échappe bientôt à toute prise, ne se souvenant point du combat de la terre ni du vieil ennemi.

A la théologie persécutrice la science fait une guerre pacifique en n'y pensant plus.

Reste à expliquer maintenant comment le vieux principe, condamné par ses actes, banni de la haute sphère de raison, comment, dis-je, il va se survivre, comment il se fera une vie posthume d'intrigue et d'action. Par quelle ruse va-t-il, ce mourant, se ménager un répit, un arrêt, un retour de l'aiguille sur le cadran d'Ézéchias? Rien ne lui coûtera, soyez-en sûr. Nul expédient désespéré ne fera reculer sa fureur obstinée de vivre.

Le moyen pour le faux de vivre quelque temps, c'est d'entrer dans le faux et de s'y enfoncer de plus en plus, de s'embarquer à pleines voiles dans la mer des mensonges. Elle a des pays inconnus.

Ce don leur fut donné, en punition, de se pervertir toujours davantage.

Tout le volume qu'on vient de lire porte sur un mensonge, sur le surprenant désaveu que le vieux parti fait de lui-même, prenant à l'autre un masque, disant : « Je suis la liberté. »

Ce masque s'appelle la Ligue.

Je n'ose qualifier de son vrai nom la simplicité de quelques-uns des nôtres qui, à force d'*impartialité* et de bon vouloir pour nos ennemis, sont parvenus à croire que les ligueurs étaient le parti patriotique et national! Mais la Ligue elle-même, sur sa fin, a dit ce qu'elle était : le parti de l'étranger. Croyez-en la forte parole du ligueur Villeroy dans son très-bel *Advis à M. de Mayenne*, pièce confidentielle, et qui mérite toute attention : « Il faut que nous avouions que nous devons au roi d'Espagne la gloire et la *reconnaissance entière de notre être*. Nous n'avons soutenu la guerre depuis le commencement que de ses deniers et avec ses forces. »

Oui, *depuis le commencement*, et ce mot a plus de portée que Villeroy ne croit lui-même. Grâce à Dieu, nous pouvons aujourd'hui remonter au point de départ et solidement établir que, depuis le jour où le clergé, menacé dans ses biens, fit appel à l'Espagne (1561), une ligue se forma entre lui et Philippe II, que les Guises en furent les capitaines, que les efforts des Guises pour se créer une action à part furent toujours impuissants, et qu'enfin, comme dit Villeroy, la Ligue doit rapporter à l'Espagne « la gloire et la reconnaissance de son être. »

Sans méconnaître le savoir-faire du cardinal de Lorraine, la vigueur, la capacité de François de Guise, ni les dons brillants de son fils, nous les avons cotés bien plus bas qu'on ne fait. Pourquoi? Parce qu'ils usèrent leur vie dans une politique impossible, hypocrite autant qu'ingrate, une politique catholique indépendante du roi catholique, qui se servirait de ses secours, à part ou contre lui. C'est ce qui les fit constamment échouer. Ils furent brouillons et chimériques. Ils crurent toujours attraper Philippe II, et ils ne purent rien que par lui.

On a vu dans ces deux volumes comment un grand parti qui a besoin de chefs, qui a l'argent et la publicité, qui dispose indirectement des forces centralisées d'un grand État, peut, avec tout cela, faire et fabriquer des héros, arranger des victoires, créer des colosses de réputation.

On y a vu aussi comment un corps persévérant, uni fortement par ses craintes, agissant toujours et d'ensemble sur un misérable troupeau d'opinion vacillante, et profitant de ses irritations, de ses fougues aveugles, peut se créer un peuple à lui.

Faux héros et faux peuple : deux forces de la Ligue.

Cruels effets d'un mensonge si long, si obstinément maintenu! A force de misère, de fureurs, de sottise, il devint une vérité. La France se trouva si dévoyée, si dépravée, qu'elle entra dans la conspiration étrangère contre elle-même, et la Ligue devint populaire.

Mais du même coup cette pauvre France mourut moralement. Il ne faut pas se faire illusion. Il y a là trente ou quarante ans de nullité réelle, d'impuissance, d'abaissement d'esprit. Le duellisme, la fierté de la langue, l'attitude espagnole, ne peuvent donner le change. Sauf quelques ombres de l'autre siècle qui errent encore, comme d'Aubigné, il n'y a plus personne jusqu'à l'avénement de Corneille.

Quoi! c'est fini de ce grand siècle, qui avait montré, au début, tant de puissances fécondes? On eût cru pouvoir lui prédire d'inépuisables renouvellements. Le génie de la Renaissance, l'héroïsme de la Réforme, avec tant d'inventeurs et cinq cent mille martyrs, aboutissent à ce mot : « Que sais-je? » à ce grand découragement? Loyola a vaincu? L'esprit humain a perdu la partie?

La Renaissance s'énerva par l'immensité même et la variété de son effort. Elle n'embrassa pas moins que l'infini dans le lieu, dans le temps. Elle rallie à l'Europe l'Orient, l'Amérique. Elle rallie, aux souvenirs de la vieille Rome, des lueurs de la future Révolution de 89. Elle lance sur toute science des éclairs prophétiques. Le sort de tout prophète est celui d'Isaïe, qui fut scié en deux.

Elle commence à l'être vers le milieu du siècle. A qui demande-t-elle secours, elle, fille de la liberté et de la raison collective? Justement à l'autorité, son ennemie; à l'idolâtrie monarchique, alliée de l'idolâtrie religieuse. Qu'arrive-t-il? Elle périt ou se mutile et devient impuissante. Son idéal moral, faible et pâle, sera l'*honnête homme*, que Rabelais et Montaigne transmettent à Molière et Voltaire, idéal négatif de douceur et de tolérance, qui ne fera jamais le héros ni le citoyen.

Tout autre fut l'énergie de la Réforme à son aurore. Elle ne refit pas l'idée, mais le caractère. Elle agit et souffrit, donna son sang à flots. Ses martyrs populaires, qui cherchaient leur force dans la Bible, font une seconde Bible, sans le savoir, et combien sainte! Le martyrologe de Crespin est bien autrement édifiant à lire que la chronique des rois de Juda. Cela dure quarante ans, âge merveilleux de patience! Nulle résistance, nul combat. On ne sait que mourir et bénir.

Le christianisme défend de résister, et défend d'inventer, — du moins dans ce qui est le fond de l'âme, l'idée morale et religieuse. Il est le *Consummatum est*. La réforme chrétienne fit effort pour se contenir et se resserrer dans l'interprétation d'un livre. Sur son cœur débordant, sur la source brûlante qui en jaillissait, elle posa la Bible comme un sceau. Elle se reprocha son libre génie, s'interdit de gémir, de prier, de pleurer, sinon par la voix de David. Elle étouffa sa poésie, et elle tarda fort pour trouver sa transformation philosophique, qui depuis devint si féconde.

Voilà la cause principale de l'affaiblissement précoce de la Réforme.

Mais d'autres choses étaient contre elle, une surtout, son austérité.

Elle avait affaire à l'idolâtrie des images, et l'on disait déjà, comme aujourd'hui, qu'elle était l'ennemie de l'art (au moment où elle créait la musique).

Elle avait affaire à une machine puissante qui mit le roman au confessionnal, la grande invention de Loyola : *la direction*.

Elle avait affaire à la faim, à l'extrême misère du peuple, naturellement dépendant du clergé, qui avait le monopole de l'aumône publique et disposait de toutes les fondations de bienfaisance.

Notez que la Réforme, en France, n'eut point du tout l'appui que celle d'Allemagne trouva dans les circonstances politiques. Nos rois, admis de bonne heure au large banquet des biens ecclésiastiques, donnant les évêchés à leurs ministres, les abbayes à leurs capitaines, et par-dessus tirant encore du clergé les dons gratuits, furent peu pressés de se faire protestants.

En Allemagne, des peuples serfs virent dans l'apparition de la Réforme une heureuse occasion d'affranchissement. Mais, en France, déjà le servage avait disparu, et par les contrats de rachat individuel, et par l'action générale de nos lois.

De sorte que la Réforme n'eut rien à offrir, ni les biens du clergé au roi, ni l'affranchissement au peuple.

Elle n'offrit guère que le martyre et le royaume des cieux.

De bonne heure, le protestantisme, comme la Renaissance, se réfugia à un autel, où tous croyaient voir leur salut. Il se fia à la royauté.

Une occasion le tenta. Un prince protestant devint l'héritier; le roi de Navarre devint roi de France. La réforme française oublia, devant cette tentation, ce qu'elle était : *la république*.

Dès ce jour, elle était perdue. Elle s'en ira,

toujours baissant, jusqu'aux années des dragonnades.

Les conséquences de la paix de Vervins furent épouvantables. La France ayant lâché pied, tout alla à la dérive. L'Europe vit bientôt s'ouvrir cette Saint-Barthélemy prolongée qu'on appelle la guerre de Trente-Ans, où les hommes apprirent à manger de la chair humaine.

Le vieux principe parut avoir vaincu partout, dans l'énervation commune des protestants et des libres penseurs. Si des individualités extraordinaires parurent, ce fut inutilement : Shakspeare n'eut aucune action sur l'Angleterre, et dès sa mort fut oublié. Cervantès mourut de misère.

L'Europe parut un moment comme un désert moral, un zéro, un blanc sur la carte du monde des esprits. Rien n'empêcha les morts de parader dans l'intervalle; ils montèrent le *cheval pâle*, et ils firent la guerre de Trente-Ans. Ils tuèrent, tuèrent beaucoup, tuèrent encore... Et après?... Ils restèrent ce qu'ils étaient, les morts.

Puissances sacrées de la vie et de la génération, vous êtes de Dieu seul. Et le néant ne vous usurpe pas.

Nous montrerons cela et le mettrons en

pleine lumière. Mais ici même un dernier mot sur le seizième siècle le fera déjà sentir.

L'*harmonie*, le chant en parties, la concorde des voix libres et cependant fraternelles, ce beau mystère de l'art moderne, cherché, manqué par le moyen âge, avait été trouvé par le protestant Goudimel, l'auteur des fameux chants des psaumes. Vers 1540, il passa quelque temps à Rome; il y forma quelques élèves, et, entre autres, un jeune paysan, Palestrina. Admirable nature, d'une sensibilité tout italienne, qui vibrait à tous les échos. Il avait peu le sens du rhythme encore. Mais son âme suave rendait des sons charmants aux voix de la création.

Palestrina devint illustre à la longue, maître de la chapelle des papes. C'était le moment où le concile de Trente avait prescrit l'épuration de la musique ecclésiastique. Tous les vieux livres d'office, écrits depuis mille ans, furent soumis à Palestrina. On l'investit d'une dictature musicale. Grande puissance où l'artiste paysan allait, sans le savoir, influer d'une manière décisive peut-être sur la destinée populaire d'une religion.

Les hommes les plus respectables de la réaction catholique, saint Charles Borromée, saint Philippe de Néri, pensèrent que ce génie naïf, qui revivait ainsi les temps antiques, en retrouverait une étincelle. Ils n'y négligèrent rien. Ils se firent ses amis, l'entourèrent, le soutinrent, l'animèrent, l'échauffèrent. Ils tinrent cette créature d'élite comme dans leurs bras et sur leur sein brûlant. Pourraient-ils en tirer la simple évocation qui eût renouvelé l'Église? des chants nouveaux, vainqueurs, qui emportassent les foules? ou bien des hommes nouveaux, des élèves, une école, une grande source musicale qui eût fécondé le désert moral de l'époque?

Tous leurs efforts furent vains. L'Italien, vraie harpe éolienne aux vagues mélodies flottantes, n'articula jamais ce chant suprême qui fût devenu la Marseillaise catholique. Encore moins forma-t-il école. Il ne fut pas *un maître*. Il resta isolé. Ses mélodies mélancoliques ne furent pas répétées. Elles restèrent prisonnières comme les échos d'un unique lieu, enfermées et incorporées dans la chapelle Sixtine. Là on les chante une fois par an, disons mieux, on les pleure. C'est le caractère de cette musique, qu'elle est trempée de larmes. Larmes touchantes et vraies qui disent la mort de l'Italie sous le nom de Jérusalem.

Le pauvre Italien, à l'appel d'une Église de guerre qui demandait la force, ne répondit que la douleur.

On a fait prudemment en ne sortant jamais

cette musique du lieu où elle est protégée par les peintures de Michel-Ange. Les prophètes et les sibylles l'abritent avec compassion. Ils l'écoutent, et gémissent, les géants indomptables, d'entendre cette mollesse et ce peu d'espérance dans les soupirs de l'Italie. Ces accents ne sont pas les leurs. Leur génie tout viril rayonne d'un bien autre avenir.

Donc le souffle, le rhythme, la vraie force populaire, manqua à la réaction. Elle eut les rois, les trésors, les armées; elle écrasa les peuples, mais elle resta muette. Elle tua en silence; elle ne put parler qu'avec le canon sur ses horribles champs de bataille. C'est un caractère funèbre de la *Guerre de Trente-Ans* que cette taciturnité.

Oh! l'intrigue, l'effort, la patience, ne peuvent pas tout ce qu'elles veulent... Tuer quinze millions d'hommes par la faim et l'épée, à la bonne heure, cela se peut. Mais faire un petit chant, un air aimé de tous, voilà ce que nulle machination ne donnera... Don réservé, béni... Ce chant peut-être à l'aube jaillira d'un cœur simple, ou l'alouette le trouvera en montant au soleil, de son sillon d'avril.

NOTES DES GUERRES DE RELIGION.

Dans la préface des *Guerres de religion*, je promettais une critique des sources historiques du seizième siècle. Cette critique m'a entraîné fort loin. Je n'ai pu juger les livres des autres sans expliquer le principe qui a dominé le mien. Cette explication n'est pas moins qu'une théorie complète. Ce qui n'était d'abord qu'un essai de critique est devenu un volume que je ne puis faire entrer dans celui-ci, et qui ne peut paraître qu'à part.

Observation générale sur les quatre volumes du seizième siècle : nombre de citations qui ne pouvaient être différées *ont été mises dans le texte* même. Ces notes donc sont essentiellement incomplètes. J'en élague aussi les indications de sources banales, comme les mémoires qui sont dans les mains de tout le monde, les collections tant citées, Mémoires de Condé, de la Ligue, etc.

Le règne d'Henri II n'a pas encore la terrible abondance de matériaux qu'offre la fin du seizième siècle. Il continue l'époque des chroniques de famille écrites par les serviteurs des grandes maisons et à leur profit. Tels sont les Mémoires de Vieilleville, Villars, Rabutin. Salignac écrit, à la gloire de Guise, le *Siége de Metz*. Un seul des grands acteurs écrit lui-même ses actes (Coligny, *Siége de Saint-Quentin*), et il s'en excuse. — Quant aux recueils de pièces diplomatiques, celui de Ribier ne donne que les pièces du cabinet de Montmorency. Granvelle, les ambassadeurs de Venise et nos ambassadeurs dans le Levant (édit. Charrière), nous orientent d'une manière plus générale. Ajoutez les correspondances de Charles-Quint (Lanz, Gachard), ses historiens, et les travaux divers qu'ont faits sur lui MM. Ranke, Mignet, Pichot, etc. — Je parlerai plus loin des sources protestantes. — Le duel de Jarnac (V. Castelnau, édit. le Laboureur, Vieilleville, de Thou, Brantôme), ce fait si mal compris, a dû être mon point de départ, et j'y ai rattaché le tableau de l'époque. C'est l'*avénement du roman* dans l'État, et en même temps il entre dans la religion. Deuxièmement, ce duel est déjà celui des maisons de Guise et de Châtillon, l'une soutenue par Diane, l'autre par le connétable (V. les actes, dans Du Bouchet). La rivalité de personnes commence celle de partis et de religions. — Dès l'avénement, Diane reçoit du pape un collier de perles (Ribier, II, 53), gage d'alliance entre Rome et la maîtresse catholique.

Chapitre III, page 41. — *Catherine de Médicis*. — Cette bonne reine a été tout à fait réhabilitée de nos jours. Comment, en effet, ne pas en prendre une opinion toute favorable, quand on a lu sa *Vie*, publiée à Florence par M. Alberj, *d'après les actes, les pièces d'archives*? Cependant, si vous demandez à M. d'Alberj de quelles pièces il s'appuie, il avoue que ce sont des documents de famille, les lettres qu'écrivaient de Paris les envoyés du grand-duc, amis, serviteurs, admirateurs passionnés de Catherine. Dans ce cas, j'aime encore mieux consulter Catherine sur elle-même. C'est elle qui se chargera de contredire partout son apologiste *par ses propres lettres* dont je me sers. On n'en a imprimé qu'un volume; mais la continuation existe en copie, et les originaux se trouvent à nos Archives et à la Bibliothèque.

Chapitre IV. — *L'intrigue espagnole*, etc. — J'ai défait le faux Charles-Quint tout politique, et j'en ai refait un bigot. Ses ordonnances, combinées avec les procès donnés par Llorente et les lettres de Granvelle, permettent de suivre la transformation que subit ce caractère, énormément surfait de nos jours. — Quant à l'adultère de Philippe II avec la princesse d'Eboli (p. 77), il ne put avoir lieu qu'en 1559, quand il revint en Espagne veuf de Marie Tudor, et qu'il attendit quatre mois sa nouvelle épouse. La princesse avait alors vingt et un ans et était mariée depuis huit ans. Avant le premier mariage de Philippe, elle était fort jeune, récemment mariée, et son mari n'avait pas intérêt, comme en 1559, à être trompé par sa femme pour trouver en elle un appui contre Granvelle, chef du parti opposé.

Chapitre V. — *Les martyrs*, p. 87. — *Et toi, pour mourir, tu ris...* — Cette époque bénie du protestantisme a un caractère étonnant de sérénité, parfois de gaieté. Elle est dans leurs chants (V. entre autres les fragments de Rouen, bibl. Leber, etc.), chants mâles et forts d'allégresse héroïque. Elle est dans les paroles des martyrs : une femme, enterrée vive, plaisante du fond de la fosse (Crespin, 1540). — On est saisi d'horreur et de pitié ; on rit, on pleure. On pleurerait encore sur l'énervation de l'âme humaine. Que nous ressemblons peu à cela ! — Ce sont les pensées qui me poursuivaient dans les longs jours où j'ai lu et extrait les mille pages in-folio du *Martyrologe de Crespin*. Merveilleux livre qui met dans l'ombre tous les livres du temps, car celui-ci n'est pas une simple parole, c'est *un acte* d'un bout à l'autre, et un acte sublime. — J'y avais perdu terre, et je ne savais plus comment redescendre. Que de pages j'en avais copiées, dans l'espoir de les insérer!

Chapitre VI, p. 107.—*Calvin*.— *La mort du grand Servet*. — Non content des livres du temps, et des travaux si importants qu'ont donnés sur Genève, Calvin et Farel, MM. Gaberel, Henry, Revilliod, Schmidt, Merle d'Aubigné, Bonnet, Pictet, etc., j'ai été à Genève en 1854 pour fixer mon opinion. Partisan de Servet et de la raison moderne, j'inclinais du côté de ses amis, les amis de la liberté (ou *Libertins*). Cette question, étudiée dans les *Archives de Genève*, spécialement dans les *Registres du Conseil*, devient plus claire. Je crois que ce parti eût livré Genève à la France. Malheur immense pour l'Europe. Servet comptait sur la victoire des Libertins, et c'est pour cela qu'il prolongea à Genève le séjour qui le perdit. Nul doute que Calvin n'ait cru sauver la religion et la patrie, la révolution européenne. — C'était le moment le plus brûlant de l'école du martyre. Dans une lettre inédite que le savant historien de l'Église de Genève, M. Gaberel, me communique, Calvin peint son embarras pour choisir entre les solliciteurs qui s'étouffent à sa porte, qui se disputent, quoi? d'être envoyés à la mort!

Chapitre VIII, p. 129. — *Ronsard*. — Nul doute que Ronsard n'ait eu un poëte en lui (V. surtout les *Amours*, la belle pièce à Marie Stuart, t. II, p. 1174, etc.), mais ce poëte est presque partout caché sous une bizarre enveloppe, ou barbare ou subtile. Même dans les *Amours*, œuvre de chaude jeunesse, il y a beaucoup de choses ridicules : *Bel accueil*, *Faux danger*, personnifiés, font penser déjà à la Carte de Tendre et à mademoiselle Scudéry. — Il a une grande volonté, parfois un noble effort et quelque chose de l'élan de Lucain ; et cependant la différence est grande. Lucain montre partout une âme généreuse. Il aurait eu horreur des lâches insultes de Ronsard au pauvre hérétique, maigre, pâle, voué à la mort. Il n'aurait jamais fait le quatrain atroce sur celui que Ronsard espère voir mener dans un tombereau au bûcher de la place Maubert, t. II, p. 1578, verso.

Chapitre VIII, p. 145. *Dans le récit que Coligny fait du siége de Saint-Quentin.* — Pièce importante qui donne tout le caractère de l'homme, et qui, de plus, ouvre la série des grands historiens protestants. Coligny, si j'en juge par cette petite feuille marquée de la griffe du lion, eût été le premier de tous si la cour de Charles IX n'eût brûlé ses écrits. Les protestants avaient senti qu'il était presque aussi important d'écrire que d'agir. L'histoire leur appartient; ils se succèdent sous les coups de la mort et forment un cycle admirable. L'honnête, judicieux et impartial *président Laplace* (tué à la Saint-Barthélemy) donne peu d'années, mais il les met dans une grande lumière. Il explique non-seulement le côté du parlement, la mercuriale de 1559, mais la cour qu'il connaît très-bien, la réforme financière proposée à Poissy, etc. Pour les années 1558-9 et pour l'intérieur de Paris, il faut y joindre Crespin et Bèze. Laplace est si bien instruit, qu'il nous donne les dispositions de l'Espagne pour les Guises, précisément comme les propres dépêches espagnoles. — *Regnier de la Planche* vient ensuite (1576), qui reprend Laplace et le continue, bien plus ému et bien plus pathétique. Mais un fleuve de sang a passé en 1572, et trouble déjà la mémoire. La tradition vacille et change, si près des événements! — La Planche engendre *d'Aubigné* comme historien (je ne parle pas de la compilation de la Popelinière, si timide, et faite pour Catherine de Médicis). En d'Aubigné, l'histoire, c'est l'éloquence, c'est la poésie, la passion. La sainte fierté de la vertu, la tension d'une vie de combat, l'effort à chaque ligne, rendent ce grand écrivain intéressant au plus haut degré, quoique pénible à lire; le gentilhomme domine, et l'attention prolixe aux affaires militaires. Il est parfois bizarre, parfois sublime. Au total, nulle œuvre plus haute. — Il a des magnanimités inconcevables, jusqu'à louer Catherine (1562). — Si l'on veut mettre en face un *homme* et un *scribe*, qu'on rapproche sur un même fait d'Aubigné, et un fort bon écrivain, Matthieu, l'annaliste favori d'Henri IV, on sera étonné de la supériorité du premier, et pour le style, et pour l'exactitude (en 1570, d'Aubigné, I, p. 300; Matthieu, I, p. 322). Matthieu, comme Cayet, comme de Thou, a perdu le sens vif des choses. De Thou est nul, obscur sur le point de départ, 1561, sur le danger des biens du clergé, sur la réforme financière qu'on proposa, et qui est si bien dans Laplace. — Observation essentielle et capitale. En écrivant ce volume, j'avais, d'une part, ouverts devant moi les trois historiens protestants, et, d'autre part, les dépêches de Granvelle et du duc d'Albe, de Philippe II. Eh bien, j'affirme qu'il n'y a pas un point grave où ces pièces catholiques démentent les assertions des protestants. Loin de là, ceux-ci sont moins défavorables aux Guises, à Catherine, que les Espagnols. Les actes secrets, les pièces confidentielles, dévoilent des bassesses et des fourberies qu'ils ne devinaient nullement.

Chapitre XIII, p. 239. L'acte du triumvirat n'existe point en original, quoi qu'en dise Capefigue. Sans doute, il ne fut que verbal. La pièce imprimée aux Mémoires de Guise est ridicule, visiblement fausse. L'exact et obligeant M. Claude, de la *Bibliothèque*, que j'ai prié de la chercher, ne l'a trouvée dans aucun fonds, sauf dans un recueil de la fin du siècle, au *Supplément français.*, nº 215, *fol.* 151, *verso.*

Chapitre XIII, p. 245. Lorsque la bombe éclate (1561-1563), je veux dire l'idée de vendre les biens du clergé, les *Archives du Vatican* témoignent de la terreur qu'elle inspire. « L'inquiétude du nonce est d'autant plus grande, *qu'il se présente des acheteurs* » (carton L, 383). Alors s'entame un fort long marchandage entre le nonce et le connétable. On peut tout réduire à ceci : « *Le nonce :* Il faut couper court, détruire les prédicateurs huguenots. *Le connétable :* Je sais que le pape a un million d'or réservé pour cette guerre; il nous faut deux cent mille écus. *Le nonce :* Mais, monseigneur, vous faites S. S. plus riche qu'elle ne l'est. » — Le pape se saigne, donne cent mille écus. Mais, à mesure que la guerre avance, la détresse de la cour de France devient excessive; elle meurt de faim. Charles IX et sa mère écrivent au pape lettres sur lettres dans un style de mendiants. Catherine lui dit, par exemple, que ce sont les premiers secours qu'il a bien voulu fournir *qui lui donnent la hardiesse* d'en demander d'autres; mais *ce sera la fin*, etc. Charles IX parle avec une bassesse emphatique du protonotaire que S. S. a daigné lui envoyer, *de ce messager de bonheur;* pour trouver un pareil homme, elle a été sans nul doute inspirée de Dieu, etc. *Archives de France, extraits des Archives du Vatican, carton L, 384.*

Chapitre XIV, p. 275. *Guise s'écrie :* « *Je suis luthérien.* » Cette pièce décisive existe en allemand dans *Sattler, Hist. du Wurtemberg sous les ducs,* IV, 215. Elle a été traduite récemment dans le *Bulletin de la Société de l'histoire du protestantisme français,* 1855, pages 184-196. Important recueil qui a, dans les derniers temps, donné beaucoup de précieux documents, peu connus ou entièrement inédits.

Chapitre XVII, etc., p. 319, 331, 345. *Le duc d'Albe.* C'est un soulagement pour l'historien de trouver enfin ce véritable Espagnol qui éclaircit tout, et dégage la situation des obscurités, des lenteurs, où s'embourbe le Flamand Philippe II. Les lettres du duc en 1563-1564 (ap. Granvelle, t. VII) sont une véritable révélation. Il est très-net, très-vif.

Il dispense son maître de l'entrevue que le cardinal de Lorraine lui proposait avec le pape, Catherine et l'empereur : « Où il n'y a ni puissance ni bonne foi, l'entrevue seroit superflue. » Et sur l'empereur : « Il est nul comme un pape » (VII, 285). — Le moment le plus curieux de ce règne, c'est celui où Philippe II *attrape* les Flamands. Il écrit à Marguerite qu'il modérera ses édits; et, quant au pardon général, « comme il n'eut jamais d'autre intention que de traiter ses sujets *en toute clémence possible, n'abhorrissant rien tant que la voie de rigueur*, » il veut que Marguerite le donne (1566, 31 juillet). Mais il écrit à Rome le 12 août qu'on dise au pape : qu'il ne pardonnera *qu'en ce qui le concerne* et pour les délits qu'il est en son pouvoir de remettre. Reiffenberg, Corr. de Marguerite, p. 96-105. Gachard, Philippe II, t. I, p. cxxxIII et 446. — Même équivoque sur l'Inquisition. Philippe II et Granvelle (t. VI, p. 554, 563) nient qu'on veuille introduire aux Pays-Bas l'Inquisition *espagnole*. Toute la finesse est dans ce dernier mot. Sans doute elle ne pouvait l'être dans la forme *toute espagnole*, tellement nationale, comme police dominicaine et monastique, comme suite de la persécution mauresque et juive, etc. Mais qu'importe, si le secret des procédures, les présomptions prises pour preuves, enfin le régime des *suspects* (avant), des *entachés* (après), faisait du pays un enfer comme l'Espagne. — Le grand esprit qui, de nos jours, a mis dans une si terrible et si instructive lumière les *Révolutions d'Italie*, a révélé le vrai mot des *Révolutions de Hollande*; expliqué pourquoi les unes avortèrent et les autres se maintinrent; de sorte qu'en ces deux histoires la politique théorique apprendra désormais ce qu'il faut faire pour perdre la liberté, ou pour la défendre. — Le fond de la question était de savoir si les quinze provinces catholiques n'entraîneraient pas avec elle les deux protestantes, si le droit sacré des majorités rétablirait le despotisme, si la liberté serait tuée au nom de la liberté. C'est la gloire de cet indomptable Guillaume le Taciturne d'avoir tranché ce nœud fatal, ce lacet que l'on jetait au cou de la république, étranglée avant de naître. Il faut lire le procès-verbal de la conférence secrète dans les lettres de Guillaume (III, 447), la relire dans le récit lumineux de son interprète, en qui le ferme génie de Tacite et de Machiavel s'est montré à cette page agrandi de l'expérience de nos révolutions (Quinet, *Marnix*, p. 105). — *Et nunc erudimini*. Apprenez, peuples de la terre. — Maintenant, qu'il me soit permis d'éclaircir deux points : — La succession heureusement graduée des gouverneurs des Pays-Bas, de la férocité du duc d'Albe à la douceur de Requesens, aux grâces de Dom Juan, ne tint pas uniquement à une combinaison du génie de Philippe II, mais, à son défaut de ressource, à sa détresse financière, qui ne lui permit pas de continuer la guerre d'extermination que conseillait le duc d'Albe. Pourquoi? parce qu'elle était coûteuse. — Je crois aussi qu'en rendant justice au courage, à la sagesse de Guillaume, comme l'a fait Quinet et le savant archiviste de la maison d'Orange, il faut faire la part de l'esprit indépendant, du bon sens profond que montrèrent les États de Hollande dans la question religieuse, dans les points où ils furent en désaccord avec leur héros. — La tentation de celui-ci, génie moderne au delà de son temps, fut la tolérance et l'humanité. Proclamons-le, ce grand homme, du titre qu'il mérite, le roi d'un immense peuple qui naissait parmi les peuples, celui des amis de la tolérance, le chef du *parti de l'humanité*. — Henri IV, qui fut ce chef après lui, touche aussi le cœur, mais il touche moins, paraissant si indifférent au bien et au mal. La douceur du prince d'Orange ne prit pas sa source dans l'indifférence. L'homme qui souffrit le plus peut-être en ce siècle, ce fut lui; et il fut aussi celui qui garda son cœur le plus calme, parce qu'il était le plus ferme. — Un des résultats de cette douceur, c'est qu'il fut habituellement l'avocat des catholiques. Leurs tentatives pour

le tuer ne l'en corrigèrent pas. Il eût voulu que la Hollande et la Zélande s'ouvrissent aux catholiques, ce qu'ils refusèrent obstinément. — Refus profondément sage. Nous en donnerons les raisons qu'on n'a point données jusqu'ici. — Entre l'admission des catholiques en Hollande et celle des réformés en Belgique, il n'y avait aucune parité, et rapprocher ces deux choses, c'était montrer qu'on ne connaissait pas assez les deux partis. — Les réformés, quels qu'aient été leurs essais de discipline, de concentration, d'unité, gardaient le signe original de la réforme, qui fut l'examen et la liberté. Ils n'avaient pas l'apparente unité du dogmatique catholique. Ils n'en avaient pas la redoutable hiérarchie religieuse et politique, ce vigoureux machinisme, pour faire agir d'ensemble des volontés anéanties au profit d'un corps dirigeant, pour combattre avec des cadavres. — N'ayant pas la confession, la direction des femmes, n'entrant point dans les secrets, dans le mystère des familles, n'agissant que par la parole en pleine lumière, ils n'avaient aucun moyen de résister aux souterraines menées de leurs adversaires, s'ils les admettaient une fois. — Il est ridicule de dire que la presse y suppléera auprès d'un public de femmes, d'enfants, de mineurs, de faibles, qui ne lisent pas, ne peuvent lire, s'abstiennent de s'éclairer, par vertu chrétienne, humilité et simplicité d'esprit. — Si le prince d'Orange eût fait admettre les catholiques en Hollande, une guerre inégale, impossible, commençait entre deux partis qui ne pouvaient se combattre, agissant sur deux terrains absolument différents, les uns au soleil sur la terre, les autres dessous. — La Hollande, malgré Guillaume, se ferma strictement à l'ennemi ; elle garda avec vigilance, pour le salut commun du monde, l'étroite citadelle de la liberté.
— Tout cela connu, il faut avouer que la question de tolérance s'en trouve fort avancée. On s'étonne moins des lois par lesquelles la Hollande et l'Angleterre cherchèrent à se préserver de cette ténébreuse invasion. — Le ver solitaire

se présente, au nom de la tolérance, il réclame le droit spécieux qu'a tout être d'être toléré. Recevez-le ; la liberté, la philosophie, la raison, vous prient de ne pas repousser cet hôte, humble, doux, flexible, qui ne demande après tout *qu'à vivre selon sa nature.* Elle l'a fait pour vivre de vous. Seulement, une fois admis, c'est un profond mariage, et ne comptez pas l'expulser.

Chapitre XIX, p. 346. *Marie Stuart, le borgne Bothwell.* La France a toujours été partiale pour Marie Stuart. Je ne sais combien d'historiens ont poétisé, sinon réhabilité, la très-indigne héroïne. Deux ouvrages remarquables ont encore paru récemment. M. Mignet, si judicieux et justement sévère dans son premier volume, suit volontiers dans le second les apologistes de la reine d'Écosse. Il en est de même d'un charmant narrateur, M. Dargaud. Je lui sais gré d'avoir senti une chose que les autres ont négligée, l'amour profond et le désespoir de Darnley.

Chapitre XXI, p. 390. *Ramus nous apprend que l'amiral préférait la foi des Suisses.* — Voici sa lettre du 3 mars, dans Waddington, *Vie de Ramus,* p. 243, 438 : « On a essayé de tromper là-dessus notre Amiral, et l'on n'a réussi qu'à faire surprendre la ruse et l'artifice. » — Je lis aussi dans la *France protestante* de M. Haag, article De Lestre, le passage suivant de ce ministre : « Ramus vouloit donner la liberté à tous ceux qui se diroient avoir le don de prophétie d'interpréter et parler en l'Église de Dieu. » Le colloque ne voulut point dépouiller les pasteurs d'une charge qui leur appartenait selon lui ; cependant il décida que, dans le cas fort rare de dons extraordinaires bien constatés par les ministres et les anciens, on pourrait, du consentement du synode provincial, qui resterait maître de les interdire, établir dans les églises, sous la présidence d'un pasteur, des conférences publiques où parleraient ceux qui auraient reçu ces dons. Cette légère concession fut d'autant plus aisément accordée, nous dit De Lestre, « que nous la voïons avoir esté désirée par beaucoup de grands personnages. » — L'excellent article *Châtillon* de M. Haag m'apprend une chose peu connue, c'est que les saintes reliques du héros, du martyr, du grand citoyen, sont enfouies « dans un pan de mur en ruine du château de Châtillon-sur-Loing. » — Comment le portrait de la Bibliothèque n'est-il pas exposé en face de celui de François de Guise? On le volera un matin pour le détruire. Mis en face, ces deux portraits trancheraient la question. Guise est un homme *né et doué*, mais tombé à jamais, un maudit. Coligny est l'homme de la bonté courageuse et de l'adversité. *Il voulut*, grande chose! voulut toujours, et bien. — Si l'on veut comparer la faiblesse de l'idéal cherché et la force du réel, qu'on compare ce dessin à la noble gravure de 1579 (les trois frères). Elle en est écrasée. L'auteur rêvait de la Saint-Barthélemy, et il la lui met sur la face! Il le croit un homme de guerre; ce grand homme, pacifique entre tous! — C'est aussi l'erreur générale des gravures de Pérussin, si belliqueuses. Non, ils furent des martyrs. — Il faut revenir aux dessins Foulon, de la Bibliothèque. La trinité des frères y est : le brave Dandelot, si net, franc du collier, premier soldat de France, et le pauvre cardinal aux beaux yeux bleus limpides, fait pour plaire, aimer et souffrir. Le jour qu'il réfléchit, il est sensible, il est perdu. Son soutien, évidemment (voir les dessins), c'est *madame la cardinale*, résolue, hardie (quarante ans), lèvres fières et regards parlants, pleins de vives repliques, invincible d'amour et de fidélité. — En face de ces figures si nettes, mettez, au contraire, je vous prie, la face désolée et usée du pauvre chancelier l'Hôpital (tableau du Louvre). Doux, bon, honnête, avec une certaine idéalité dans les yeux, un pauvre précurseur de l'équité future : *Quæsivit cœlo lucem, ingemuitque repertâ.*

Chapitre XXI et suivants. *Saint-Barthélemy.* — Il y a trois récits vraiment importants qui se complètent l'un l'autre, et ne se contredisent pas : ceux d'Henri III, de Marguerite et de Tavannes. Les acteurs et exécuteurs de l'acte s'accusent eux-mêmes. *Habemus confitentes reos.* Pourquoi ne pas les croire ? Si on veut les excuser malgré eux, disputer, dire que Charles IX préparait tout depuis deux ans, etc., Tavannes tranche tout par un mot de bon sens : « S'il eût fallu deux ans, rien ne se fût fait. » — Les relations protestantes, et les catholiques (Capilupi, Archives curieuses, VII, 460) qui soutiennent également la longue préméditation, sont évidemment romanesques. Il leur faut entasser je ne sais combien d'hypothèses invraisemblables. — Je sais que c'était la tradition italienne, espagnole, je sais que la *vendetta* en grand était fort à la mode, que les exécutions d'Espagne sur les Maures et les Juifs, les trente mille anabaptistes, les vingt mille têtes du duc d'Albe, étaient l'admiration, la légende du temps. Je sais que le massacre demandé dès 1555 par les prédicateurs, recommandé par Pie V, fut réellement travaillé en 1572 par les évêques Vigor, Sorbin et l'église de Paris, par les Jésuites et hommes du pape, Augier et Panigarola. Ils voyaient que, sans le massacre, le duc d'Albe certainement allait périr entre Guillaume et Coligny. — Un mois avant l'événement, on l'écrivit de Rome à l'Empereur, et le duc de Bavière en parlait (Groen, IV, 69, et appendice p. 13). Ceci prouve seulement que l'Espagne et le clergé désiraient, machinaient, ne désespéraient pas d'en venir à bout. Mais tout cela ensemble n'efface pas l'aveu du duc d'Anjou. Tout dépendant des résolutions variables d'un demi-fou, Charles IX, rien n'était sûr, et rien ne se serait fait peut-être sans l'extrême peur du duc et de sa mère et sans la peur qu'ils firent au roi d'un complot des huguenots. — Mon volume des *Guerres de religion* était publié, lorsque le savant M. Schmidt, de Strasbourg, qui venait de le lire, voulut bien m'envoyer la *Saint-Barthélemy*, par M. Soldan, qu'il a traduite. C'est désormais le livre capital sur ce sujet ; tous les récits y sont rapprochés et judicieusement discutés. J'ai le bonheur de voir que cet excellent critique arrive à la même conclusion que moi. Une seule chose manque à cet ouvrage si complet, c'est le côté des Pays-Bas, la crainte où l'on était de l'invasion française, et le besoin urgent que le duc d'Albe avait du massacre. J'y supplée par ces extraits des lettres inédites de Morillon à Granvelle :

Chaque fois que l'agent de France se trouve vers le duc, il ne part de lui sans faire protest que son maître sera contraint de rompre, s'il ne ôte le Xe denier, et qu'on lâche confiscation sur les biens d'aucuns sujets dudit roi. Le duc répond qu'il ne se peut que le roi de France fasse guerre à un si puissant roi qui lui a gardé sa couronne. — Sur l'arrière saison ne se garderont non plus de courir sur nous que un chat de manger tripes. — 28 avril 1572. Les Français ne voudront laisser échapper une si belle occasion qu'ils n'ont jamais heu telle. Et l'Amiral se polroit par ce bout réconcilier avec la France, et prendre ici siége. — 17 juin 1572. Victoire des Espagnols à Mons. Les Français n'ont échappé de leurs mains ni de celles des paysans. Le duc d'Albe a envoyé dire à l'agent de France que l'on avoit repurgé le royaume de son maître de beaucoup de rebelles et méchants. Et le même jour, le même agent vint congratuler à son excellence ladite victoire. — L'Estat est plus assuré qu'auparavant, à moins que les Français s'en veuillent mêler ouvertement, ce que ne fait à croire, estant la saison si advancée, et eux si mal prêts, et ne feroit finement l'amiral de se tant désarmer. — 27 juillet. Aucuns disent que les François devoient faire à Mons un meurtre général des catholiques. — Le 11 juin, le cardinal écrit à Morillon : Tout l'espoir que nous pouvons avoir est sur ce que ceux du pays ne voudront pas être François. — 10 avril. On se vante icy qu'avant 15 jours on verra merveille et recouvrera tout ce qu'on a perdu. Ce qui me déplaît, c'est que le duc écoute aucuns devins. On fait compte de regagner Mons par enchantement. Et trottent par cette cour aucuns livres escrits à la main sur nigromantie. Et m'a fait demander un personnage fort principal congé pour les pouvoir lire, ce que luy ay refusé sans autre cérémonie. — On a mandé le fils (du duc) pour comsoler le duc d'Albe, qui est comme désespéré. Le secrétaire m'a dit qu'à peine il ose se trouver seul avec le duc, qui semble devoir rendre l'âme, quand il entend mauvaises nouvelles. — 11 août. On fait de grands apprêts en Champagne et en Lorraine. Il y a 24 pièces d'artillerie de fonte, pour venir sur Luxembourg où il n'y a personne. — 15 août. Granvelle à Morillon. — Les Français craignent l'armée de mer qui demeure en Ponent, outre celle que D. Juan d'Autriche mène en Levant. — 25 août. L'amiral blessé le 22. Paris en liesse. L'amiral étoit sur son partement, et déjà malade. — 26 août. Aujourd'hui sont partis les deux ducs (Albe et son fils). Ils m'ont requis de faire prier pour eux en tous monastères, comme j'ai commencé. — 9 sept. Granvelle à Morillon : Benedictus Dominus qui facit mirabilia magna solus, et in cujus manu sunt corda regum ! — Nous pouvons dire que, sans la défaite des Huguenots qui vouloient secourir Mons, le roi de France n'eût osé entreprendre ce qui s'est fait. Ces malheureux l'eussent toujours tenu en tutelle. On verra ce que fera maintenant la mère. Si le roy de France passe outre, il se pourra dire roi, et la religion se restaurera, ce qui servira aussi pour autres pays. S'il ne passe outre, il aura de la besogne pour aucunes années, et nous laissera en paix. — Vous ne pourriez croire combien les François sont devenus insolents depuis l'exécution contre l'amiral : il leur semble qu'on les doive adorer. 11 septembre.—Granvelle à Morillon : Je voudrois que nous fussions quittes des prisonniers françois, car ils ne nous peuvent servir que de nous mettre en frais. Et si le duc commandoit de les jeter à la rivière, puisqu'ils sont des huguenots, je n'y mettrois aucun empêchement. — 8 octobre. Granvelle à Morillon : On nous escript que le roy a fait dépêcher le chancelier de l'Hospital et sa femme, qui seroit un grand bien. Je n'ose dire que je voudrois que quelque autre femme (Catherine) fût logée où elle mérite. — 8 novembre. Morillon lui répond : C'est un beau décombre de l'Hospital et sa femme. Plût à Dieu que cette Jézabel que bien nous connoissons les suivit tost. Correspondance de Granvelle (encore inédite).

Chapitre dernier, p. 479. *Processions.* — Nos archives nous donnent la curieuse attitude du clergé de Notre-Dame pendant l'exécution. Le matin du 24, on convint en chapitre que tout chanoine armerait sa maison : Munire suas domos armis. Le soir, au vestiaire, on décida qu'on ferait chaque jour des processions dans la cathédrale, *et aux églises qui en dépendaient* immédiatement, en priant pour le roi et les princes. Le mercredi, on ordonna pour le dimanche la procession du jubilé pour remercier Dieu de l'extermination *commencée* : Et ipsi Domino Deo nostro gratias referemus de felici *incœptâ* extirpatione heresium et inimicorum nostræ sanctæ religionis catholicæ. *Registres capitulaires* (mss.) *de l'Église de Paris*, L. 536, 2, 454, *fol.* 329, 330. Et un peu plus loin, 28 août : Etiam ordinatum est quod infans repertus non admittetur. *Ordonné que l'enfant trouvé ne sera pas reçu* (sans doute un petit huguenot, orphelin et perdu dans le massacre). *Ibidem, fol.* 331, *verso*.

NOTES DE LA LIGUE.

Les lettres *manuscrites* de Granvelle, de Catherine, de l'ambassadeur de Savoie et du nonce ; parmi les documents *imprimés*, les correspondances d'Angleterre et de Hollande, m'ont aidé principalement à débrouiller le fil de nos affaires. Rien de plus important que cette dernière, publiée par M. Groen van Prinsterer. Les pièces si curieuses, les notes savantes et consciencieuses de l'éditeur, m'éclaireraient également. Je les cite peu dans ces notes, mais, comme on a vu, très-souvent dans mon texte. Après la mort de Coligny, la tragédie des tragédies continue dans Guillaume, ce si grand homme ! si humain, et si ferme, d'un malheur accompli, surtout dans ce traité lamentable avec Charles IX, que la patrie lui imposa et qui lui arracha le cœur (*Lettre d'avril* 1573, t. IV, p. 116). Les appendices de M. Groen m'ont servi aussi beaucoup en me donnant l'ambassade de Saint-Goard à Madrid et celle de Schomberg en Allemagne.

Chapitre I, p. 1 et 2. Les *Archives du Vatican* révèlent

deux faits curieux : Charles IX, le 6 septembre, demanda au pape le prix du massacre, un prêt de cent mille écus. Déjà le 2 septembre, huit jours après la mort de Coligny, son parent, M. de Montmorency avait tiré de Charles IX une abbaye dont Coligny avait les revenus.

Le nonce écrit au pape que le roi se tue à la chasse; depuis peu il a éreinté cinq mille chiens, et il crève pour trente mille francs de chevaux par an. Le cardinal de Lorraine craint extrêmement un arrangement et conseille un nouveau massacre. — Le roi trouve des hommes cachés dans son Louvre (29 avril 1574). — Dans la nuit du 9 mai, la vieille reine s'imagine qu'on a mis de la poudre sous son lit pour la faire sauter; elle cherche et ne trouve rien. — Le roi meurt, et les évêques viennent demander à la régente ce qu'il a dit en mourant. Elle répond spirituellement : « Que vous résidiez dans vos diocèses. » — Sa misère est grande cependant; les cardinaux de Lorraine, de Bourbon et d'Est se cotisent avec d'autres prélats pour lui procurer cent écus. 22 juin 1574. — Enfin Henri III arrive. Le nonce en fait le plus lamentable portrait. Il dit : « Il est faible et luxurieux; il n'aura pas de postérité. Quand il passe une nuit ou deux avec une femme, il reste huit jours au lit. » — Un autre écrit : « C'est un jeune homme aussi jeune d'esprit qu'on puisse imaginer, une créature paresseuse et voluptueuse qui passe sa vie à niaiser au lit. Il a peu de mois à vivre, etc. — La mère et le fils écrivent au pape de longues lettres, radoteuses et pleureuses, pour demander de l'argent. Le pape offre dix mille francs. *Archives de France, extraits des Archives du Vatican, carton*, II, 388.

Chapitre I, p. 3. — *Un massacre dont chacun avait horreur*. — Charles IX lui-même craignit l'effet de la tête de Coligny arrivant à Rome. Il ordonna au gouverneur de Lyon de l'arrêter au passage. — Pour le clergé, il lui a fallu plus de temps pour apprécier les choses. Ce n'est que soixante ans après qu'on a inventé des prélats contraires à la Saint-Barthélemy. Le premier, un jacobin breton, Mallet, dans son histoire de son ordre, imagina, affirma qu'un saint homme, directeur de Catherine de Médicis et de Diane de Poitiers, l'évêque de Lisieux, Hennuyer, avait empêché le massacre dans cette ville. Le jésuite Maimbourg a reproduit ce récit. Malheureusement les registres de la ville de Lisieux établissent tout le contraire. Ce fut le magistrat qui empêcha l'effusion du sang, et nullement l'évêque, alors absent, et d'ailleurs ardent persécuteur. La chose est discutée à fond par Louis Du Bois, *Rech. sur la Normandie.*

Chapitre II, p. 43. — *Charles IX ne se fiait point à sa mère.* — Les archives diplomatiques de la maison de Savoie m'ont été fort libéralement ouvertes à Turin, en juillet 1854. J'y ai trouvé les précieuses dépêches que l'envoyé du duc, à Paris, écrivait à son maître presque jour par jour. Elles commencent à la Saint-Barthélemy. Il m'importait de contrôler les pièces espagnoles par cette correspondance d Savoie, qui, quoique également catholique, n'en a pas moins son point de vue à part. J'en donnerai deux spécimens, des années 1573-1575 et 1586-1589. Voici le premier :

1573, 12 avril. Le Roy se fâcha lundi merveilleusement contre la royne sa mère, jusques à luy reprocher que elle estoit cause de tout ce désordre, de fasson que sur collère il print opinion de se aller promener pour cinq ou six jours hors la court à la chasse aux environs de Mellun, là où il coucha mardy passé. Quoy voyant la royne sa mère le renvoya rappeler et raccointer par la royne sa femme. — 31 mars 1574. Le roi de Pologne partant a machiné par sa mère que Guise resteroit près de Charles IX contre le duc d'Alençon. Charles IX dit à Alençon : « Cadet, l'on te veut sortir de cuisine. » Et il lui conseilla de s'appuyer de Montmorency (qui le rapprocha des huguenots). Un parti vient menacer Guise à Saint-Germain. Tout se sauve. Alençon s'excuse à Charles IX, qui, dès lors, s'en défie. Et les huguenots aussi se défient du duc d'Alençon. — La reine pleure. On l'a sait maléficiée pour qu'elle ne puisse avoir enfant. — 20 mai 1574. Élisabeth déplore le malheur de la pauvre France, qui, ayant déjà tant d'ennemis, etc. La reine mère se met contre ses enfants, le roi contre son frère sur si légère défiance. Éloquent et touchant. — 31 décembre 1574. Mort du cardinal de Lorraine. La reine en prit une telle appréhension, que, le jour devant qu'il trépassa, le roy présent, elle s'imaginoit de veoir devant elle monseigneur le cardinal qui l'appeloit et qui la convioit de venir avec lui. — 7 janvier 1575. Les huguenots pratiquent Alençon. L'envoyé de Savoye n'en parle pas, dit-il, car on dit que la grandeur de Votre Altesse est que la France soit en troubles, pendant quoy elle fait ses affaires. — 5 septembre 1575.

Leurs Majestés ont quitté le Louvre pour l'hôtel de Guise ; le Louvre n'a pas de jardin et la reine, qui aime à se promener, alloit au jardin des Tuileries. Mais, comme on se doute de la guerre plus que jamais, elle a pris opinion qu'on pourroit lui jouer mauvais tour, ou au roi. — 18 décembre 1575. Sa Majesté continue toujours aux dévotions, allant tous les matins visiter divers monastères, l'autre jour, à une abbaye près Corbeil, assez mal accompagnée, et heust avis de quelques chevaux qui le firent retirer plus vite que le pas et retourner en cette ville. — La reine, sa femme, ne se rend guère moins superstitieuse, car elle porte dessus elle tout plein de reliqueries pour des vœux qu'elle a fet. — 23 novembre 1575. C'est pitié de le veoir (Henri III). S'il n'estoit marié, ou le feroit d'église. Il se laisse fort posséder des Jésuites, etc. *Archives diplomatiques de Turin. Dépêches manuscrites de l'ambassadeur de Savoie à Paris.*

Chapitre V, p. 71, 76. — *Sur les sottises de Catherine.* — Il est singulier de voir combien elle restait italienne, hors du point de vue de la France. Son orthographe suffirait pour montrer qu'elle s'était bien moins francisée qu'on ne l'a cru : « En priant Dieu vous donner cet que vous désirés... come je dit has Boiuvin... » (*Lettre ms.*, 27 *mars* 1576.) Sa petite politique italienne eut le résultat d'isoler parfaitement la royauté, refoulant les protestants vers Élisabeth, les catholiques vers Philippe II. Son conseil à Henri III « de se faire fort, » d'imiter Louis XI, etc., est plus que puéril, dans son épuisement financier et l'embarras d'une guerre qu'elle a provoquée étourdiment, malgré les conseils de Montluc, des Vénitiens. Puis elle crie tout à coup au roi : « Sans la paix, je vous tiens perdu. » (*Lettres mss. du 28 sept.* 1574, *et* 11 *déc.* 1575.) — La lettre inepte du 5 juin 1572 que j'ai citée (*Guerres de relig.*, p. 399), est *ms. dans Bréquigny*, t. XXXIII.

Chapitre IX, p. 120.— Le *Jésù*, etc.— Je n'attends pas, comme d'autres, 1586 et le procès de Marie-Stuart pour parler de la série des conspirations jésuitiques ; je les prends à l'origine, à la mission de Campian, à la première arrivée de Ballard en Angleterre, 1580. Le procès de Ballard et de

Babington (*State trials*) montre parfaitement qu'il faut remonter très-haut, avant l'assassinat du prince d'Orange. Tout cela est d'une pièce. Les événements militaires alternent avec les conspirations : un jour l'épée, un jour le couteau. — Le curieux, c'est l'émulation des deux polices, qui se débauchent leurs agents l'une à l'autre. — Quant aux tentatives de descente, le moment intéressant est celui où Guise, entravé par l'Espagne, essaye de se lier, *sans elle et contre elle*, aux catholiques anglais ; très-bien exposé par M. Mignet, *Marie Stuart*, II, p. 235.

Chapitre VIII, p. 106. — *Dom Juan, Philippe II.* — MM. Mignet et Ranke, très-favorables à dom Juan, ont rapproché, résumé d'une manière lumineuse tout ce qu'on en a dit. — Pour Philippe II, ils ne me paraissent pas sentir assez que, quoique lent et médiocre, ce fut de plus en plus un demi-fou. Je pense surtout à ses rêves sur la couronne impériale, celles de Pologne, de Danemark, ses expéditions à contre-temps en Barbarie (cf. Groen et Charrière, III, 336). Ce n'étaient pas seulement Granvelle ou Spinoza qui tâchaient de le retenir, mais le duc d'Albe qui, en 1569, lui expose l'énormité de l'entreprise sur l'Angleterre (Gonzalès, *Documents*, IV, 517, 521). Plus tard, au fort de ses embarras, le duc d'Albe frémit de le voir se lancer dans la guerre des Turcs. « Il est poussé par les prêtres, » dit-il (ap. Gachard), — *tenté du diable* (ap. Charrière). — Quant aux fameuses apostilles de Philippe II sur les dépêches, elles n'étaient pas de lui. « J'ai la preuve, dit Gachard (I, p. LXII), que c'était le secrétaire Çayas qui ordinairement en rédigeait la minute. » — Pour la ruine de l'Espagne, cf. Ranke, sur les finances, et Weiss, dans son excellent livre sur la décadence espagnole. — La statue de Philippe II à Bruxelles se voit au mur latéral de Sainte-Gudule.

Aux chapitres 12 et 13, j'ai suivi fréquemment de Thou

pour l'intérieur de Paris. Les siens y avaient de fortes racines, et purent savoir beaucoup, étant et au Palais, et à la cour, et dans les rues; son père le président était colonel de quartier. — Personne n'a bien compris qu'aux Barricades Guise était traîné par l'Espagne, qui le risqua, comme un brûlot, pour pouvoir faire partir l'Armada.

Chapitre XIV. — L'*Armada*, p. 232. — De Thou, si complet ici, doit être comparé aux Anglais; il donne la part importante que les Hollandais eurent à la chose. Les *Mémoires de la Ligue* contiennent les dépositions des Espagnols naufragés, t. II, p. 452. Nos archives possèdent trois curieuses ballades anglaises, avec gravures; on y voit les grils, fouets, etc., qu'apportaient les Espagnols (*Archives de Simancas*, B, 6, 76).

Chapitre XII, p. 195 — *La Ligue a dégoûté tout le monde.*

12 février 1586. Les amis de Guise s'effrayent. Il ne va pas au Louvre qu'avec trois cents gentilshommes. Je croy qu'on verra bientost esclatter ce que le roi couve au fonds de la nue, le desdains qu'il porte dans sa poitrine. — 20 février. Guise va toujours à pied au milieu de ses gentilshommes à cheval. M. de Sauves a dit que si Guise se hasardoit à s'accoutumer avec sa femme, il le feroit mourir sans respect. — 16 février. On croit qu'il (Guise?) est venu pour offrir de l'argent au roi de la part du clergé pour continuer la guerre contre roi de Navarre. — 18 février. Hypocrisie de Guise. Il dit à l'ambassadeur de Savoie qu'il ne parlera point de paix, qu'il embrassera en bon serviteur le parti que suivra le roy, qu'en ces jours de pénitence, où les ébats étoient bannis, on parleroit des affaires; que dans quinze jours il retourneroit dans son gouvernement, où il serviroit mieux le roy. — 10 mars 1586. Guise fait effort pour que l'argent que donne le clergé soit remis en ses mains pour la guerre. Il visite ceux de Paris, tous les conseillers et présidents. — 13 mars. Le roi met ordre que le sieur de la Noue se jette dans Genève avec soixante gentilshommes, du consentement de ceux de la ville (pour la garder contre la Savoie). — 14 mars. La nécessité d'argent les fera tous changer sans vergogne. M. de Guise est pauvre et vend tous les jours. Argent comptant lui pourra faire changer de conseil. Et le clergé payera tout.

23 mars 1586. — Le roi ne consulte plus sa mère. Il met des impôts pour rendre odieux Guise, qui veut la guerre. — 1 mai. On réduit Guise par la pauvreté. Il vient d'engager sa meilleure terre de 25,000 fr. de revenus. — 14 mai. Guise dit au roi en partant. Je vois que mes

ennemis, du vivant de S. M., peuvent m'ôter l'honneur et la vie; mais je leur montrerai avec combien de malheurs cela adviendra. Cent ans après nous, on sentira la plaie qu'ils auront faite à ce royaulme. — Guise aspireroit à la couronne après la mort du roi. — 27 mai. La ligue a dégoûté tout le monde. Guise s'est laissé mener par le nez. — 18 juin. — Dévotion d'Henri III. Le pape le prie de modérer ses abstinences. — 10 juin. On va imprimer les lettres de Guise à l'Espagne et au pape. Le roi est devenu le plus fort. — 4 juillet. Le roi a dressé 12 enfants joueurs de luth, et les fait coucher à la garde-robe. — 15 février. Joie de la Savoie. Le jeu commence. Le duc pourra tomber enfin sur Genève, que le roi défend. — D'Espernon périra le premier, et l'on profitera de ses débris. — 20 février. Le roi devient mélancolique, n'aime plus le bruit, se retire aux Capucins. Il laissera faire. Les mignons sont ennemis entre eux. Joyeuse trahirait Épernon pour Guise. — 6 mars. Henri III dit qu'il voudroit que Savoie fût dans Genève, qu'il s'en réjouiroit avec le duc. — 31 mars. Le roi s'abandonne; mais, si d'Épernon vient, il peut tuer ses ennemis. Épernon dit qu'il les fera sauter des galeries du Louvre. — 20 avril. Le roi, larme à l'œil, met le chapeau de Joyeuse à Épernon, et celui d'Épernon à Joyeuse, et les deux chapeaux sur sa tête : union. — 29 avril. Il faut que le duc de Savoie gagne Marseille et Lyon. Sans Marseille, point de Provence, sans Lyon, point de Dauphiné. — 2 juin. Savoie pourroit se déclarer défenseur du roi, qui lui remettroit ses places plutôt qu'à un d'Épernon. — 4 août. Guise, au désespoir, avoue qu'il appellera les Espagnols. — C'est à ce point de ses affaires le plus ébranlé qu'il fera bon traiter avec luy. Je luy ai faict tenir les 2 billets. On verra ce qu'il répondra. — 3 septembre. (aux États), il y aura quelque querelle d'Allemand qui troublera la fête. Les fourriers des princes s'y entrebattent déjà. — 11 septembre. Le roi est vindicatif et dissimulé, mais qui n'exécute pas, il sera toujours prévenu par M. de Guise. — 12 septembre. Guise a 5,000 arquebusiers dans Orléans, et l'ambassadeur offre du secours à Guise, qui se croit fort et ne veut encore agir. — Guise en vient à nonchaloir, reprend ses amours avec madame de Sauves. — Le roi fait entendre qu'il le fera connétable. — 1589, 17 mars. Le président Jeannin m'est venu trouver; il m'a dit que V. A. devoit agir, que M. du Maine, estant élu lieutenant de l'Estat, ne pourrait sans rougir consentir ouvertement et du premier abord qu'on démembrast la France. — Voyant qu'il parle vaguement comme Guise, le Savoyard répond durement, écarte les belles paroles de Jeannin, dit qu'il lui faut au moins le Dauphiné sous la protection de la Savoie. — Les trois ou quatre qui mènent les affaires offrent le Dauphiné et la Provence. — *Dépêches inédites de l'ambassadeur de Savoie. Archives de Turin.*

Chapitre 18 et 19. — Vers le mois d'avril 89, le légat

Morosini s'étant retiré à l'abbaye de Marmoutiers, le roi y vient pour se récréer, dit-il, puis il avoue que c'est pour parler au légat. — Il s'excuse de s'appuyer sur l'alliance des hérétiques. — Suit un dialogue très-vif. A tout ce qu'objecte l'homme du pape, le roi répond toujours par l'impossibilité d'apaiser les catholiques. « Que voulez-vous que je fasse si le duc de Mayenne *vient pour me couper le cou*, il me faut bien une épée, recourir aux hérétiques, aux Turcs même. Ils veulent absolument ma tête, et moi je veux la garder, etc., etc. — Le cardinal Cajetano fait, le 28 mars 1590, un long rapport sur la situation. — Si le Navarrais arrive à la couronne, il faudra peu de temps *pour que la religion soit exterminée*. — Villeroi lui a conté un entretien de Mornay, d'après lequel « le Navarrais ne se fera pas « catholique, mais laissera tout le monde croire et vivre à « sa guise; il réformera le catholicisme, se fera roi des Ro- « mains, envahira l'Italie, bouleversera la chrétienté. » — « Le Navarrais, dit Cajetano, a su par des lettres intercep- « tées que le pape me donnait ordre de semer la division « parmi les princes de sang. »

On est saisi d'étonnement en voyant, quelques feuilles plus loin, Henri IV devenu si indifférent au parti protestant, qu'il songe à épouser une fille de Philippe II (26 juin 1597). La grande crainte du pape à cette époque, c'est qu'à la mort d'Élisabeth Henri IV ne fasse tomber la succession d'Angleterre dans les mains du roi d'Espagne; cette idée monstrueuse paraît si naturelle au pape, qu'elle fait son inquiétude; il y pense jour et nuit! *Archives de France, Extraits des Archives du Vatican, carton* L. 588.

Les *Archives de Suisse* contiennent plusieurs pièces intéressantes sur cette époque. Celles de *Berne* éclairent la destinée du fils aîné de l'amiral. Dans les *Registres du conseil de Genève*, on trouve la manière étrange dont on avait imaginé d'annoncer l'abjuration aux étrangers. Le chancelier écrit : « S. M. *demeure* en l'église où elle a été baptisée. » (Communiqué par MM. Bétant et Gaberel.) — Cf. la correspondance d'Henri avec le landgrave, éd. Rommel ; une très-curieuse brochure de M. C. Read : Henri IV et le ministre Chamier, 1854 ; enfin, le charmant livre de M. E. Jung, *Henri IV écrivain*. — J'ajourne beaucoup de choses. La publication prochaine de l'important ouvrage de M. Poirson ne peut manquer d'éclairer ce règne d'un jour tout nouveau.

Notes de la Conclusion, p. 454. — Luther fut réllement le premier apôtre de la tolérance. Il y a des textes pour et contre dans l'Évangile. Les Pères sont partagés : saint Hilaire, saint Ambroise et saint Martin sont pour ; saint Cyprien, saint Augustin, sont contre, et ce sont ces derniers que toute l'Église a suivis, et les conciles, et les papes, et saint Thomas d'Aquin. — Luther n'hésite pas. Il tranche ainsi la question : « L'usage de brûler les hérétiques vient de ce qu'on craignait de ne pouvoir les réfuter. » Léon X et la Sorbonne le condamnent (error 33) pour avoir avancé : *Hereticos comburi esse contra voluntatem Spiritûs*. Il avait dit (à la noblesse allemande) : « Contre les hérétiques, il faut écrire, et non brûler. » Dans son explication de saint Matthieu (XIII, 24-30) : « Qui erre aujourd'hui n'errera pas demain. Si tu le mets à mort, tu le soustrais à l'action de la parole et tu empêches son salut, ce qui est horrible... Oh ! que nous avons été fous de vouloir convertir le Turc avec l'épée, l'hérétique par le feu et le Juif à coups de bâton ! » Le 21 août 1524, il intercède auprès de l'électeur pour ses ennemis, Münzer et autres : « Vous ne devez point les empêcher de parler. Il faut qu'il y ait des sectes et que la Parole de Dieu ait à lutter... Qu'on laisse dans son jeu le combat et le libre choc des esprits. — La guerre des paysans qui ne l'écoutèrent pas et le mirent dans une si grande colère, ne lui fit pas cependant modifier ces doctrines. Il autorise seulement les princes à se faire obéir et à réprimer *l'esprit de meurtre* (4 février 1525). En 1530 encore (sur le psaume 82), il ne demande contre les blasphémateurs publics *que leur éloignement*. — Un savant et consciencieux ministre d'Alsace, M. Müntz, qui connaît à fond Luther, et que j'ai consulté, me répond : « Je ne connais de lui aucun passage où il approuve qu'on punisse l'hérétique paisible qui ne prêche pas la révolte et le meurtre. »

P. 458. *Palissy, Palestrina*. — Pour la bénédiction de ce livre, finissons par ces innocents, le protestant, le catholique. J'ai tiré ce que j'ai dit de Palestrina des *Memorie* du chanoine Baini, très-lumineusement résumés dans un excellent article de M. Delécluse (ancienne *Revue de Paris*).

Quant à Palissy, je serais inconsolable de n'en pas parler tout au long si M. Alfred Dumesnil n'en avait fait si bien la légende. Un mot seulement sur son séjour aux Tuileries. Ce sont de ces spectacles où Dieu s'amuse, que ce bon homme, ce saint, ait été logé au palais de la Saint-Barthélemy par Catherine, dans sa ménagerie avec ses bêtes, oiseaux, poissons, à côté de l'astrologue et du parfumeur trop connu!... Elle prenait plaisir à voir Palissy orner ses vases de plantes d'un vert pâle où couraient des serpents.

Sa poterie lui sauva la vie, et fit excuser son génie de naturaliste. Admirablement étranger aux sottes sciences du moyen âge, il avait un sens pénétrant pour toute chose d'expérience et de vérité, une seconde vue lointaine des vraies sciences. Il semblait que la nature, charmée de trouver un homme si ignorant, lui dît tout, comme à son enfant. Il voyait au sein de la terre couler les eaux, sourdre les fontaines, monter la séve aux plus secrètes veines des plantes. Il entendait parfaitement la formation des coquillages et l'élaboration profonde du monde des mers. Le premier, il ramassa toutes sortes de curiosités et fit un *Cabinet d'histoire naturelle*. Beaucoup de gens demandant ce que signifiait tout cela, il commença (1575) à enseigner, non telle science (faisant profession de ne rien savoir), mais seulement ce qu'il avait vu, trouvé, expérimenté.

Ce qu'il regarde volontiers dans les choses de la nature, ce qu'il observe avidement et voudrait imiter, ce sont les arts ingénieux par lesquels elle protége les plus humbles de ses enfants. Les volutes des coquillages où ils se retirent, s'abritent et trouvent tant de sûreté contre la violence des flots, contre la rage d'un monde de destructeurs, lui font envie; il les propose comme modèle originaire des forteresses les plus sûres. Ah! pourquoi Dieu n'a-t-il donné le refuge au moins de l'huître et du moule, la carapace des tortues, à ce grand peuple poursuivi, à ces infortunés troupeaux de vieillards, d'orphelins, de femmes, qui, désormais sans foyer, s'enfuient, éperdus, sur les routes de France?... Le rêve des Iles bienheureuses dont se berça l'humanité, les solitudes d'Amérique où nos fugitifs qui cherchaient la paix trouvèrent la mort et l'Espagnol, tout cela n'arrête pas l'imagination de Palissy, positif jusque dans ses songes. Le sien, c'est une œuvre d'industrie, un vaste jardin établi dans une position forte et savamment fortifiée où il ferait un château de refuge pour sauver les persécutés. Les sciences de la nature ont été précisément cet abri pour l'âme humaine.

Ce pauvre homme, méprisé, jeté à la voierie avec les chiens, n'en commence pas moins le vrai nouveau monde. Il termine le seizième siècle et le dépasse. Par lui, nous passons de ceux qui devinèrent la nature à ceux qui la refirent, *des découvreurs aux inventeurs*, créateurs et fabricateurs.

— De lui est cette parole : « *La nature la grande ouvrière; l'homme ouvrier comme elle.* » — Non, non, le seizième siècle n'a pas été perdu, puisqu'il finit par un tel mot. Combien nous voilà loin de l'*Imitation* monastique, froide et stérile! La chaude imitation dont il s'agit ici, c'est le prolongement de la création.

(15 octobre 1856).

TABLE

Pages.

Chapitre premier. — *Le lendemain de la Saint-Barthélemy. — Triomphe de Charles IX.* 1572-1574.   1
    Craintes de l'Europe et jalousie de Philippe II. Naissance du parti *politique*.   3

Chap. II. — *Fin de Charles IX.* 1573-1574. 16
    Siége de la Rochelle, épuisement des deux partis. 25
    La république protestante. 32
    Franco Gallia d'Hotman. 34
    Mort de Charles IX (20 mai). 41

Chap. III. — *Des sciences avant la Saint-Barthélemy.* . . . 46
    Paracelse, Vésale, Servet, Rabelais. 49

Chap. IV. — *Décadence du siècle. — Triomphe de la mort.* . 61
    Valentine de Birague. 64

Chap. V. — *Henri III.* 1574-1576. 68
    Catherine commence imprudemment la guerre. 76
    Humiliation d'Henri III. 83

Chap. VI. — *La Ligue.* 1576. 85
    La Ligue était déjà ancienne. 89

Chap. VII. — *La Ligue échoue aux États de Blois.* 1576-1577. 96
    Le roi signe la Ligue, puis essaye la liberté de conscience. 100

Chap. VIII. — *Le vieux parti échoue dans l'intrigue de don Juan.* 1577-1578. 105
    Action directe des Jésuites. 113

Pages.

Chap. IX. — *Le Jésu.* — *Premier assassinat du prince d'Orange.*
1579-1582. 120
    Épernon, Joyeuse. 135

Chap. X. — *La Ligue éclate.* 1585-1586. 144
    L'Espagne fait manquer l'expédition de Guise en Angleterre. 149
    Elle le fait agir en France. 153

Chap. XI. — *Les conspirations de Reims.* — *Mort de Marie Stuart.* 1584-1587. 163

Chap. XII. — Henri III est forcé de s'anéantir lui-même (1587). 190
    Bataille de Coutras (20 octobre). 202

Chap. XIII. — *Le roi d'Espagne fait faire les barricades de Paris* (mai 1588). 207
    Le parti espagnol dépasse Guise; le roi échappe. . . . 223

Chap. XIV. — *L'Armada.* — *Juin, juillet, août* 1588. . . . 232
    Les Guises voulaient lui ouvrir Boulogne. 239
    Destruction de l'Armada. 249

Chap. XV. — *Le roi, Guise et Paris pendant l'expédition de l'Armada.* Mai, août 1588. 252
    La bourgeoisie de Paris résiste aux Guises. 259
    Le roi se livre à eux. 263

Chap. XVI. — *La Ligue aux États de Blois.* Août, décembre 1588. 266
    Catherine penche pour les Guises. 275
    Guise se dépopularise. 277

Chap. XVII. — *Mort d'Henri de Guise.* Décembre 1588. . . 280
    Mort de Catherine (5 janvier 1589). 304

Chap. XVIII. — *Le terrorisme de la Ligue.* 1589. 307
    En quoi le terrorisme d'alors différait de 93. 319

Chap. XIX. — *Henri III et le roi de Navarre assiégent Paris.* — *Mort d'Henri III.* 1588. 327
    Ce qu'était le roi de Navarre. 329
    La réunion des deux rois. 340
    Mort d'Henri III (2 août). 349

Chap. XX. — *Henri IV.* — *Arques et Ivry.* 1589-1590. . . 350
    Venise se déclare pour Henri IV. 365

	Pag
Le roi attaque Paris.	367
Ivry (13 mars 1590).	369

CHAP. XXI. — *Siége de Paris.* 1590-1592. 371
    Le prince de Parme fait lever le siége. 379

CHAP. XXII. *Avortement des Seize et de l'Espagne. — Siége de Rouen.* 1591-1592. 384
    Excès des Seize punis par Mayenne. 391

CHAP. XXIII. — *Montaigne. — La Ménippée. — L'abjuration.* 1592-1593. 396
    Gabrielle et l'abjuration. 407

CHAP. XXIV. — *L'entrée à Paris* (mars 1594). 414

CHAP. XXV. — *Paix avec l'Espagne. — Édit de Nantes.* 1595-1598. 428
    Blessure du roi; expulsion des Jésuites (décembre 1594). . 435
    Traité de Vervins (2 mai 1598). 437

— CONCLUSION DE L'HISTOIRE DU SEIZIÈME SIÈCLE. 443
    Notre histoire n'est point impartiale. 444
    Ce que nous avons voulu. 446
    La religion de l'humanité et de la nature. 447
    Comment le vieux principe parvint à vivre après sa mort. . 450
    Pourquoi la Renaissance échoua. 455
    Impuissance du vieux principe dans sa victoire apparente. . 457

NOTES DES GUERRES DE RELIGION 461
NOTES DE LA LIGUE. 477

ERRATA DES GUERRES DE RELIGION.

Page VII. La *grande* Catherine. Effacez *grande*.
— IX, ligne 12. Il ne faut pas de point d'interrogation.
— XI, ligne 17. Des meilleurs, *lisez* : de plusieurs.
— XII. Supprimer la seconde moitié de la page.
— 17, ligne 16, après le mot *être*, il faut une virgule.
— 19. Avant-dernière ligne, pour un des partis, *lisez* : pour une partie.
— 57, ligne 17. La guerre, *lisez* : une guerre.
— 65, ligne 13. N'admit, *lisez* : n'admet.

— 492 —

Page 75, avant-dernière ligne. Et la veille, *lisez* : Un mois avant.
— 76, ligne 2. Aima, *lisez* : aimait.
— 99, ligne 9. Effacer le dernier *qui*.
— 165, ligne 1. La mort, *lisez* : le mort.
— 183, ligne 25. Sa puissance, *lisez* : ses puissances.
— 311, ligne 16. Parmi ceux-ci, *lisez* : parmi eux.
— 391, ligne 20. Les grands, *lisez* : les plus grands.
— 399. Effacer 9 lignes depuis *elle poussait*, jusqu'à *qu'on lise sa lettre*.
— 422. Effacer la dernière ligne et la première de la page suivante.

ERRATA DE LA LIGUE.

Page 35, ligne 23. Effacer une virgule entre le mot *Capétiens* et les mots *leurs pairs*.
— 126, ligne 15. La sottise, *lisez* : le tort.
— 127, ligne 5. C'est alors qu'on voit, *lisez* : on y voit.
— 127, ligne 14. Envoyée, *lisez* : envoyé.
— 137, ligne 2. Agissait et parlait, *lisez* : agissait mais parlait.
— 143, ligne 2. Pour, *lisez* : par.
— 143, ligne 10. Le seul, *lisez* : seul.
— 188, ligne 17. Elles souvent, *lisez* : elles sont souvent.
— 234, ligne 26. Cette Hollande, *lisez* : la Hollande.
— 243, ligne 22. galions, *lisez* : navires.
— 243, ligne 26. Ses, *lisez* : Ces.
— 331, ligne 10. Grand, *lisez* : gros.
— 359. En 1589 il refusa Calais à Élisabeth. — Inexact : cela n'est vrai qu'en 1597.
— 362. Au bas, changer les deux vers de la manière suivante :

    Que Dieu se montre seulement
    Et l'on verra en un moment
      Abandonner la place.
    Le camp des ennemis épars
    Epouvanté de toutes parts
      Fuira devant ta face.
    On verra tout ce camp s'enfuir,
    Comme l'on voit s'évanouir
      Une épaisse fumée;
    Comme la cire fond au feu,
    Ainsi des méchants devant Dieu
      La force est consumée.

                    Psaume LXVIII.

— 397, ligne 22. Des prodigieux, *lisez* : du prodigieux.
— 411, ligne 4. Damoure, *lisez* : Damours.